国家林业和草原局经济发展研究中心
国家林业和草原局规划财务司

国家林业重点工程社会经济效益2018监测报告

中国林业出版社
·北京·

图书在版编目(CIP)数据

2018国家林业重点工程社会经济效益监测报告 / 国家林业和草原局经济发展研究中心，国家林业和草原局规划财务司主编. — 北京：中国林业出版社，2019.12

ISBN 978-7-5219-0394-2

Ⅰ. ①2… Ⅱ. ①国… ②国… Ⅲ. ①林业经济－经济效益－研究报告－中国－2018 Ⅳ. ①F326.24

中国版本图书馆CIP数据核字（2019）第274007号

中国林业出版社 · 林业分社

责任编辑：李　敏

出　版：中国林业出版社（100009　北京市西城区德胜门内大街刘海胡同7号）
E-mail:lmbj@163.com　电话：(010) 83143575

网　址：http://www.forestry.gov.cn/lycb.html

发　行：中国林业出版社

印　刷：北京中科印刷有限公司

制　版：北京美光设计制版有限公司

版　次：2019年12月第1版

印　次：2019年12月第1次

开　本：889mm × 1194mm　1/16

印　张：12

字　数：256千字

定　价：98.00元

2018

国家林业重点工程社会经济效益监测报告
编辑委员会

监测点调查员（按姓氏笔画排序）

丁建华　于吉英　于国祥　马　丽　马金锁　马　原　马晓玲　王小亚
王　亿　王卫东　王仁申　王玉珍　王玉亭　王玉霞　王巧燕　王成理
王传吉　王旭东　王丽娜　王　宏　王忠平　王　岩　王　峥　王　俊
王俊发　王洪海　王　莉　王爱琴　王彩梅　王焕义　王琼英　王耀明
牛进财　牛晓敏　乌玮琪　方全光　邓世跃　邓德洪　甘拥军　艾小慧
石青梅　叶秀军　卢善德　史晓燕　包小兰　包云贺　冯金凤　冯轶蓉
冯　艳　曲凤静　朱继红　任军战　伊建科　庄　喆　刘小云　刘义花
刘亚儒　刘　安　刘志伟　刘志远　刘贤慧　刘国光　刘俊平　刘菊莲
齐天荣　江林红　汤　宇　安必宁　祁有存　孙宝红　孙菁菁　孙淑芳
杨九军　杨文涛　杨永娟　杨志锋　杨佳超　杨　洁　杨　振　杨振雄
杨　哲　杨　爱　杨智广　杨　璐　李风霞　李东文　李红梅　李　杨
李　纳　李松韩　李尚瑜　李忠玉　李宝林　李　栋　李品萱　李艳霞
李素芬　李家庄　李　萍　李葆云　李雅慧　李　翔　李瑞云　李　蓓
李聪霞　李　娲　肖　杰　吴晓敏　吴　琼　吴　震　吴璐璐　利世锋
邱利君　何汝态　何　均　何武梅　何晓光　何梅英　余兆波　谷臣兵
邹大明　邹世静　邹　兵　汪成明　汪春云　汪　敏　沈志新　宋成林
宋泽华　宋　莉　宋莉莉　张义清　张子锐　张伟明　张丽娟　张　林
张明友　张金荣　张波英　张宝萍　张春萍　张显松　张俊容　张　洋
张　娜　张　峰　张　凌　张海财　张彩霞　张腊妹　张　蓉　张　楠
张　瑁　张赞昌　阿不都热衣木 · 热合曼　阿吾提江 · 吾斯曼　陈天强
陈云科　陈　旭　陈红梅　陈春莲　陈　政　陈笛秋　林广旋　范心奎
范永霞　范珍梅　罗立坤　罗在贵　罗位坤　罗福海　和玲莉　周先明
周艳冰　周爱梅　庞武斌　郑发辉　郑　伟　单　凯　郎彩琴　赵文红
赵邦明　赵国强　赵欣敏　赵倩云　赵　萍　赵　晶　赵　静　胡日查
钟　铃　侯　平　段吉平　段军让　段懿芳　保新丽
俄力哈尔别克 · 吾木提别克　饶东升　祝末琴　胥怀碧　姚　松　姚　斌
贺建峰　骆荣君　袁　琼　聂宏善　贾茂金　徐　伟　徐向东　徐应辉
徐明山　徐　斌　郭　艺　郭　光　郭岗虎　郭保才　唐　红　唐荣栋
唐　浩　黄　良　黄　河　黄秋凤　黄　惠　黄　斌　黄嘉俊　曹丽兰
曹瑞芳　鄂福兰　崔冬龙　梁　运　斯那品初　董曼茹　蒋丽君　蒋　思
韩红林　韩启虎　鲁嘉俊　谢　青　蒲　畅　解生彬　窦彩虹　慕占智
熊万里　熊剑平　潘　燕　燕贲恭　薛俊刚　薛艳丽　薛　强　薛瑞杰
霍建光　魏小河　魏从乐　魏桂平

序

实施重要生态系统保护和修复重大工程是党的十九大提出的最新要求，是加快生态文明体制改革和建设美丽中国的重要内容。20多年来特别是十八大以来，在各有关方面的共同努力下，全国天然林资源保护、退耕还林还草等工程持续深入开展，取得了举世瞩目的成就，为建设生态文明和美丽中国、实现中华民族永续发展作出了重大贡献。

为客观记录和科学评估林业重点工程取得的社会经济效益，国家林业和草原局（原国家林业局）从2003年开始启动实施了天然林资源保护、退耕还林还草、京津风沙源治理、野生动植物保护及自然保护区建设等工程社会经济效益年度跟踪监测；最新监测范围涵盖全国28个省（自治区、直辖市）178个县37个森工企业40个保护区，涉及79个林场283个村2215个农户。

2017年度监测结果显示，各项重点林业工程稳步推进，总体运行情况良好，工程区森林资源稳步增长，森林、草原、湿地、荒漠生态系统和生物多样性得到有效保护，生态状况明显改善，工程建设的综合效益日益显现。其中，天然林资源保护工程二期进入倒计时阶段，天然林分布的主要区域全面实现停止天然林商业性采伐，森林管护补助政策、社会保险补助政策均得到有效落实。样本企业和样本县林业经济发展较平稳；样本县贫困人口比2016年减少了1.70万人。但工程仍需要进一步创新管护制度和监管体制、扩大保护范围、完善森林保险制度、深入推动产业发展。退耕还林还草工程进入两轮政策调整的关键阶段。前一轮退耕还林还草补助到期步伐加快，30%以上的农户退耕地上有收入，60%左右的退耕户以外出务工收入为主，退耕农户大多已形成替代收入来源，现阶段前一轮退耕还林还草样本总体成果基本巩固。新一轮退耕还林还草政策进入第四个实施年，各地根据实际落实新一轮退耕补助兑现政策，六成以上退耕还林还草任务投向集中连片特困区，发挥了公共转移支付促进农村公平的作用。但是新一轮退耕还林任务落地困难、补助标准偏低、退耕还林还草成果巩固形势严峻等问题依然存在。京津风沙源治理工程进入成果巩固和纵深推进阶段，工程区植被恢复明显，林草植被覆盖率显著提高，生态恶化的趋势基本得到控制。工程建设对减轻京津地区的沙尘危害、改善农户生产生活条件、提高农牧民生活水平发挥了重要的作用。但工程仍面临管护经费不足、低效林分防护效益逐渐减弱以及如何有效吸引贫困户等主体参与工程建设等问题。野生动植物保护及自然保护区建设工程在生物多样性保护、带动社区就业等方面发挥了积极作用。工程区野生动植物生境得到进一步改善，野生动植物种群数量持续增加，涉危野生动物和极小种群野生植物得到有效保护，野生动物疫源疫病防控成效明显。但工程在资金投入、濒危野生动物及其栖息地保护和规划、自然保护区立法等方面还需进一步加大力度。

党的十九大对生态文明建设进行了全新的部署，强调要坚持人与自然和谐共生，推进绿色发展、加大生态系统保护力度、改革生态环境监管体制等，并对实施重要生态系统保护和修复重大工程提出了新的更高要求。各级林业草原部门要深入贯彻习近平生态文明思想，认真践行新发展理念和绿水青山就是金山银山理念，按照山水林田湖草系统治理的要求，切实加强森林、草原、湿地、荒漠生态系统保护修复和野生动植物保护，完善天然林保护制度、扩大退耕还林还草规模，加快构建以国家公园为主体的自然保护地体系，为决胜全面建成小康社会、建设生态文明和美丽中国作出更大贡献。希望从事监测工作的同志们，在连续14年监测经验和成果的基础上，增强信心，砥砺前行，勇于担当，主动作为，充分认识当前推进重要生态系统保护和修复重大工程的新任务、新要求，以提升生态系统质量和稳定性为目标，从生态系统保护的整体性和系统性出发，探索和把握工程建设的新规律，全方位、多层次完善监测体系，改善监测方法，全面提高监测数据质量，为推动各项工程顺利实施、推动林业和草原事业高质量发展作出新的更大贡献。

2019年9月

目 录

2018

总报告

摘 要

为客观记录和科学评估林业重点工程取得的社会经济效益，从2003年开始，国家林业局启动实施了林业重点工程社会经济效益年度跟踪监测，工程包括天然林资源保护工程、退耕还林还草工程、京津风沙源治理工程、野生动植物保护及自然保护区建设工程；最新监测范围涵盖全国28个省（自治区、直辖市）178个县37个森工企业40个保护区，涉及79个林场283个村2215个农户。

2017年的监测结果显示，林业重点工程总体运行情况良好，工程区森林资源稳步增长，森林、荒漠、湿地、草原生态系统和生物多样性得到有效保护，生态状况明显改善，工程建设的综合效益日益显现。

一 主要发现

（一）天然林资源保护工程

2017年，天然林资源保护工程二期已进入倒计时阶段，天然林分布的主要区域全面天然林资源保护工程二期已进入倒计时阶段，全国范围内停止天然林商业性采伐稳步推进，森林管护与抚育、社会保障、政社性支出等补助政策得到有效落实。2017年，样本森工企业木材产量为16.10万立方米，比2016年增加了10.85万立方米，采伐的原因主要是征占用地、后备资源培育和森林可持续经营；样本县木材生产共消耗森林蓄积量63.08万立方米，多数样本县采伐限额利用率不足一半。重点国有林区21个样本企业在岗职工工资总额为50.03亿元，比2016年增长了31.73%；样本县保障性资金增加，社会保险补助总金额14858.18万元，比2016年增长了46.85%。样本企业和样本县林业经济较平稳，产业发展缓慢，其中第一产业的比例在逐年下降，第二产业所占的比例基本稳定，第三产业的比例在稳步提升。样本县贫困人口减少，比2016年（贫困人口208.79万人）减少了1.70万人（0.82%），非天保区有返贫现象。

（二）退耕还林还草工程

2017年，退耕还林还草工程进入两轮政策调整的关键阶段，前一轮退耕还林补助到期步伐加快，新一轮退耕还林还草政策进入第四个实施年。2017年，近三成退耕地补助到期，部分省份退耕户停补比例已过半。六成以上退耕林木已成林，其中九成以上长势良好。30%以上的农户退耕地上有收入，60%左右的退耕户以外出务工收入为主，基本医疗和基本养老覆盖率超过90%，退耕农户大多已形成替代收入来源，现阶段前一轮退耕还林样本点成果基本巩固。新一轮退耕还林还草任务六成以上投向集中连片特困区，样本退耕户中建档立卡贫困户的占比超过20%，发挥了公共转移支付增进农村公平的作用。各地根据实际落实新一轮退耕补助兑现政策，户均补助4000元左右，但是补助标准各地执行差异大，同时新一轮退耕补助兑现略有滞后，样本户总体到户率为80%以上。样本县还有10%～30%的耕地符合进一步退耕的条件，特困区可退耕地面积更大；同时，随着城镇化的进一步发展，移民搬迁腾退地、弃耕撂荒地等也为进一步扩大退耕还林还草提供土地资源。

（三）京津风沙源治理工程

2017年，京津风沙源治理工程已进入成果巩固和纵深推进阶段。京津工程实施17年来，取得了良好的生态、社会经济效益，对减轻京津地区的沙尘危害、改善农户生产生活条件、提高农牧民生活水平发挥了重要的作用。样本县（旗）林业总产值显著提高，从2000年的64907.3万元增长至2017年的401949.7万元，增长了519.27%。工程区植被恢复明显，生态恶化的趋势基本得到控制，原有植被得到有效保护和恢复，林草植被覆盖率显著提高，地表起沙得到有效遏制，流动沙丘得到初步治理，连片的生态防护林起到了调节气候、保持水土、阻挡风沙、遏制土地沙化的作用，2017年，样本县（旗）有林地面积235.76万公顷，与2000年相比，增加了74.06万公顷，增长了45.8%；森林储蓄量9101.44万立方米，与2000年相比，增加了4511.45万立方米，增长了85.11%。越来越多的农民参与到造林营林、森林防火、有害生物防治中，初步实现了人与自然的良性互动以及环境治理与经济发展的双赢。

（四）野生动植物保护及自然保护区建设工程

野生动植物保护及自然保护区建设工程在生物多样性保护、带动社区就业等方面发挥着积极作用。2017年，有12个样本保护区通过专项调查等方式，新记录到野生动物27种108只（头），有5个样本保护区新记录到野生植物12种，其中，湖北后河国家级自然保护区发现1种中国植物新种，命名为鄂西商陆；有10个、3个和4个样本保护区分别对16种、5种和11种珍稀濒危野生动物进行人工繁育、野化培训和放归自然；样本保护区对区内41种极小种群野生植物实施拯救；野生动物疫源疫病防控成效明显，但是林业有害生物防治力度仍需加大。2017年，样本保护区带动社会就业人员59033人，带动就业人员数量进一步增加；样本村贫困户与2016年相比，贫困户减少525户，样本村经济收入继续保持增长，与2016年相比增长2.87%。样本保护区创收项目总产值146497.43万元，比2016年增长1.83%，其中第三产业创收项目产值占96.66%，与2016年相比，增长2.78%。保护区建设管理成效显著，科研经费持续增加、野外巡护队伍壮大、信息化水平不断提升。

二 存在的问题

（一）天然林资源保护工程

1．天然林管理和管护效率不高

从东北重点国有林区来看：一是人均管护任务量大。管护任务依据管护资金量和管护人员工资水平进行安排，如果管护补助标准不能持续提升，为维持管护人员的收入水平，必须增加管护任务量，管护质量与效率难以保障。二是林管局与森工企业的森林资源管理职责重叠。在失去生产功能后，林管局和森工企业都转变为森林资源的经营和管理单位，林管局在经济上依附于森工企业，职责上存在重叠，矛盾冲突难以避免。从长江、黄海流域天保工程区来看，由于非天保工程区缺乏造林、管护和抚育等措施，2017年非天保工程区幼龄林、中龄林、成过熟林面积均呈现负增长，森林自我更新与维持能力差，森林退化现象严重。此外，样本县整体林分年龄结构不合理，尚未有足够的中龄林转变为近、成过熟林，导致林分整体单位面积蓄积偏低，森林资源质量不高。

2．森林保险赔付率低，赔付金额不足

一是灾害发生时，保险赔付金额与保额有一定差距，监测数据显示，2017年样本县投保森林面积455.45万公顷，保费总额6489.08万元，总保额337.16亿元（亩均保额493.52元），实际已保受灾森林面积1.91万公顷，已完成赔付金额1210.37万元，发生灾害20个县，森林保险亩均赔付269.67元，低于保险应赔付水平的45.36%（两个县发生灾害尚未赔付）。2017年三岔子林业局保费621.47万元，受灾面积89公顷，评估灾害损失金额31.19万元，赔付金额31.19万元，评估赔付金额只是保费

的5.02%。二是费率太高，以东北、内蒙古的国有森工企业为例，保费10.68亿元，保额492.81亿元，费率为2.17%。

3．社会管理与服务职能移交面临诸多困难

中央要求地方各级政府对行政区域内的保护森林、改善民生负总责。但是，目前地方政府对所承担的责任履行不充分，不到位。地方政府认为林区社会因林而生，既然重点国有林区森林资源产权归国家所有，就应该由中央财政承担林区社会正常运转经费，地方政府仅起辅助作用。在客观条件上，林区社会发展长期形成的“大林业、小政府”格局也不利于地方政府履行责任。在履责条件上，地方经济体量小，政府财力弱；移交后，森工企业还要承担原林业职工的部分经费支出，医院、学校的保障水平可能下降，影响林区社会正常运行，引发社会矛盾。

4．经济发展面临的压力大，产业发展所受限制较多

从国有森工企业来看，林区面临着经济总量小、产业化水平低、运行效率不高等问题，产业发展建设用地或配套用地紧缺，招商引进的产业无法正常落地；林下经济发展缺乏专项扶持政策；水、电、路、网短缺，而且收费过高。在伊春，林区转型内在动力不足，林业局不同程度地存在“等、靠、要”的思想，一是受条件所限，没有发展特色产业的优势资源；二是受思想限制，没有自己的发展思路和决心；三是受政策约束，没有地区政府的政策扶持与支撑保障。从天保工程样本县角度看，天保工程禁止天然林商业性采伐以来，森林资源得到了良好的保护。但这对监测县林业产业产生了一定的影响，林业产值降低，林业产业亟待转型，一是木材采运、加工成本变高；二林业产业人员冗余，大量人员涌入森林旅游相关产业，而森林资源有限，加上缺乏合理的规划与系统的管理，造成产业冗余严重；三是森林资源利用不合理，由于对森林保护的日趋严格限制了林下经营类型，样本县缺乏科学的经营方案，对于资源利用不合理。

（二）退耕还林还草工程

1．落实和扩大退耕规模难度大

新一轮退耕还林还草政策落实中存在一些农户实际达到退耕政策标准的耕地面积、位置与国土二调有出入的情况，部分新一轮退耕还林还草政策落地困难。党中央、国务院希望通过退耕和耕地保护等政策的实施，达到“退劣不退优”、生态、粮食安全共提升的目的。故在多次要求扩大退耕还林还草的同时，提出要确保18.65亿亩耕地保有量和15.46亿亩基本农田的红线。在政策实施中，一些地方因为耕地保有量和基本农田保护指标的限制，无法把符合退耕还林还草政策标准的陡坡耕地纳入到新一轮退耕还林还草范围里，无法全面落实陡坡耕地应退尽退的退耕还林还草工程政策目标。同时存在因缺乏石漠化耕地等地类标准，一些地方需退耕还林还草的石漠化耕地无法纳入工程范围等问题。

2．补助标准偏低

新一轮退耕还林中央每亩补助1600元，5年内分3次下达。补助年限相比前一轮退耕还生态林缩短了11年，补助标准大幅度降低。各地发展速生丰产用材林、经济林等林业产业基地，5年内实际投入一般不低于3000元/亩，国家补助只相当于投入的一半左右。此外，由于造林投入不够、管理水平不高，存在经济林实际收益低于理论收益的情况，且要达到盛产期一般需8～10年，生态林要获得收益则需更长时间，一些生态林甚至没有收益，补助政策到期后将出现一段较长的收入真空期，期盼退耕的农民对这一补助标准认可程度较低，一些地方实施新一轮退耕还林还草的积极性不高。

3. 政策落实不到位

虽然目前退耕还林工程已经实施了20年，但通过调查发现，因退耕还林工程政策经费不足，部分区域农户表示对于退耕还林还草的基本政策完全不了解或者不清楚，这种情况在新一轮政策落实中尤为突出。例如，退耕补助完全停止后，部分农户对退耕地补助期限、土地属性转变和《森林法》等法律法规了解不到位，给停补后林地管护等带来一定困难，而且随着新一轮退耕还林还草工程的实施，为退耕经费的按规下发增加了难度，大部分农户在前后两轮退耕还林还草工程中得到的补助并不同，每年的补助都有一定数额的差异，这对农户而言有一定的误导性。另外，补助落实无法到位也是目前退耕工程实施遇到的最大困难之一。除此之外，农户反映最大的问题就是不能全额的领取退耕补助，因不了解退耕核查后对标发放补助和新一轮分3次发放退耕补助的政策要求，部分农户产生政府部门少发农户退耕补助的误解，降低了政府部门的公信力。

4. 巩固退耕还林还草成果压力大

退耕还林还草工程区大多生态脆弱、土地贫瘠，退耕农民收入单一，年均收入低，对退耕还林还草补助依赖性大。进入21世纪以来，我国经济社会快速发展、物价大幅度上涨，特别是国家不断加强支农惠农政策支持力度，种粮补贴范围不断扩大、补贴标准不断提高，退耕还林还草补助政策的激励作用弱化，农户造林、护林的积极性下降，少数地方甚至出现了毁林复垦的现象。以发挥生态效益为主的生态林，有的不能够砍伐，有的成林不成材，经济收益较低，而且抚育管护、森林经营等还需要持续不断的投入。如果不继续对其给予适当补助，部分退耕农户的收入将有所下降，不仅影响来之不易的大量退耕还林还草成果的巩固，而且影响2020年打赢脱贫攻坚战和全面建成小康社会目标的实现。2017年中央“一号文件”提出：前一轮退耕还林补助政策期满后，将符合条件的退耕还生态林分别纳入中央和地方森林生态效益补偿范围。但中央财政森林生态效益补偿标准仅为每年每亩15元，难以补偿退耕还林还草产生的生态效益和退耕农户付出的机会成本，而且与种粮补贴相差较大。

（三）京津风沙源治理工程

1. 不能有效吸引贫困户等主体参与

按照工程建设与管理现状，目前，京津工程主要依靠招投标机制来确定工程实施主体，这存在两个方面的问题：一是林权制度改革后，林地到户，招投标机制不适应新形势，应由林地所有者实施工程；二是按照精准扶贫思路，林业建设工程应最大限度地吸纳贫困户参与，有利于快速增加贫困户的收入，但目前工程实施的招投标确定工程实施主体的方式没有专门的政策帮助贫困农户参与项目。

2．管护经费不足

在投资结构上，工程管理经费缺乏，管护经费缺项，尚未形成造林、管林、营林一体化的资金投入体系。特别是当前项目区畜牧业的大力发展，给造林管护带来了较大压力。

3．低效林改造没有纳入工程内容

受恶劣的自然条件影响很大，京津工程区可选择的树种很少，营造大规模的柠条、沙棘灌木林，对消灭荒山荒沙、遏止地表起沙发挥了很大作用，但沙棘、柠条灌木林的生态经济效益相对比较低。同时，沙区还有大量杨树“小老树”濒临死亡，低效林分的防护效益逐渐减弱。

（四）野生动植物保护及自然保护区建设工程

1．保护区常规性工作仍缺乏稳定、充足的资金投入

2017年，在野生动植物保护、野生动物疫源疫病防治、林业有害生物防治等常规性工作中，样本保护区反映仍有不同程度的资金投入不足的情况。具体体现在三个方面：①地方财政投入不够。2017年，地方财政投资野生动植物保护及自然保护区工程资金达13.05亿元，占投资完成额51.36%，超过中央财政9.57个百分点。而在样本保护区中，地方财政对工程建设的投资完成额占比仅为27.05%，且比中央财政投资完成额占比少45.89个百分点。②资金投入主体单一。样本保护区资金投入主要来源为中央财政与地方财政。社会性投资和其他渠道筹措资金占比微小。以样本保护区信息数据库建设为例，40个样本保护区中仅有四川卧龙国家级自然保护区获得过一定捐赠资金。③资金使用效率较低。2017年，样本保护区投资完成率不到61%，比2016年下降三成多。具体是因相当一部分资金在下半年才能到位，使得一些项目的并不能依照原定计划推进。

2．保护区周边社区仍有相当比例的贫困人口存在

2017 年，样本村贫困户的户数尽管呈下降趋势，但仍占到总户数的10.64%，并且区内村的贫困户户数1023户，占区内村总户数14.54%；区外村贫困户户数为1384户，占区外村总户数的8.88%。有30个样本保护区参与了当地的精准扶贫工作，保护区的具体任务包括宣传扶贫政策、制定帮扶措施、帮助脱贫致富等，共帮扶贫困农户2224户，但未脱贫的达到62.50%。可见，保护区周边社区贫困人口仍有相当比例的存在。

3．濒危野生动物保护亟待加强

2017年，26个样本保护区反映区内濒危野生动物保护存在困难，对此项工作存有困难的保护区较2014年增加9个。濒危野生动物保护乏力的问题并未得到有效改善。造成这一局面的原因：一是野生动植物保护日常运行经费普遍未纳入地方财政预算，资金投入力度不够。14个样本保护区反映资金投入不足是开展濒危野生动物保护工作的主要困难之一。2017年，濒危野生动物人工繁育、放归自然的资金为250.3万元，较2016年下降79.76%；二是基础设施建设较为滞后。2017年，样本保护区中新建野生动物拯救基地的仅2个，而珍稀濒危野生动物基因库的建设还未起步；三是濒危物种人工繁育、种群复壮、放归自然、栖息地保护恢复与优化等，没有专门的基础设施建设投资渠道等；专业人才难以引进，流失严重，严重缺乏。12个样本保护区反映因区内缺乏专业人才，较2014年监测统计时增加了6个样本保护区，使得保护工作未得到有效推行。

4．野生动植物栖息地隔离、破碎化现象未能得到缓解

保护野生动植物，最重要的就是保护其栖息环境。2017年，有23个样本保护区反映区内野生动物受到人为活动、牲畜活动、道路、桥梁等建筑建设等方面的威胁和干扰。其中，区内出现野生动物栖息地“碎片化”的样本保护区较2016年增加4个，达11个，样本保护区野生动物栖息地碎片化现象未得到缓解，且有加重趋势。除自然灾害等因素外，基础设施建设等认为干扰是造成栖息地隔离、破碎化的主要成因。

三 政策建议

（一）天然林资源保护工程

1．推进科学经营、扩大天然林保护范围

一是加强森林资源管护。积极争取财政支持，加快落实森林管护费标准动态、合理调整。适当考虑管护难度和管护成效差异，探索实施差别化管护制度和标准。按照“远山建站、近山建场”的思路合理布局管护场站，精简管理人员，充实管护队伍。二是创新森林资源监管体制。加快研究建立林业资源资产产权制度，探索建立所有权、监管权、经营权、“三权分置”机制，以此达到归属清晰、权责明确、监管有效的效果，研究制定重点国有林区森林资源监督管理法律制度措施，建立健全林区绩效管理和考核机制，实行森林资源离任审计。三是扩大天然林保护范围，监测显示，天保工程区森林资源质量要明显优于非天保工程区，扩大保护范围是提高森林质量的最直接也是最有效的办法。同时要加强抚育经营，要将天保工程区集体和个人所有天然林纳入抚育范围，推进公益林与天然林管护统一要求、并轨管理，全面落实国有林管护站规划方案，研究制定集体林区管护站建设方案。

2．完善赔偿标准与赔偿机制

一是对已纳入补偿范围的林地类型进行核实。在扩大森林保险补偿范围的同时，要注意新纳入的林地类型是否符合政策要求。二是要扩大商品林参保面积，要提高公益林赔付率。商品林参保面占总面积的1/4，部分地区取消了商品林参保的硬性要求，且参保成本较高。与商品林相比，公益林投保面积虽大，但赔付率明显低于商品林，公益林在创造生态价值时，一旦受到损失，却没有相应的赔偿保证。因此，要调整森林保险参保政策，在适当减少商品林经营个体参保成本的同时，推行具有吸引力的商品林保险产品。三是要提高赔付标准，鼓励地方参保。完善赔付类型，对于特定地区，可针对发生概率高的灾害类型，提高赔偿标准，提高地方政府参保积极性，推动森林保险工作发展。但要考虑地方财政配套能力，不能盲目扩大、补充。

3．用政企分开带动事企、管办分开

“政企分开”是解决政企、政事、事企、管办“四分开”这些诸多矛盾中的主要矛盾。在政企分开后，对于分离出来的企业，没有资源保障、没有市场出路、经营非核心资产的，应按照市场经济规则，逐步淘汰；对于社会公益性、森林资源保育性企业，要继续建立与天保工程的挂钩机制，保障其基本业务。剥离企业职能后，林业局只剩下森林资源管理职能，暂时保留社会公益事业托管职能，从根本上改变了森工企业的性质。在林业局层面组建国有林管理机构，由省级国有林管理机构垂直管理，经费列入预算；逐步将集团公司与国有林管理机构分开，完善省级以下垂直管理的森林资源管理体系；探索将省级国有林管理机构上收国务院林业主管部门垂直领导。

4．推动林业产业发展

一是大力发展品牌经济，促进林区职工就业增收。将国有林区林下经济纳入财政补贴范围，推进林业立体化、精品化开发，促进资源多重利用，提高林下经济产品产量和产出。二是大力发展混合经济。目前，重点国有林区经济结构相对单一，产权结构相对单一，需要创新产权模式，通过适度扩大林地经营权和林木所有权的流转、抵押、担保、入股等形式，促进森林资源转化为资产，吸引金融、工商、社会资本投资林区经发展。三是进一步完善资金投入、税费优惠等方面的政策，参照农业补贴政策对林业生产和森林经营给予支持，提高林业生产水平。四是加快森林资源管理制度的修订工作，逐步开放天然林的开发利用。五是大力推进产业转型，发展绿色生态产业，鼓励新兴林业产业，开发林业新型产业。

（二）退耕还林还草工程

1．以集中连片特困区为重点，继续扩大退耕还林规模

按照2018年发布的《中共中央、国务院关于打赢脱贫攻坚战三年行动的指示意见》要求，着重“三区三州”等深度贫困地区组织开展陡坡梯田、重要水源地15～25度坡耕地、移民搬迁撂荒耕地等地类退耕还林；对按照现行政策已经退耕还林的地块和下一步扩大退耕还林地块，在任务完成并经国家有关部门验收合格后，相应核减耕地保有量和基本农田保护面积；把握森林转型规律，根据我国撂荒耕地的扩大趋势，选择部分撂荒面积大且立地条件好的省份开展撂荒耕地退耕还林试点。

2．制定退耕还林还草管护长效机制

一是对已补助到期的退耕农户，继续落实与管护相挂钩的20元生活费补助兑现，调动退耕农户经营管理退耕林木的积极性。二是将已到期的退耕地尽快纳入中央和地方森林生态效益补偿基金，并明确将其作为稳定、长期的退耕还林补助政策，利于稳定退耕农户的退耕还林信心。三是针对退耕林地的防灾及灾害损失、后续管护和改造、抚育、采伐利用等，建立退耕还林防灾基金或将退耕还林地纳入地方政策性林业保险体系中。在有政策性森林保险的地方，将退耕林地纳入地方森林保险体系；在没有政策性林业保险的地方，鼓励建立退耕还林还草防灾基金，中央、地方和退耕户共同筹资，专门用于退耕林地的病虫害防治和因牲畜、病虫害、火灾、风灾导致的灾害损失和灾后的补植补造经费的补贴。

3．继续加大退耕还林还草政策落实和宣传力度

从大学生调查结果看，农户反映的绝大多数情况都与退耕还林还草补助有关，有部分地区的补助拨付方式未被农户认可，工程惠民的目的没有很好达成。对于新一轮退耕还林还草，要增加工作人员和经费的投入，做好检查验收工作和补助的公示宣传工作，实事求是让农户了解参与退耕的权利和义务，讲深讲透前新两轮退耕政策在补助拨付分配上的差异，消除农户对现有工程执行的误解，各级退耕还林还草监督部门也应对退耕还林还草补助做好追踪调查和检查监督的工作，要能保证检查验收合格的农户按时足额领取退耕还林还草的补助，严禁少发、漏发、不发等现象的出现。

（三）京津风沙源治理工程

1．完善工程实施方式，建立扶贫衔接机制

改进项目实施方式，多形式确定工程建设主体；制定治沙扶贫政策，鼓励贫困农户参与工程建设。建议国家出台政策，放活机制，采取招投标、询价等多形式确定施工主体，也可采取购买式造林的办法完成造林任务；制定治沙扶贫政策，将精准扶贫户纳入工程实施主体。

2．加大资金投入，完善管护经费配套

建议进一步优化投资结构，加大管护管理资金投入力度，确保造一片、成一片，实现区域造林数量与质量的同步提升。将低效林改造纳入建设内容，并给予相应的配套资金支持。

3．优化林分结构，开展气候适应性研究

加大项目区造林树种结构调整力度，促进项目区造林由单一树种向多树种转变。加大项目区过熟林、残次林的改造力度，栽植一定数量的针叶树等，形成乔灌、针阔混交林分，发挥可持续的防护效益。同时，密切关注气候变化和水资源利用对京津工程的长期影响，开展京津工程气候适应性研究，从技术、政策等方面做好准备，巩固京津工程建设成果。

（四）野生动植物保护及自然保护区建设工程

1. 加大资金投入力度，保障保护区常规性工作顺利开展

为保障保护区常规性工作顺利、有效开展，需加大资金投入力度。具体可从以下几方面考虑：一是拓宽资金来源渠道，并提升相关渠道的实操性。在稳定中央、地方财政投入的同时，积极拓宽诸如接受捐赠等资金来源渠道。虽然《中华人民共和国自然保护区条例》的第六条“自然保护区管理机构或者其行政主管部门可以接受国内外组织和个人的捐赠，用于自然保护区的建设和管理”，但是实际获得捐赠的保护区数量不多，应研究出台相关渠道实施细则，增加实操性。二是提高资金使用效率，加大自然保护区的资金使用权、分配权。缩短资金拨付的时间，简化拨付资金的程序，使保护区能更为高效地使用资金。

2. 加大对社区贫困人口的扶贫力度

对于保护区周边社区有相当比例的贫困人口的存在情况，提出以下建议：保护区应结合自身优势助其周边社区居民脱贫，在产业发展上下文章，发展环境友好的产业。

3. 加大珍贵濒危野生动植物及其栖息地的保护力度

针对保护区濒危野生动植物保护工作开展乏力的问题，有效强化其栖息地保护力度，提出以下建议：①安排专项资金支持濒危野生动植物工作的开展。②强化濒危野生动植物保护的基础设施建设。③大力引进相关技术人才，确保每个保护区都有能够开展此项工作的人员。④组织培训，提升现有保护区工作人员的专业技术知识。⑤邀请相关技术专家深入各个保护区实地指导，帮助保护区开展好此项工作。⑥开展栖息地治理，建设生态廊道。⑦定期进行科学监测，建立栖息地数据库。对物种减少与物种过量给予同样关注，维护生物多样性。⑧完善相关法律法规，规范人类活动与行为。

2018

天然林资源保护工程

天然林资源保护工程
重点国有森工企业
社会经济效益监测报告

2017年，天然林资源保护工程（以下简称“天保工程”）二期已进入倒计时阶段，天然林分布的主要区域全面实现停止天然林商业性采伐。党的十八大以来的5年，是我国天然林资源保护事业中不平凡的5年。5年来，我国全面停止天然林商业性采伐，国有天然林全部纳入保护范围，集体和个人所有天然商品林停伐补助试点不断扩大，基本实现“把所有天然林都保护起来”的目标。

多年来，天保工程为我国的生态保护和经济社会可持续发展做出了重大贡献。天保工程重点国有森工企业社会经济效益监测（以下简称“监测”）通过长期跟踪，运用科学的方法、翔实的数据材料来评价天保工程产生的多重效益，反映工程实施进展、政策落实、森工企业转型发展、林业职工转岗就业等情况和问题，为加快推进天保工程顺利实施、重点国有林区科学发展，提供决策参考和政策建议。

本年度数据采集和数据分析方法与往年保持一致，对37个重点国有森工企业（以下简称“样本企业”）实施跟踪监测；在调查内容上，与2017年关注点相同，从八个方面来反映政策执行及成效；在监测指标上，与2017年度相比，指标体系新增127个，删除161个，共310个指标。

表2-1 2016–2017年关于天然林资源保护的重要政策、文件、讲话和活动

项目	内容
重要政策	•2017年9月8日，中央财政大力支持天然林资源保护全覆盖和森林生态效益补偿。为进一步加强我国天然林资源保护，构筑森林生态屏障，中央财政深入贯彻落实习近平总书记“把所有天然林都保护起来”的指示精神，主动研究政策，积极安排资金，健全完善天然林资源保护和森林生态效益补偿制度。一是对未纳入原政策保护范围的，实施天然林资源保护政策全覆盖，主要采取新的停伐补助和奖励政策。对非天保工程区国有商品林实行全面停伐，中央财政安排森林管护费补助和全面停伐补助；对非天保工程区集体和个人所有商品林实行停伐奖励，凡自愿选择停伐的农民，中央财政安排奖励资金。对天保工程区内仍在进行商业性采伐的内蒙古、吉林重点国有林区，全面停伐后比照黑龙江重点国有林区安排停伐补助。二是对已纳入政策保护范围的，适当提高补助标准。中央财政连续提高天保工程区国有林管护补助标准和国有国家级公益林生态效益补偿标准，从二期之初的每亩5元提高到2016年的每亩8元，2017年再次提高到每亩10元，翻了一番，对集体和个人所有的国家级公益林每年每亩补助15元，并按照上述标准安排停伐管护补助。将社会保险补助费的缴费工资基数从2008年社会平均工资的80%提高到2016年各省社会平均工资的80%，国有天然林商业性采伐全面停止，森林资源管护切实得到加强，天然林资源保护基本实现全覆盖。2017年，中央财政共计安排533亿元（其中中央本级31亿元，补助地方502亿元），支持全面保护我国天然林资源，其中：用于森林资源管护313亿元、停伐补助103亿元、天保工程区政策性社会性支出和社会保险补助117亿元。下一步，中央财政将牢固树立绿色发展理念，继续安排补助资金，支持天然林资源保护工程二期方案顺利实施，支持全面停止天然林商业性采伐，支持加强天然林资源管护，健全补助标准动态调整机制
重要文件	•2016年12月31日，2017年中央一号文件《中共中央、国务院关于深入推进农业供给侧结构性改革加快培育农业农村发展新动能的若干意见》。加强重大生态工程建设，推进山水林田湖整体保护、系统修复、综合治理，加快构建国家生态安全屏障。全面推进大规模国土绿化行动，继续实施林业重点生态工程，推动森林质量精准提升工程建设。完善全面停止天然林商业性采伐补助政策
	•2017年10月2日，中共中央办公厅、国务院办公厅印发《国家生态文明试验区（江西）实施方案》，重点任务是健全森林保护与管理制度。全面停止天然林商业性采伐，将所有天然林纳入保护范围，在国家级自然保护区、国家森林公园、五河（赣江、抚河、信江、饶河、修河）及东江源头等生态功能重要区域自主探索开展禁伐补贴和非国有森林赎买（置换）、协议封育试点。探索近自然森林经营制度。完善天然林管护体系，建立生态护林员制度。自主探索生态公益林以效益论补偿新机制，逐步提高生态公益林补偿标准，探索建立古树名木保护补偿制度
重要会议讲话	•2017年5月26日，习近平在主持第四十一次集体学习时强调，推动形成绿色发展方式和生活方式是贯彻新发展理念的必然要求，必须把生态文明建设摆在全局工作的突出地位，坚持节约资源和保护环境的基本国策。推动形成绿色发展方式和生活方式，是发展观的一场深刻革命。这就要坚持和贯彻新发展理念，正确处理经济发展和生态环境保护的关系，像保护眼睛一样保护生态环境，像对待生命一样对待生态环境。要充分认识形成绿色发展方式和生活方式的重要性、紧迫性、艰巨性，把推动形成绿色发展方式和生活方式摆在更加突出的位置，加快构建科学适度有序的国土空间布局体系、绿色循环低碳发展的产业体系、约束和激励并举的生态文明制度体系、政府企业公众共治的绿色行动体系，加快构建生态功能保障基线、环境质量安全底线、自然资源利用上线三大红线，全方位、全地域、全过程开展生态环境保护建设
	•2017年8月28日，习近平对河北塞罕坝林场建设者感人事迹做出重要指示：55年来，河北塞罕坝林场的建设者们听从党的召唤，在“黄沙遮天日，飞鸟无栖树”的荒漠沙地上艰苦奋斗、甘于奉献，创造了荒原变林海的人间奇迹，用实际行动诠释了绿水青山就是金山银山的理念，铸就了牢记使命、艰苦创业、绿色发展的塞罕坝精神。他们的事迹感人至深，是推进生态文明建设的一个生动范例。全党全社会要坚持绿色发展理念，弘扬塞罕坝精神，持之以恒推进生态文明建设，一代接着一代干，驰而不息，久久为功，努力形成人与自然和谐发展新格局，把我们伟大的祖国建设得更加美丽，为子孙后代留下天更蓝、山更绿、水更清的优美环境。
	•2017年9月11日，习近平在《联合国防治荒漠化公约》第十三次缔约方大会高级别会议的贺信中强调：土地荒漠化是影响人类生存和发展的全球重大生态问题，是人类面临的共同挑战，需要国际社会携手应对。我们要弘扬尊重自然、保护自然的理念，坚持生态优先、预防为主，坚定信心，面向未来，制定广泛合作、目标明确的公约新战略框架，共同推进全球荒漠生态系统治理，让荒漠造福人类。中国将坚定不移履行《公约》义务，按照本次缔约方大会确定的目标，一如既往加强同各成员国和国际组织的交流合作，共同为建设一个更加美好的世界而努力
	•2017年10月18日，党的十九大报告指出，加大生态系统保护力度。实施重要生态系统保护和修复重大工程，优化生态安全屏障体系，构建生态廊道和生物多样性保护网络，提升生态系统质量和稳定性。完成生态保护红线、永久基本农田、城镇开发边界三条控制线划定工作。开展国土绿化行动，推进荒漠化、石漠化、水土流失综合治理，强化湿地保护和恢复，加强地质灾害防治。完善天然林保护制度，扩大退耕还林还草。严格保护耕地，扩大轮作休耕试点，健全耕地草原森林河流湖泊休养生息制度，建立市场化、多元化生态补偿机制

一 天保工程进展及政策执行情况

2017年度，天然林全面停伐，森林管护补助政策、社会保险补助政策均得到有效落实。

（一）工程资源保护有成效

1. 森林资源得保护，蓄积量有增长

2017年，样本企业经营区共有森林1012.50万公顷[①]，比2016年增加了20.87万公顷，增长了2.10%。森林覆盖率为79.81%，分区域来看，东北、内蒙古等重点国有林区森林覆盖率达到86.40%，长江上游、黄河上中游地区只有65.85%。天然林面积910.37万公顷，比2016年增加了7.77万公顷，增长了0.86%；人工林面积102.13万公顷，比2016年增加了13.10万公顷，增长了14.71%。国家特别规定的灌木林地127.02万公顷，比2016年增加了8.91万公顷，增长了7.54%。

2017年，样本企业经营区内森林蓄积量为11.65亿立方米，比2016年增加了0.16亿立方米，增长了1.39%。其中，天然林蓄积量增加了0.10亿立方米，增长了0.92%；人工林蓄积量增加了0.06亿立方米，增长7.45%。森林单位面积蓄积量为115.05立方米/公顷，其中，天然林单位面积蓄积量为119.12立方米/公顷，人工林单位面积蓄积量为78.76立方米/公顷。

2. 管护面积增加，人均管护面积有所减少

2017年，样本企业实际管护面积1361.78万公顷，比2016年增加了4.59万公顷，增长了0.34%。从事管护的人员有34622人，比2016年多了3504人，人均管护面积为393.33公顷，比2016年少了42.81公顷（表2-2）。在落实管护人员的数量中，林业职工有32260人，占管护人员的93.18%，下降了5.16个百分点。样本企业投入使用的森林管护站共有1499个，比2016年增加73个，增长5.12%。

从工程区域来看，东北、内蒙古等重点国有林区从事管护的在册职工占管护人员的92.86%，人均管护354.08公顷，比2016年减少了36.50公顷/人。管护资金12.64亿元，其中管护人员补助7.26亿元，占57.44%。

长江上游、黄河上中游地区从事管护的在册职工占管护人员的94.22%。人均管护522.56公顷，比2016年减少了59.32公顷/人。管护资金4.72亿元，其中管护人员补助3.30亿元，占69.92%。

① 森林面积变化主要是海南尖峰岭林业局和云南漾江林业局增加了与地方共管的区域。

表2-2 天保工程二期以来样本企业森林资源管护情况

项　目	2011年	2012年	2013年	2014年	2015年	2016年	2017年
管护面积（万公顷）	1212.56	1206.84	1217.62	1268.11	1337.04	1357.19	1361.78
管护人员（人）	37424	32775	30165	30007	28495	31118	34622
森林管护费（亿元）	8.13	9.88	10.54	11.11	12.89	14.51	17.36
人均管护面积（公顷/人）	324.01	368.22	403.65	422.61	469.22	436.14	393.33
人均管护费（万元/人）	2.17	3.00	3.49	3.70	4.52	4.74	5.01
单位面积管护费（元/亩）	4.47	5.44	5.77	5.84	6.43	7.13	8.50

（二）造林任务有序开展

1．东北、内蒙古等重点国有林区以林分改造培育为主

2017年，东北、内蒙古等重点国有林区样本企业造林面积3.29万公顷。其中，人工造林0.86万公顷，飞播造林0.21万公顷，退化林修复1.60万公顷，人工更新0.62万公顷，分别占26.14%、6.38%、48.63%和18.85%（图2-1）。当年造林合格面积22650.51公顷，当年新增成林面积5310.70公顷。

2．长江上游、黄河上中游地区以封山育林为主

2017年，长江上游、黄河上中游地区样本企业造林面积为0.55万公顷。其中，人工造林0.10万公顷，封山育林0.45万公顷，分别占18.18%和81.82%%（图2-2）。当年造林合格面积0.22万公顷，当年新增成林面积1.00万公顷。

图2-1 2017年东北、内蒙古等重点国有林区样本企业造林面积及结构

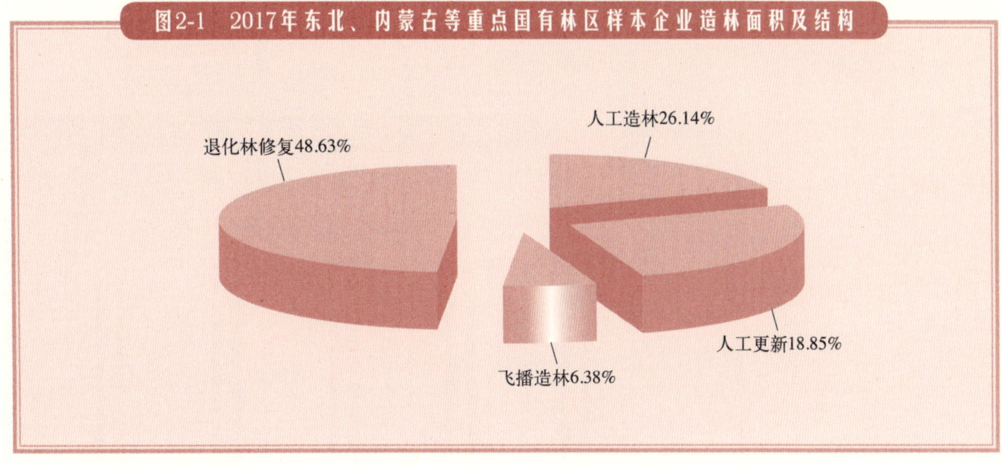

图2-2 2017年长江上游、黄河中上游地区样本企业造林面积及结构

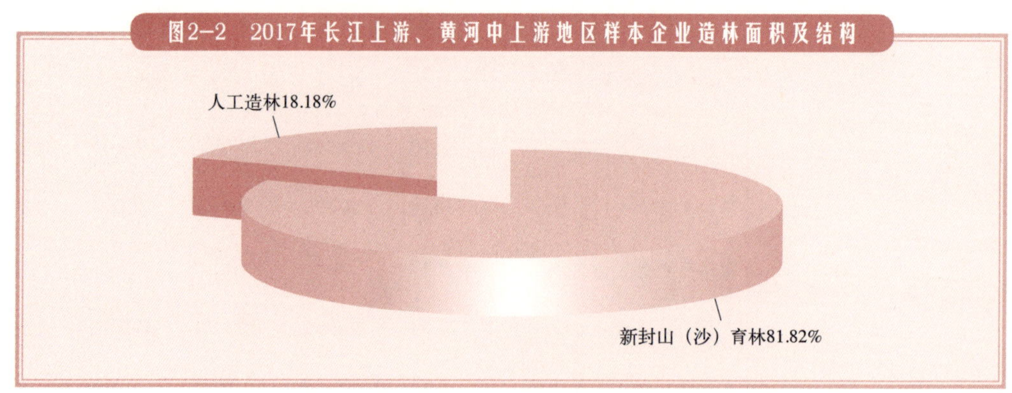

3. 抚育面积增加，从事抚育人员减少

2017年，样本企业完成抚育面积43.65万公顷，比2016年增加了4.61万公顷，增长了11.81%。幼龄林和中龄林抚育面积分别占27.60%和72.40%，从事抚育的人员有37907人，减少了5949人，下降了13.56%。其中在册职工有26972人，占71.15%，提高了5.13个百分点（图2-3、图2-4）。

从工程区域来看，东北、内蒙古等重点国有林区样本企业完成抚育面积37.94万公顷，抚育投资完成资金6.82亿元，其中人工费4.28亿元，占62.76%。从事抚育的人员29704人，减少了3222人，其中在岗职工有23495人，减少了2201人，下降了8.57%。从事抚育的人员平均人工费14424.04元/年，减少了2360.72元/年，下降了14.06%。

长江上游、黄河上中游地区样本企业完成抚育面积4.34万公顷，抚育投资完成资金0.87亿元，其中人工费0.72亿元，占82.76%。从事抚育人员8203人，减少了2727人，下降了24.95%，其中在岗职工3477人，增加了221人，增长了6.79%。从事抚育的人员平均人工费8803.44元/年，增加了2316.24元/年，增长了35.70%。

图2-3 天保工程二期以来抚育人员人工费变化情况

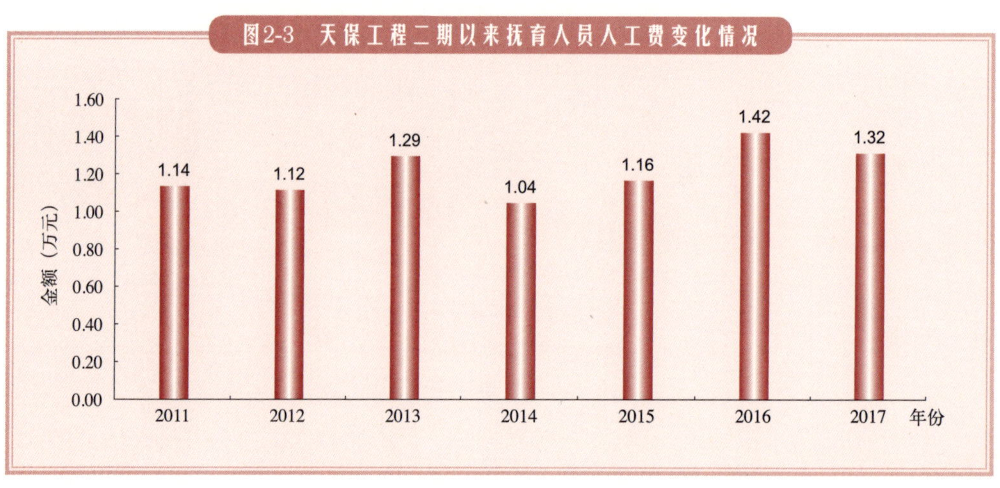

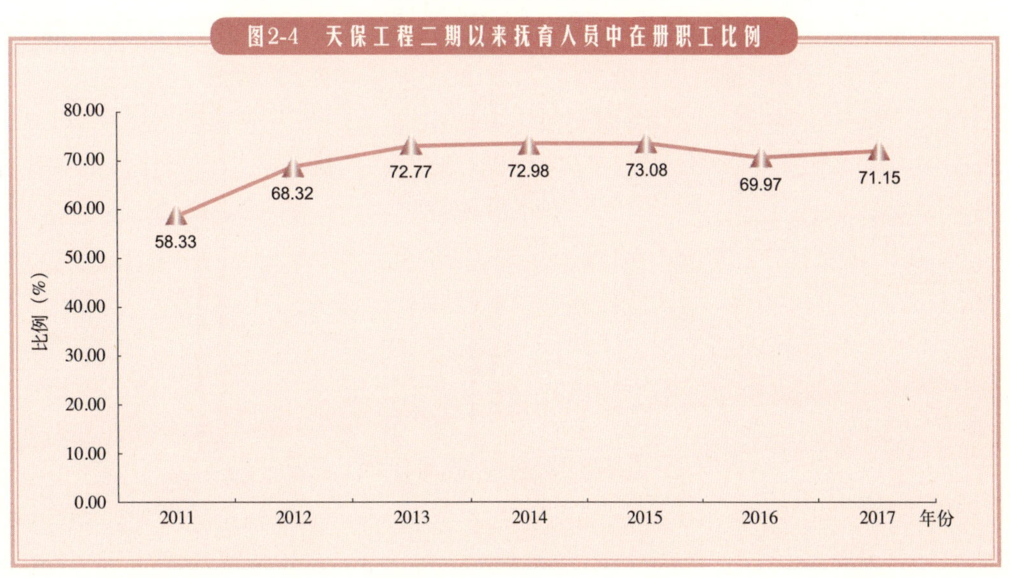

4．森林保险以公益林为主，赔付率较高

2017年，森林保险投保面积470.13万公顷，其中国家级公益林、地方级公益林和商品林分别占58.67%、24.07%和17.26%。保费10.98亿元，保额604.57亿元。

从工程区域来看，东北、内蒙古等重点国有林区样本企业森林保险投保面积254.13万公顷，其中国家级公益林、地方级公益林和商品林分别占26.81%、44.47%和28.72%（图2-5）。保费10.68亿元，其中国家级公益林、地方级公益林和商品林分别占52.77%、44.97%和2.26%。保额492.81亿元。当年受灾面积89公顷（三岔子林业局），评估灾害损失金额31.19万元，已全部完成赔付。

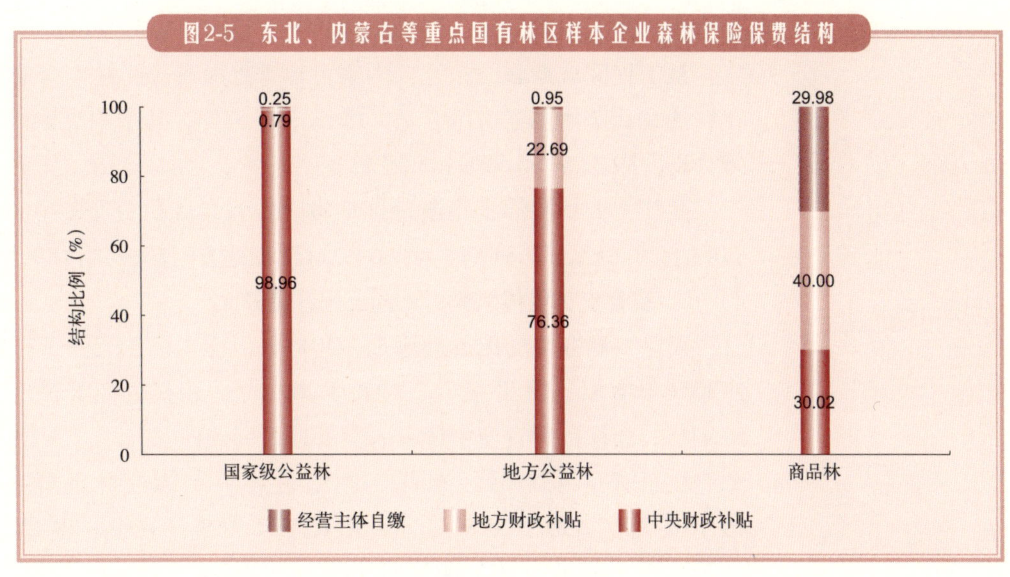

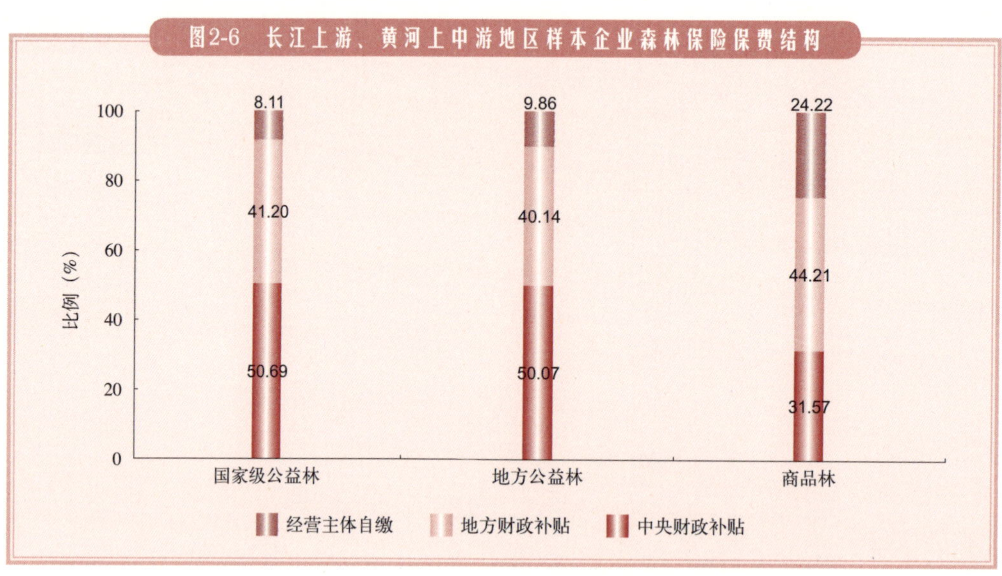

图2-6 长江上游、黄河上中游地区样本企业森林保险保费结构

长江上游、黄河上中游地区样本企业森林保险投保面积216.00万公顷，其中国家级公益林、地方级公益林和商品林分别占96.15%、0.07%和3.78%（图2-6）。保费0.30亿元，其中国家级公益林、地方级公益林和商品林分别占94.83%、0.05%和5.12%。保额111.76亿元。当年受灾面积1.64万公顷，评估灾害损失金额907.95万元，已赔付684.95万元，赔付率为75.44%。

（三）工程资金有增长

1. 到位工程建设资金继续增加

当年到位资金75.01亿元，比2016年增加了7.72亿元，增长了11.47%。其中中央财政、地方财政和企业自筹分别占89.33%、6.24%和4.43%。中央财政到位资金中天保工程资金占50.76%，天然林停伐补助占15.13%。

从工程区域来看，东北、内蒙古等重点国有林区样本企业当年到位资金65.27亿元，比2016年增加了8.78亿元，增长了15.54%。其中中央财政、地方财政和企业自筹分别占89.32%、5.59%和5.09%。

长江上游、黄河上中游地区样本企业当年到位资金9.74亿元，比2016年减少了1.06亿元，降低了9.81%。其中中央财政和地方财政分别占89.39%和10.61%。

2. 资金支出整体增长，不同工程区差异大

天保工程资金支出继续增加，2017年，样本企业天保工程资金支出89.03亿元，比2016年增加了18.88亿元，增长了26.91%。森林资源管护资金中管护人员补助占57.41%，森林抚育资金中抚育人员补助占62.80%。

从工程区域来看，东北、内蒙古等重点国有林区样本企业年内完成投资79.70亿元，增加了20.87亿元，增长了35.46%。其中，生态建设与保护25.25亿元（图2-7）、林业支撑与保障34.18亿元（图2-8、图2-9）、林业产业发展20.15亿元和财政事业费0.12亿元，分别占31.68%、42.88%、25.28%和0.16%。

图2-7　东北、内蒙古等重点国有林区样本企业天保工程生态建设与保护支出

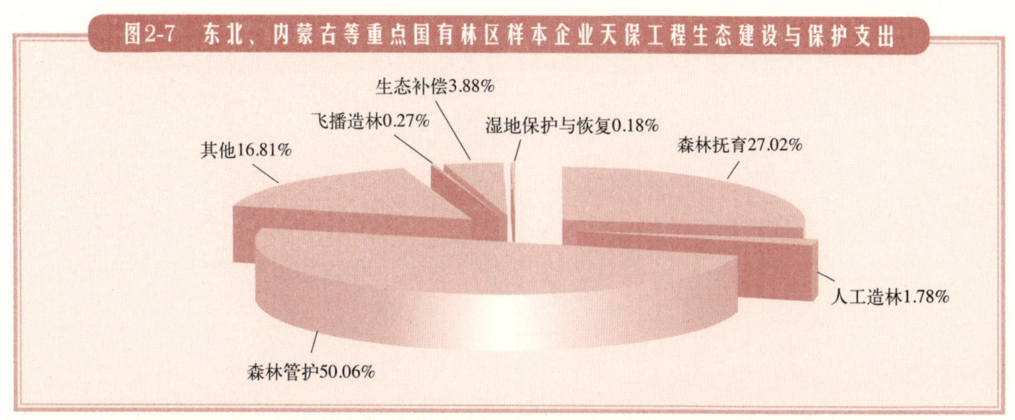

图2-8　东北、内蒙古等重点国有林区样本企业天保工程林业支撑与保障支出

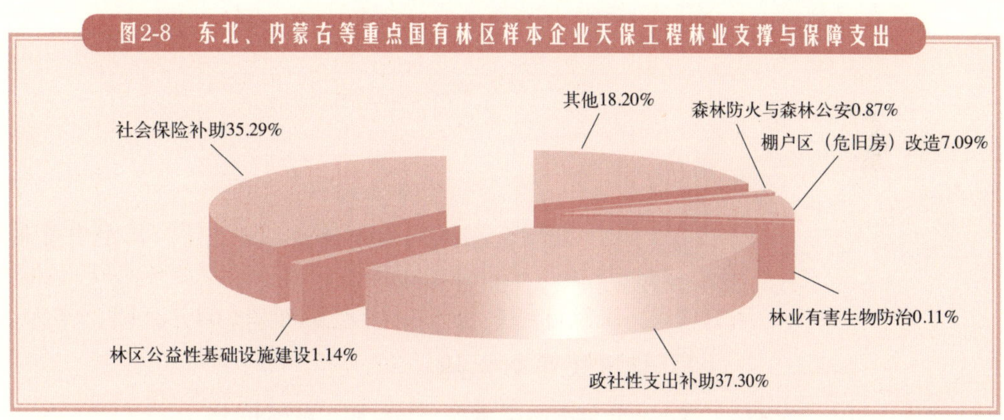

图2-9　2017年东北、内蒙古等重点国有林区样本企业天保工程政社性支出结构

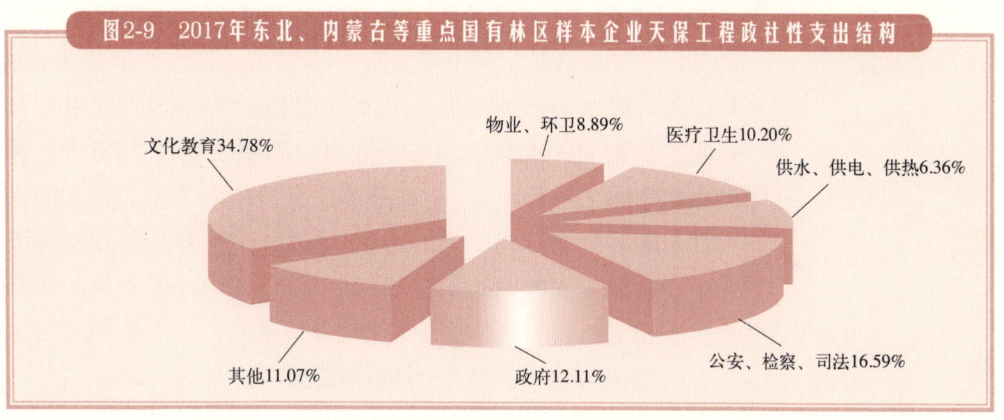

长江上游、黄河上中游地区样本企业天保工程资金支出9.33亿元，减少了1.99亿元，下降了17.57%。其中，森林管护占50.56%，社会保险补助占20.53%，森林生态补偿占9.43%，森林抚育占9.38%，政社性支出补助占6.75%，其他占3.35%。

3. 企业负债明显减少，豁免债务得到处理

2017年，东北、内蒙古21家重点国有林区样本企业负债74.76亿元，比2016年减少了26.11亿元，下降了25.88%，其中金融机构贷款本息余额、拖欠工资和其他负债分别占34.16%、0.16%和65.68%（图2-10）。木材停伐和棚户区改造相关的债务占金融机构贷款本息余额的90.47%，占企业总负债的30.90%。

图2-10 天保工程二期以来东北、内蒙古21家重点国有林区样本企业负债情况

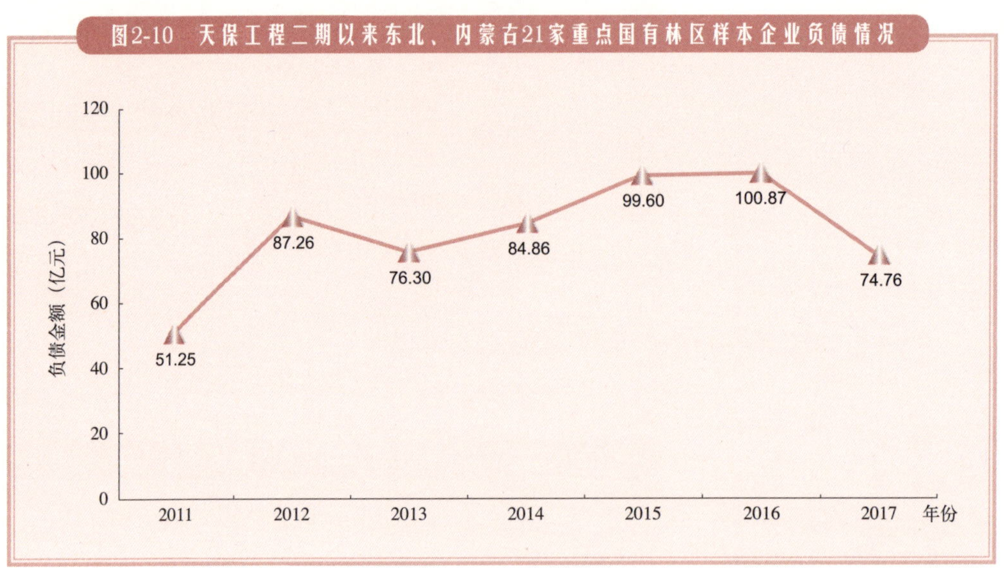

2017年，处理金融机构债务金额0.73亿元，其中安排利息补助和挂账分别占72.41%和27.59%。

（四）林区民生有保障

1. 社会保险参保率高，受益职工范围较大

2017年，样本企业职工参加基本养老保险的有19.41万人，占单位人员总数的70.33%（图2-11），其中在册职工10.27万人，占在册职工总人数的86.21%；参加医疗保险的职工有21.97万人，占职工总数的79.58%，其中在册职工10.79万人，占在册职工总数的90.55%；参加失业保险的职工有12.34万人，占职工总数的44.72%，其中在册职工1.02万人，占在册职工总数的85.82%；参加工伤险职工人数为13.17万人，占职工总数的47.69%，其中在册职工10.69万人，占在册职工总数的89.78%；参加生育险职工人数为12.65万人，占职工总数的45.81%，其中在册职工10.19万人，占在册职工总数的85.57%。

2. 基础设施不完善，公路亟须改造

截至2017年年底，东北、内蒙古重点国有林区21个样本企业共有下属林场236个，其中饮用水未达标的林场（所、经营单位）数为94个，占39.83%；不通电的林场（所、经营单位）数为7个，占2.97%；无公路（达不到四级）的林场（所、经营单位）数为17个，占7.20%。年末林区公路总里程（四级及以上）达到1.57万千米，当年新增公路里程（四级及以上）为63.10千米，年底在建林区公路里程（四级及以上）76.18千米，当年完成改造（扩建）林区公路里程137.35千米，年底尚未完成改造（扩建）林区公路里程2594.14千米。

图2-11 在册职工参加养老保险人数占在册职工总人数比例变化情况

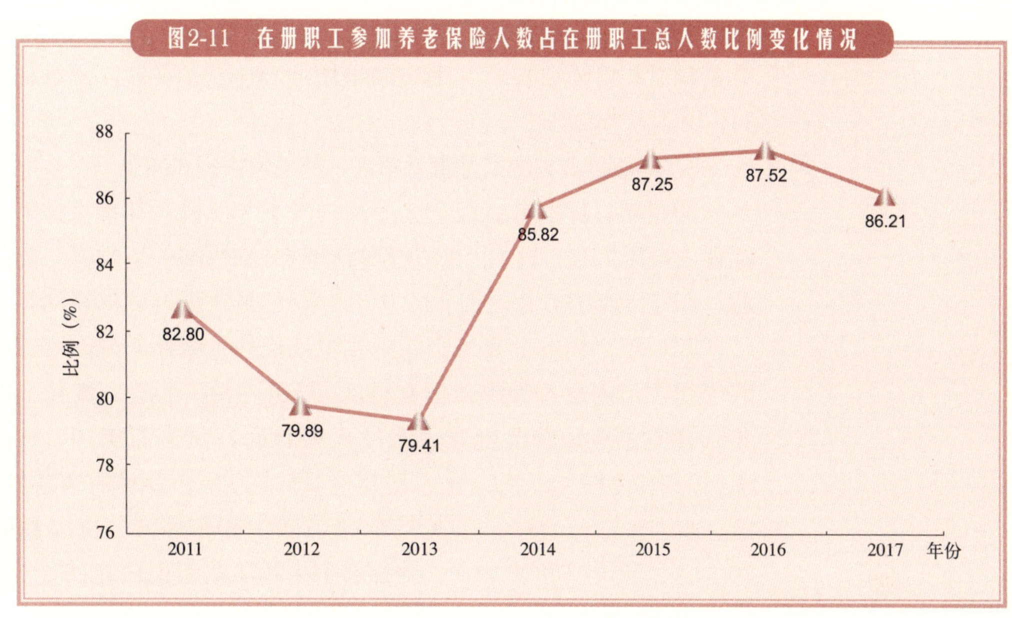

二 天保工程建设成效

（一）政策严执行，生态受保护

1. 林地征占用制约了停止天然林商业性采伐政策落实

2017年，37个样本企业年度实际木材产量为16.10万立方米，比2016年增加了10.85万立方米，增长了2倍（表2-3）。在东北、内蒙古重点国有林区，21个样本企业的木材产量为11.46万立方米，比2016年增加了6.79万立方米，增长约1.5倍，采伐的主要原因是征占用地、后备资源培育和森林可持续经营。

表2-3 不同工程区样本企业年度实际木材产量及结构 万立方米

项目		2011年	2012年	2013年	2014年	2015年	2016年	2017年
实际木材产量	东北、内蒙古	173.47	128.00	110.61	90.90	53.03	4.67	11.46
	长江黄河	5.97	5.27	4.27	6.12	1.85	0.58	4.65
按起源：天然林	东北、内蒙古	169.57	123.03	105.78	84.42	51.77	0.68	3.49
	长江黄河	2.81	0.66	0.02	1.50	0.45	0.34	0.27
人工林	东北、内蒙古	3.90	4.97	4.83	6.48	1.26	3.99	7.97
	长江黄河	3.16	4.61	4.25	4.62	1.40	0.24	4.38

2. 公益林面积增长，蓄积量增加

2017年，样本企业经营区内共有公益林725.52万公顷，比2016年增加了13.00万公顷，增长了1.82%。公益林面积占森林面积的71.66%。其中国家级公益林412.94

万公顷，地方公益林312.58万公顷，分别占公益林总面积的56.92%和43.08%。公益林蓄积量8.47亿立方米，比2016年增加0.01亿立方米。公益林的单位面积蓄积量为116.79立方米/公顷。

3. 非法侵占林地案件查处率高，林地林木损失减少

2017年，样本企业经营区范围内发生非法侵占林地案件522起，查处423起；非法侵占林地73.81公顷，非法侵占林地查处面积44.25公顷。国有林权属纠纷案件41起，纠纷涉及国有林地面积62.01公顷，已解决国有林权属纠纷案件4起。

2017年，样本企业经营区内发生盗伐林木案件636起，比2016年减少了128起。其中东北、内蒙古等重点国有林区603起，长江上游、黄河上中游地区33起。2017年，样本企业经营区内发生森林火灾54次，受害面积108.58公顷，减少290.94公顷，下降72.82%；损失林木蓄积量420立方米。森林有害生物发生面积17.04万公顷，增加1.72万公顷，增长11.23%，其中森林病害、虫害和鼠害发生面积分别占30.88%、38.14%和30.98%；森林有害生物防治面积14.65万公顷，增加0.14万公顷，增长0.96%。

（二）就业有改善，生活得保障

1. 在册职工数量下降，职工转岗有效果

天保工程二期以来，在册职工数量呈逐年减少的趋势。2017年，样本企业在册职工119111人，比2016年减少了23203人，下降了16.30%（图2-12）。其中在岗职工91108人，减少了5798人，下降了5.98%；下岗待安置职工2472人，减少了6212人，下降了71.53%；离开本单位仍保留劳动关系职工25531人，减少了11193人，下降了30.48%。在岗职工、下岗待安置职工和离开本单位仍保留劳动关系职工分别占在册职工人数的76.49%、2.08%和21.43%。

图2-12 天保工程二期以来在册职工人数变化

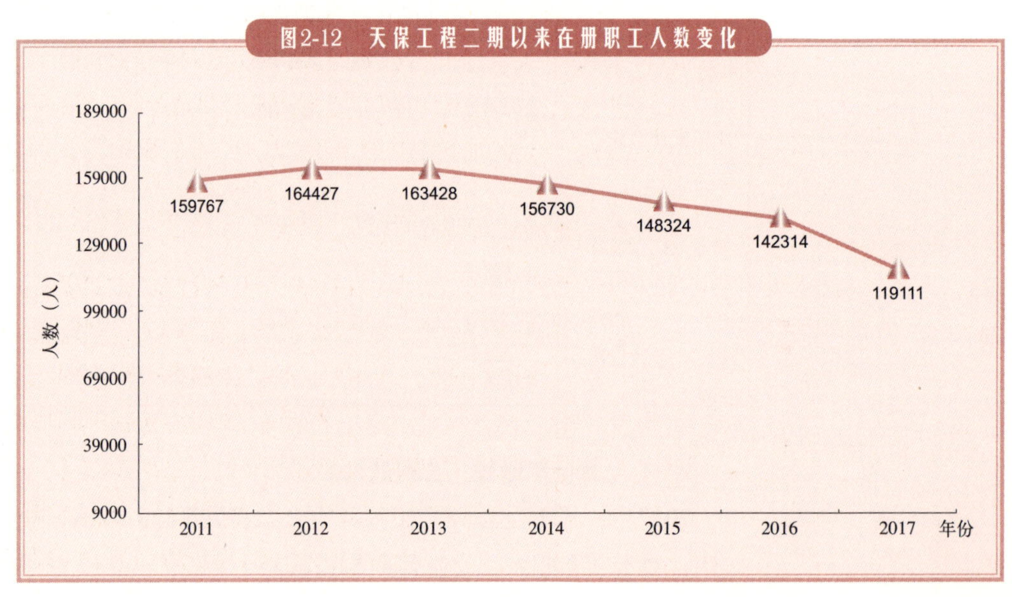

2．职工工资有增长，地区间增幅差异较大

2017年，东北、内蒙古重点国有林区21个样本企业在岗职工工资总额为50.03亿元，比2016年增加了12.05万元，增长了31.73%。人均工资71797.63元，增加了25419.38元，增长了54.81%。离退休人员生活费34.26亿元，离退休人员统筹外支出0.99亿元。

（三）经济较平稳，产业发展缓慢

1．产业结构趋于平稳，产业转型效果有待检验

2017年，样本企业总产值为196.40亿元，比2016年减少了4.01亿元，下降了2.00%。第一、二、三产业产值分别占36.60%、28.11%和35.29%（图2-13）。总的来看，第一产业的比例在逐年下降，第二产业所占的比例基本稳定，第三产业的比例在稳步提升。

从工程区域来看，东北、内蒙古等重点国有林区样本企业三产业产值较为均衡，各占三成左右。长江上游、黄河上中游地区样本企业第一产业产值占六成，占比很大，第二产业只有一成，第三产业超过二成。不同工程区林业产业发展情况不同（图2-14）。

2．林下种植户数最多，林特产品户均收入最多

2017年，发展林下经济和林特产品的职工家庭共36342户，比2016年减少了9589户，下降了20.88%。其中林下种植19651户，占54.07%，户均收入5.04万元；林产品采集加工9491户，占26.12%，下降13.06个百分点，户均收入6.40万元；林下养殖3926户，占10.80%，下降0.06个百分点，户均收入17.88万元；发展其他林特产品生产的职工家庭5820户，占16.01%，提高9.58个百分点，户均收入22.05万元；森林旅游服务家庭819户，占2.25%，提高1.50个百分点，户均收入5.22万元。

图2-13 天保工程二期以来样本企业产业结构变化

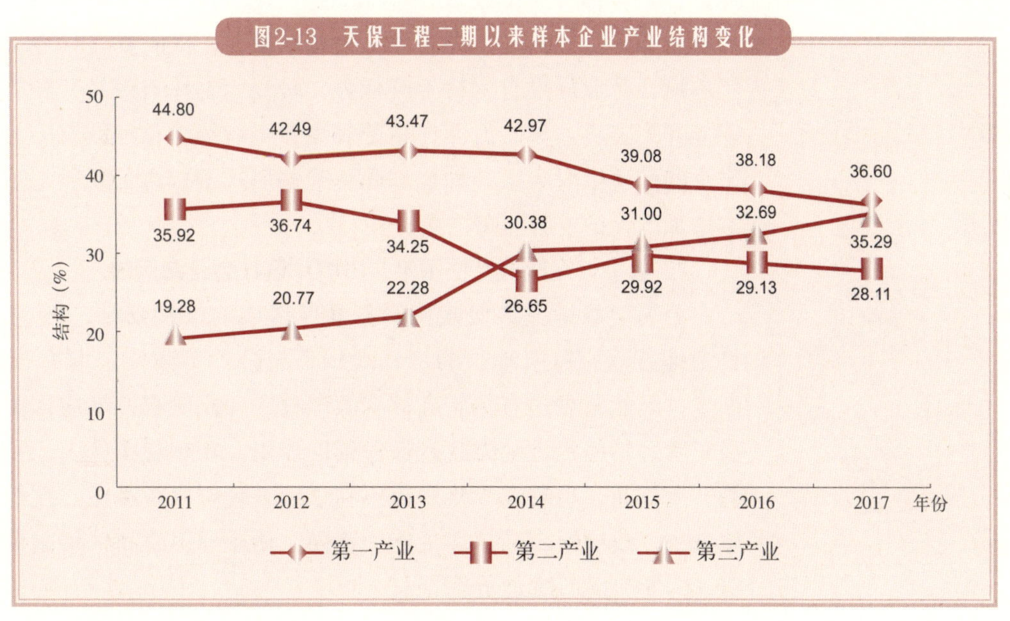

图2-14 不同区域样本企业产业结构

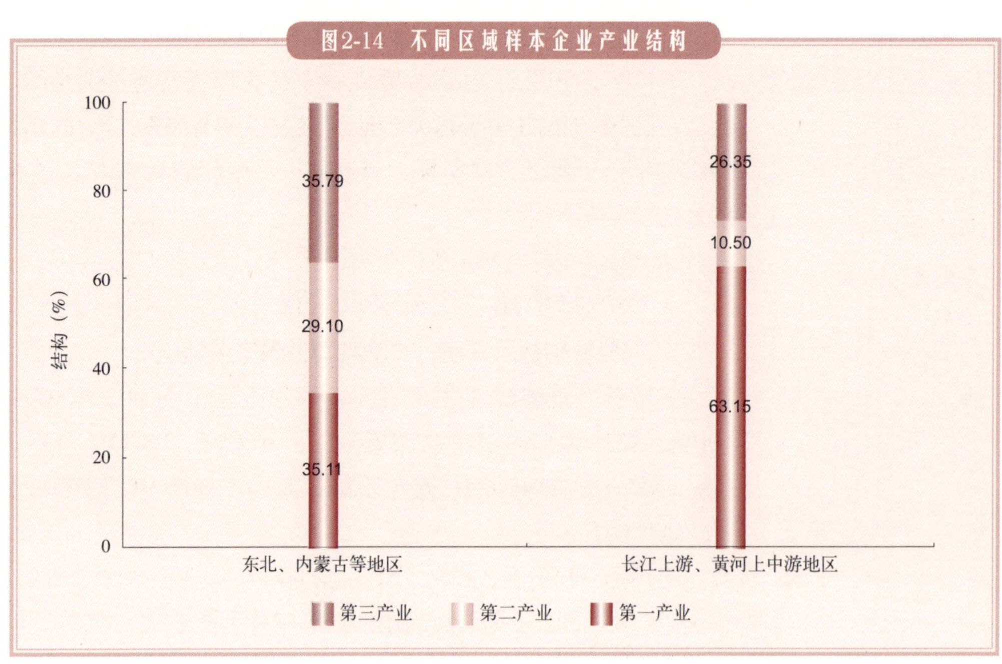

三 问题与建议

（一）主要问题

1.森林保护与管理效率不高

一是森林资源管护问题突出。在管护量上，大部分林业局管护任务依据管护资金量和管护人员工资水平进行安排，由于管护费用标准低，为了维持管护员的收入水平就成倍地增加管护任务量，管护面积大，管护人员少，管护质量与效率难以保障。二是森林资源平级重复管理问题凸显。在一些进行森林资源管理体制改革试点的林业局，按照森林资源管办分开改革需要，同时存在林业局和林管局。停伐政策实施后，林业局没有木材生产任务，转变为森林资源经营和管护单位，与林管局的职能并列重叠。另一方面，林管局没有实行经济单独核算，对监管对象林业局存在完全的经济依附关系。林业局和林管局形式上分离，功能上重叠，森林资源管理成本增加，管护矛盾冲突增多。

2. 社会管理职能移交困难，影响林区社会正常运转

中央要求地方各级政府对行政区域内的保护森林、改善民生负总责。但是，目前地方政府对所承担的责任履行不充分、不到位。地方政府认为林区社会因林而生，既然重点国有林区森林资源产权归国家所有，就应该由中央财政承担林区社会正常运转经费，地方政府仅起辅助作用。在客观条件上，林区社会发展长期形成的“大林业、小政府”格局也不利于地方政府履行责任。在履责条件上，地方经济体量小，政府财力弱，尽责能力不强，林业局担心简单移交可能会影响社会正常运行，引发一系列社会矛盾。

3．林区经济发展面临的压力大，产业发展所受限制较多

林区接续产业建设虽然取得了一定成绩，但还面临着经济总量小、产业化水平低、运行效率不高等问题。产业发展建设用地或配套用地紧缺，招商引进的产业无法正常落地；林下经济发展缺乏专项扶持政策；水、电、路、网短缺，而且收费过高。还需要继续通过加大扶持力度，努力建成一批产业基础好、竞争优势明显的林区特色产业基地，推动国有林区经济持续健康平稳发展。在伊春，林区转型内在动力不足，林业局不同程度的存在“等、靠、要”的思想：一是受条件所限，没有发展特色产业的优势资源；二是受思想限制，没有自己的发展思路和决心；三是受政策约束，没有地区政府的政策扶持与支撑保障。

4．森林保险的投保效益偏低

森林保险问题较突出：一是费率太高，以东北、内蒙古为例，保费10.68亿元，保额492.81亿元，费率为2.17%，费率太高；二是实际支出巨大，实际赔付金额相较于保费支出相差太大，三岔子林业局2017年保费621.47万元，受灾面积89公顷，评估灾害损失金额31.19万元，赔付金额31.19万元，评估赔付金额只是保费的5.02%。

（二）政策建议

在国有林区改革、全面停伐和继续强化森林可持续经营的大背景下，要实现保资源、保生态、保民生、保就业、保稳定的目标，需要围绕生态文明制度体系建设这个主轴，认清“主线”，明确“导向”，抓住重点，既要完善顶层设计，也要抓紧政策执行落实，加快林区发展转向、治理转变、经济转型，形成生态文明治理发展机制，加快新林区建设。

1．推进科学经营、创新管护制度

全面停伐，不仅要把显性的商业性采伐停下来，也要把隐性的森林资源消耗停下来，这有赖于森林资源的科学经营管护。一是加强森林资源管护。积极争取财政支持，加快落实森林管护费标准动态、合理调整。适当考虑管护难度和管护成效差异，探索实施差别化管护制度和标准。按照“远山建站、近山建场”的思路合理布局管护场站。精简管理人员，充实管护队伍。二是创新森林资源监管体制。加快研究建立林业资源资产产权制度，探索建立所有权、监管权、经营权、“三权分置”机制，以此达到归属清晰、权责明确、监管有效的效果。研究制定重点国有林区森林资源监督管理法律制度措施。按照“一个核心、五大指标”建立健全林区绩效管理和考核机制，实行森林资源离任审计。科学编制长期森林经营方案，作为国有森林资源保护发展的主要遵循和考核国有森林资源管理绩效的依据。建立以自然资源资产负债表为基础的考核评价体系，以此促进各个局推进森林可持续经营和发展。

2．用政企分开带动事企、管办分开

“政企分开”是解决政企、政事、事企、管办“四分开”这些诸多矛盾中的主要矛盾。在政企分开后，对于分离出来的企业，是没有资源保障、没有市场出路、经营非核心资产的，应按照市场经济规则，逐步淘汰；对于社会公益性、森林资源保育性企业，要继续建立与天保工程的挂钩机制，保障其基本业务。剥离企业职能后，林业局只剩下森林资源管理职能，暂时保留社会公益事业托管职能，从根本上改变了森工企业的性质。在林业局层面组建国有林管理机构，由省级国有林管理机构垂直管理，经费列入预算；逐步将集团公司与国有林管理机构分开，完善省级以下垂直管理的森林资源管理体系；探索将省级国有林管理机构上收国务院林业主管部门垂直领导。

3．加大接续产业扶持力度

一是大力发展品牌经济，促进职工就业增收。将国有林区林下经济纳入财政补贴范围，推进林业立体化、精品化开发，促进资源多重利用，提高林下经济产品产量和产出。二是大力发展混合经济。目前，重点国有林区经济结构相对单一，产权结构相对单一，需要创新产权模式，通过适度扩大林地经营权和林木所有权的流转、抵押、担保、入股等形式，促进森林资源转化为资产，吸引金融、工商、社会资本投资林区经发展。三是进一步完善资金投入、税费优惠等方面的政策，参照农业补贴政策对林业生产和森林经营给予支持，提高林业生产水平。

（主要执笔人：李扬）

天然林资源保护工程县社会经济效益监测报告

天然林资源保护工程（以下简称“天保工程”）二期实施以来，在巩固一期工程成果的基础上，扩大实施范围。在维持森林资源恢复性建设的前提下，加强关注工程区人员就业、收入等民生问题，不断进行政策调整，鼓励产业创新，取得了显著的成果。自1998年起，天保工程建设近20年来，通过“停减扩、奖补提、管抚造”等措施，取得了巨大的综合效益：森林资源持续增长，生物多样性得到有效保护，19.44亿亩天然乔木林得以休养生息；林区民生工程显著改善，社会生态保护意识明显增强；全国天然林资源由破坏性利用向全面保护转变、森林资源由过度消耗向恢复性增长转变、生态状况由持续恶化向逐步改善转变、林区经济社会由举步维艰向全面发展转变。

2017年，中央财政将国有林管护补助标准从2014年的5元/（亩·年）逐步提高到10元/（亩·年）。社保补助缴费基数由2011年社会平均工资的80%提高到2013年的80%。对国有林按照停伐每立方米每年补助1000元，对重点国有林区每个林业局安排社会运行支出每年补助1500万元，对集体和个人所有的天然商品林停伐按照每亩每年15元给予补助，将全国所有国有天然林都纳入了停止商业性采伐补助范围。2017年将辽宁、黑龙江等8个省（自治区）纳入补助试点，补助范围扩大到16个省（自治区）。

2017年是对长江上游、黄河上中游地区天保工程样本县[①]连续跟踪监测的第16年，继续采取定点连续监测的方法收集样本数据。监测内容主要包括：样本县基本情况，工程进展及政策执行情况，工程的社会和经济影响等。具体包括：县域社会经济概况、森林资源保护与培育、森林资源消耗与灾害破坏、工程实施单位及人员就业与社会保障、林业产业和经济等。

在对原有指标进行精简和更新的基础上，对监测指标体系进行了补充，旨在客观、全面反映监测样本县天保工程实施效果及带来的社会经济效益。主要指标变动包括：森林资源保护与培育中新增政策性森林保险指标；森林资源消耗与灾害破坏指标新增林地征占用、病虫害、盗伐情况；工程实施单位及人员就业方面，新增基层工程实施单位类别及数量；社会保障方面，新增个人缴扣的社会保险金额。

一 样本县基本情况

50个监测样本县行政区（经营区）土地面积2445.70万公顷，占9个省（直辖市）土地总面积（28199万公顷）的8.67%。2017年，监测样本区域内常住人口1951.24万人，占当年9个省（直辖市）常住人口总数[②]的5.39%。与2016年相比，总人口增长了2.99%。其中，乡村人口（1321.95万人）减少了8.06%，城镇人口（730.31万人）增长了5.94%，人口由乡村向城镇转移速度超过2016年。

（一）县域经济平稳增长

2017年，46个样本县地区生产总值为6358.02亿元，占当年9个省（直辖市）地区生产总值[③]的3.17%。与2016年相比，46个样本县地区生产总值增长了13.49%，高于全国6.70%的增长速度。2017年，46个样本县地区生产总值为6358.02亿元，占当年9个省（直辖市）地区生产总值的3.84%。

（二）财政赤字扩大，部分样本县收支差距过大

2017年，46个样本县公共财政收入为521.51亿元，比2016年减少了20.68%。公共财政支出为1588.48亿元，增加了6.34%。2017年财政赤字为1066.98亿元，比2016

① 50个监测样本县包括：河南省的栾川县、卢氏县、西峡县、淅川县；湖北省的恩施市、房县、谷城县，十堰市茅箭区、郧阳区，丹江口市；重庆市的江津区、巫溪县、巴南区、武隆县、忠县；四川省的通江县、松潘县、美姑县、康定县、理塘县、木里县、马边县；贵州省的凯里市、都匀市、习水县、大方县、水城县；云南省的玉龙县、德钦县、鹤庆县、元谋县、南华县、兰坪县、广南县、泸水市；陕西省的黄龙山自然保护区、周至县、凤县、淳化县、镇坪县、宜君县、定边县；甘肃省的镇原县、两当县、祁连山国家级自然保护区、岷江林业总场、康南林业总场；青海省的民和县、互助县、门源县。

② 2017年9个省（直辖市）常住人口36184.38万人。数据来源：9个省（直辖市）2016年国民经济和社会发展统计公报。

③ 2017年9个省（直辖市）生产总值200282.4亿元。数据来源：9个省（直辖市）2016年国民经济和社会发展统计公报。

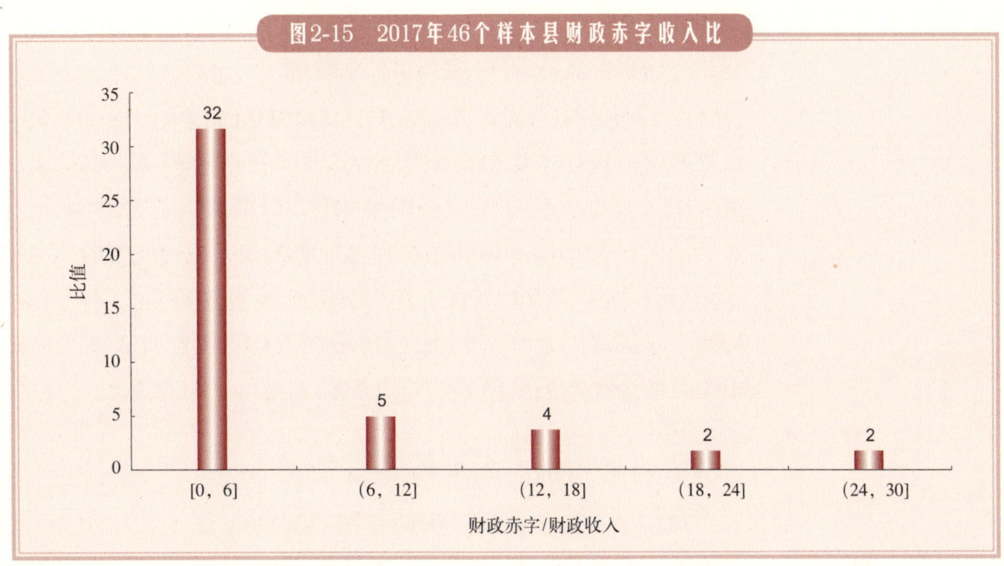

年增加了230.71亿元。2017年，46个县中仅有1个县为财政盈余，其余45个县均为财政赤字，财政赤字与财政收入比主要介于0～6间（共计32个县，图2-15），有2个县赤字与收入比值超过20。与2016年相比，财政赤字45个县中13个县收支差距减少，其余均有所增加。

（三）林业产值有所下降

2017年，46个样本县农林牧渔业总产值为1567.89亿元，比2016年增加了11.83%。其中：农业产值为915.15亿元，比2016年增加了160.37亿元；林业产值为100.46亿元，减少了15.69亿元；畜牧业产值为503.20亿元，增加了52.03亿元；渔业产值为49.09亿元，增加了10.31亿元。自天保工程实施以来，由于林业资源经营利用受限导致林业产值有所下降（图2-16）。

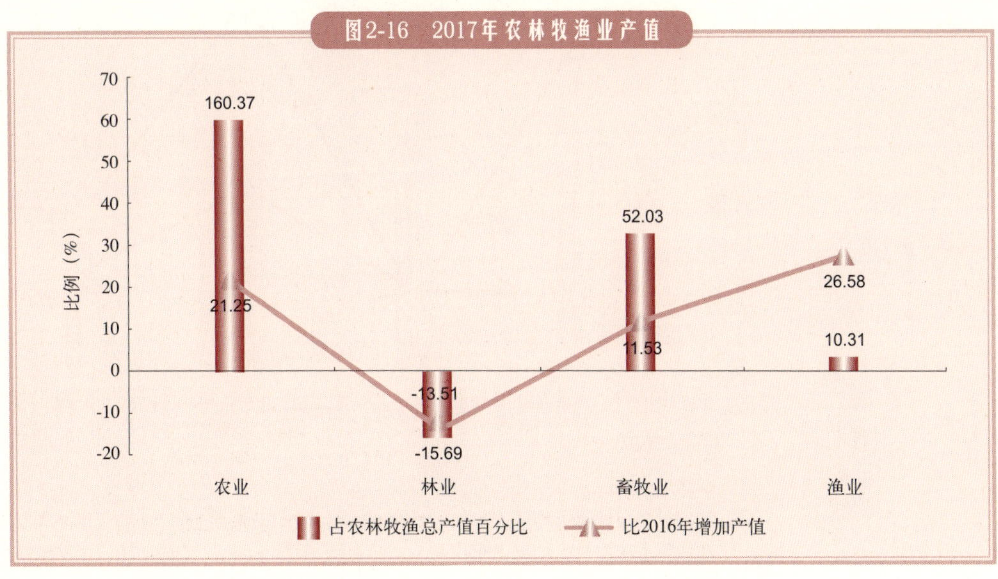

（四）样本县人均可支配收入增加

2017年，50个样本县就业总人口1080.62万人，比2016年增长了6.43%。46个样本县城镇居民年人均可支配收入为27860元，比2016年增长了2425元。46个样本县城镇居民人均可支配收入比全国平均值[①]低8536元。总体来看，监测区域仍属于经济落后地区。2017年，46个样本县农村居民年人均可支配收入为9298元，比2016年减少了808元，比全国农村居民人均可支配收入[②]低4134元。46个样本县城镇居民人均收入均低于全国平均水平，5个县农村居民人均可支配收入高于全国平均水平。与2016年相比，40个样本县城镇人均可支配收入增加，41个县农村人均可支配收入增多。

（五）林业用地面积平稳增加

2017年，样本县林业用地面积1350.76万公顷，比2016年增加了1.46%。其中，有林地面积805.58万公顷，比2016年增加了4.58%。疏林地16.60万公顷，比2016年减少了1.54万公顷。灌木林地411.49万公顷，比2016年增加了6.80万公顷（其中国家特别规定的灌木林面积为197.65万公顷，比2016年减少了5.34万公顷）。未成林造林地25.91万公顷，比2016年减少了1.74%。其他（苗圃、无林地、宜林地等）林业用地面积91.30万公顷，比2016年增加了14.80万公顷。林业用地中，有林地和灌木林地面积占比最大（超过90%）。近5年来，除2017年有林地比2016年略有减少外，其余均保持逐年增加的趋势（图2-17）。

按权属划分，2017年样本县国有林面积332.66万公顷，占有林地面积的

图2-17　2013–2017年有林地和灌木林地变化

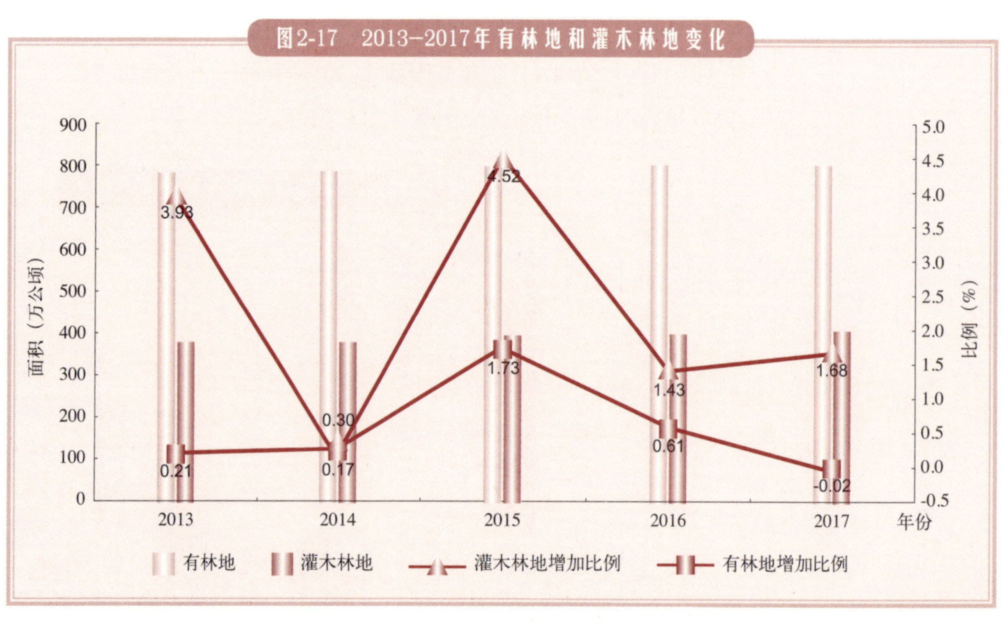

① 2017年全国城镇人均可支配收入为36396元。数据来源：全国2017年国民经济和社会发展统计公报。
② 2017年全国农村人均可支配收入为13432元。数据来源：全国2017年国民经济和社会发展统计公报。

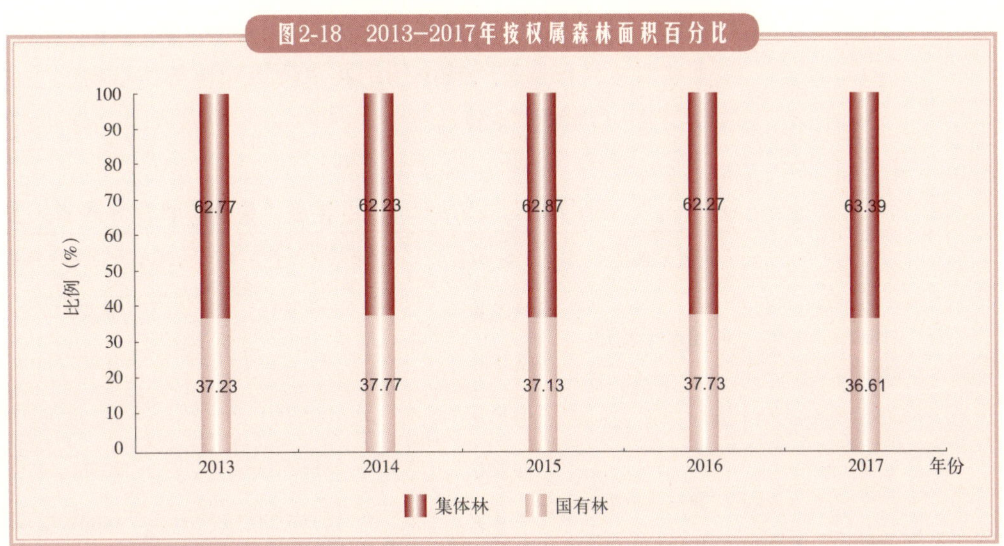

36.61%。集体林面积501.59万公顷，占有林地面积的63.39%。与2016年相比，国有林、集体林面积均有增加，分别增加了28.68万公顷和74.52万公顷。2013－2017年，集体林面积占比逐年增加，国有林面积占比有所下降（图2-18）。

样本县国有林森林蓄积量为47838.70万立方米，比2016年增加了5.28%；单位面积蓄积量为143.81立方米/公顷，比2016年减少了3.79%。集体林森林蓄积量29928.74万公顷，单位面积蓄积量为52.58立方米/公顷，比2016年减少了11.88%。

（六）人工林面积大幅增加

按起源划分，2017年样本县天然林面积686.75万公顷，比2016年增加了46.45万公顷。人工林面积222.01万公顷，比2016年增加了56.73万公顷。按龄组划分，幼龄林面积增加比例最大（20.39%），近熟林面积增加比例最小（3.50%）（表2-4）。

表2-4 2016—2017年样本县森林面积分起源、龄组变化

划分依据	类 别	2016年（万公顷）	2017年（万公顷）	变化比例（%）
按起源划分	天然林	640.30	686.75	7.25
	人工林	165.28	222.01	34.32
按龄组划分	幼龄林	275.31	331.45	20.39
	中龄林	251.86	279.23	10.87
	近熟林	125.34	129.72	3.50
	成过熟林	153.07	168.36	9.99

按起源划分，样本县天然林蓄积量为67302.57万立方米，比2016年增加了1747.38万立方米。人工林蓄积量为10827.95万立方米，比2016年增加了1013.79万立

方米。天然林、人工林蓄积量比2016年分别增加了2.67%和10.33%。按龄组划分，除成过熟林蓄积量有所减少外，其余龄组森林蓄积量均有所增加，中龄林增加比例最大，为9.15%（表2-5）。

表2-5 2016—2017年样本县森林蓄积量分起源、龄组变化

划分依据	类 别	2016年（万立方米）	2017年（万立方米）	变化比例（%）
按起源划分	天然林	65555.19	67302.57	2.67
	人工林	9814.16	10827.95	10.33
按龄组划分	幼龄林	10083.91	10734.08	6.45
	中龄林	18854.69	20580.74	9.15
	近熟林	14150.22	14657.72	3.59
	成过熟林	32280.57	32159.37	-0.38

（七）天保工程区森林面积蓄积量稳步增加

2017年，天保工程区样本县有林地面积802.11万公顷，蓄积量76217.92万立方米，比2016年分别增加了3.79%与11.11%。国有林面积281.83万公顷，蓄积量39548.17万立方米，比2016年增加了2941.38万立方米，增加了7.44%。集体林面积576.11万公顷，蓄积量为30287.38万立方米，比2016年增加了1240.28万立方米，增加了4.27%。2013－2016年，国有林、集体林单位面积蓄积量呈上升趋势（图2-19），而2017年均有所下降（分别下降了11.89%和13.75%）。

图2-19 2013—2017年天保工程区按权属划分有林地单位面积蓄积量

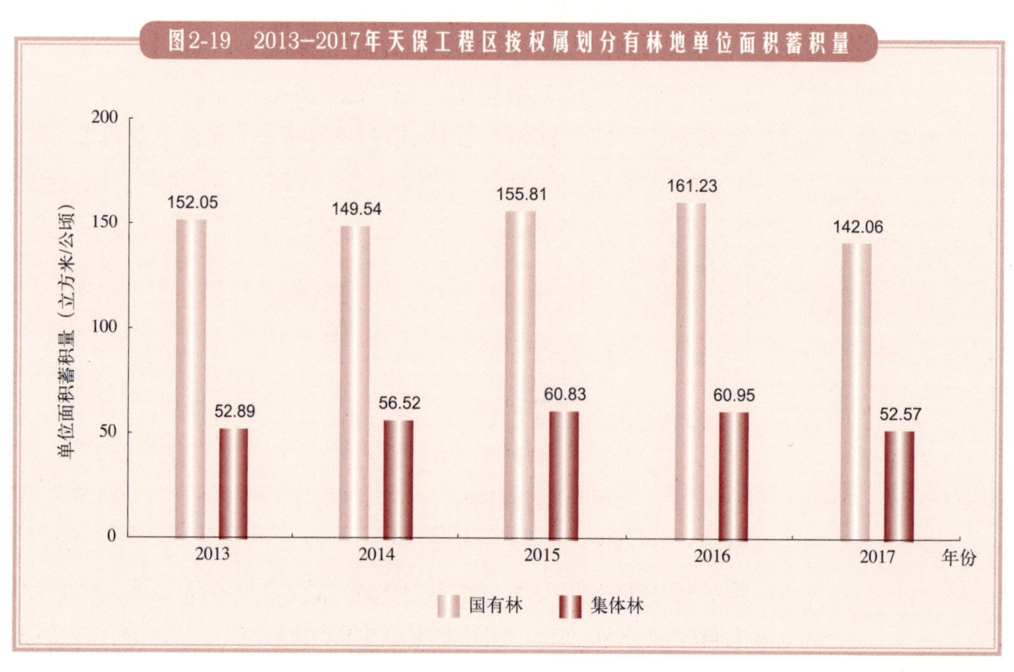

按龄组划分，2017年各龄组森林面积均有所增加（表2-6）。样本县天保工程区幼龄林面积321.31万公顷，比2016年增加了57.25万公顷。中龄林面积277.75万公顷，增加了36.90万公顷。近熟林面积122.91万公顷，增加了3.45万公顷。成过熟林面积166.03万公顷，增加了17.56万公顷。

表2-6　2016—2017年按龄组面积量、蓄积量、单位面积蓄积量变化比例

龄组	面积变化（%）	蓄积量变化（%）	单位面积蓄积量变化（%）
幼龄林	23.28	−0.12	−18.98
中龄林	15.93	7.91	−6.92
近熟林	8.59	1.15	−6.86
成过熟林	13.40	−2.45	−13.98

2017年，幼龄林、成过熟林蓄积量减少，中龄林、近熟林蓄积量增加（表2-6）。蓄积幼龄林蓄积量10071.63万立方米，比2016年减少了12.28万立方米。中龄林蓄积量20345.60万立方米，比2016年增加了1490.94万立方米。近熟林蓄积量14312.57万立方米，比2016年增加了162.35万立方米。成过熟林蓄积量31488.13万立方米，比2016年减少了792.44万立方米。天保工程前期造林已由幼龄林转变为中龄林，中龄林面积增加显著。但由于新划入的中龄林生长时间短，加上大面积新造林导致幼龄林、中龄林单位面积蓄积量均有不同程度的下降。

二　工程进展及政策执行情况

自天保工程二期实施以来，除减少采伐消耗外，天保工程区还加强了森林资源保护与植被恢复，将公益林建设、森林管护和中幼龄林抚育作为工程建设的主要任务。国家出台相关政策，在加强森林资源保护与恢复的同时，缓解木材停伐减产后的经济压力，安置失业人员，稳定社会情绪，对产生的问题及时调整，顺利推进天保工程实行。

（一）森林管护

1．森林管护面积增加

2017年，样本县实际管护面积1007.79万公顷，比2016年增加了37.17万公顷，管护面积为近5年最高（图2-20）。管护面积占当年样本县林业用地面积（1350.76万公顷）的74.61%，比2016年增加了3.83%。其中：国有林管护面积442.18万公顷，占管护林地面积的43.88%，比2016年增加了8.34万公顷（1.92%）。管护面积增加主要来自于集体林，2017年集体林管护面积565.61万公顷，比2016年增加了28.83万公顷，

图2-20 2013–2017年样本县管护面积

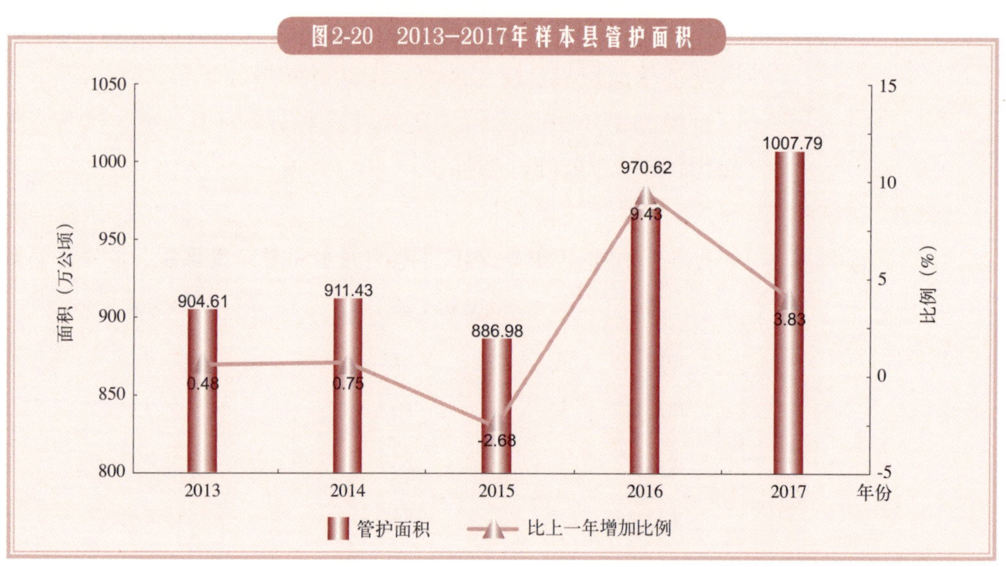

增加了5.37%。

按管护主体划分，2017年50个样本县国有林业单位管护面积为486.67万公顷，占总管护面积的48.29%。个体承包等其他主体管护面积521.12万公顷，占总管护面积的51.71%。

2．生态护林员是森林管护人员主体

2017年，样本县森林管护人员总数为46129人。人数构成上，生态护林员是管护主体，共有28620人，占比超过总管护人数一半以上（图2-21）。国有林业单位在册职工8022人，通过购买服务等其他方式参与管护人员数为9487人。50县共有管护站点1531个。

2017年，样本县管护资金增加，总投入金额为53612.05万元，比2016年（47698.06万元）增加了5913.99万元，增长了12.40%。其中用于管护人员补助32231.62万元，占总管护费用的60.12%。

图2-21 2017年管护人员组成结构

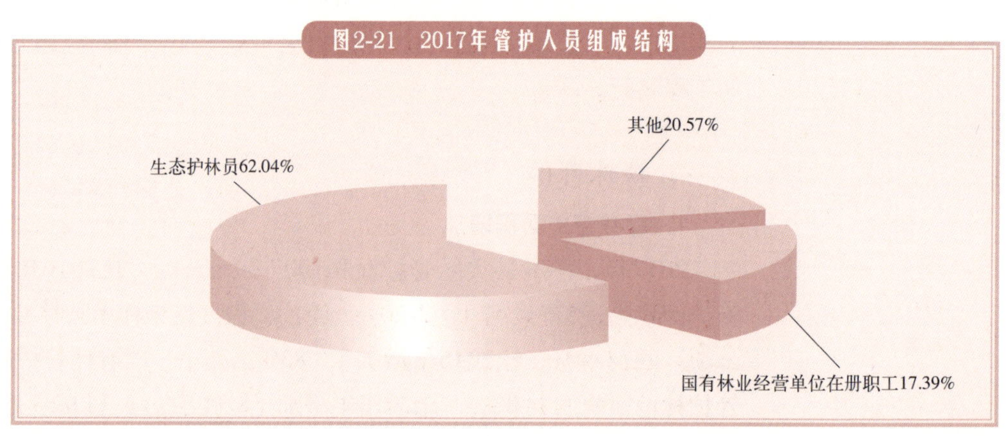

（二）公益林建设

2017年，样本县完成公益林造林14.41万公顷，比2016年减少了0.55万公顷。其中，人工造林面积最大，为8.52万公顷，占全部公益林造林面积的59.12%（图2-22）。飞播造林0.60万公顷，新封山（沙）造林2.51万公顷，退化林修复2.66万公顷，人工更新0.13万公顷，当年新增成林（有效造林）面积4.36万公顷。

图2-22　2017年公益林造林组成结构

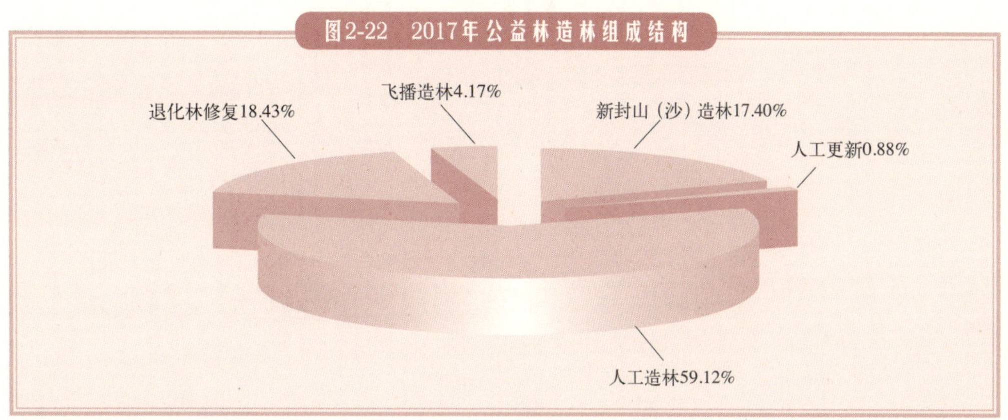

（三）森林抚育

为确保天保工程区森林抚育工作科学、有效开展，国家林业局出台了《关于切实加强天保工程区森林抚育工作的指导意见》（林天发〔2013〕6号），明确将国家二、三级公益林、省级公益林和商品林中的中幼龄林作为抚育对象，并对抚育技术措施和管理等提出了具体要求。截至2017年年底，样本县已累计完成中幼龄林抚育42.18万公顷。

1．幼龄林抚育任务有所增加

2017年共有33个样本县实施了抚育任务，共完成中幼龄林抚育7.01万公顷。按林龄划分，完成抚育幼龄林3.08万公顷，比2016年增加了2.03万公顷。中龄林抚育面积为3.94万公顷，比2016年增加了0.08公顷。近5年，2013年、2015年样本县抚育任务以中龄林为主，2014年、2016年抚育任务以幼龄林为主，2017年中幼龄林抚育面积相近（图2-23）。

2．国有林抚育比例增加

按权属划分，2017年抚育面积以集体林为主（图2-24）。样本县共完成国有林抚育2.98万公顷，占总抚育面积的42.45%。集体林抚育面积4.04万公顷，占总体的57.55%。

近5年来，实施国有林抚育县数量有所减少，由2013年的35县减少至2017年的27县。2017年实施集体林抚育县数量为近5年最多（图2-25）。

3．购买服务成为抚育主体

2017年，森林抚育总额为7638.15万元，其中抚育人员补助4490.78万元，占58.79%。2017样本县从事中幼龄林抚育的人数为20642人，比2016年增加了4578人，

图2-23 2013-2017年幼中龄林抚育比例

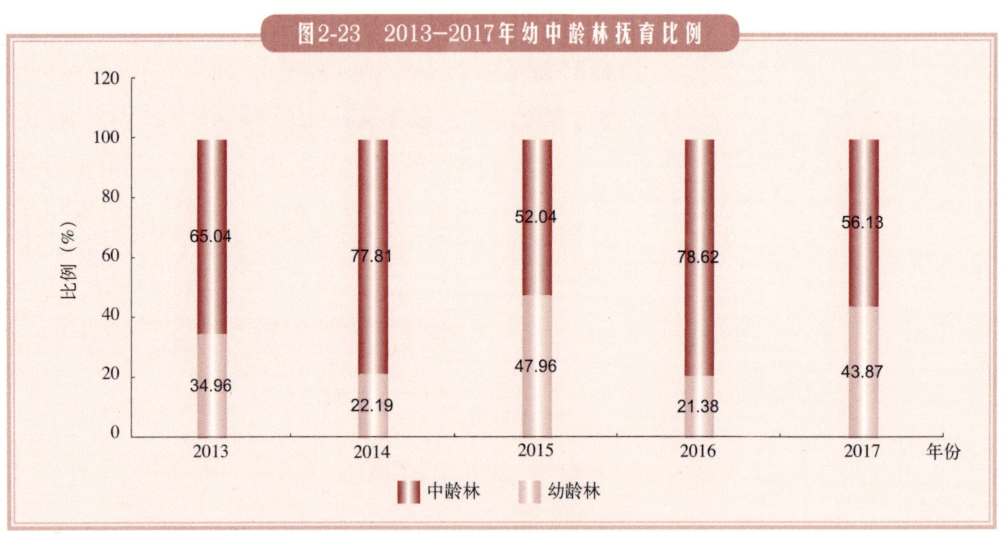

图2-24 2013-2017年国有林和集体林抚育比例

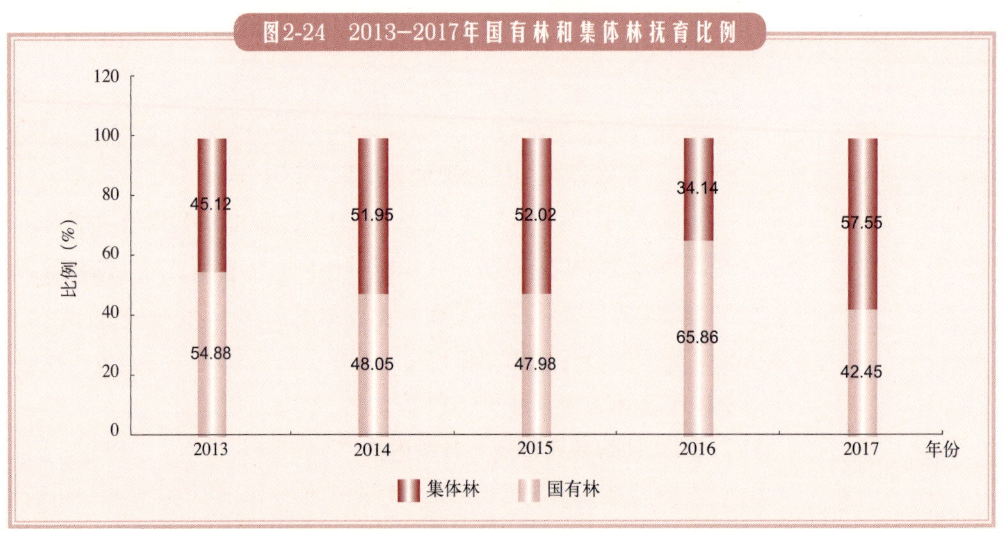

图2-25 2013-2017年参与国有集体林抚育县数量

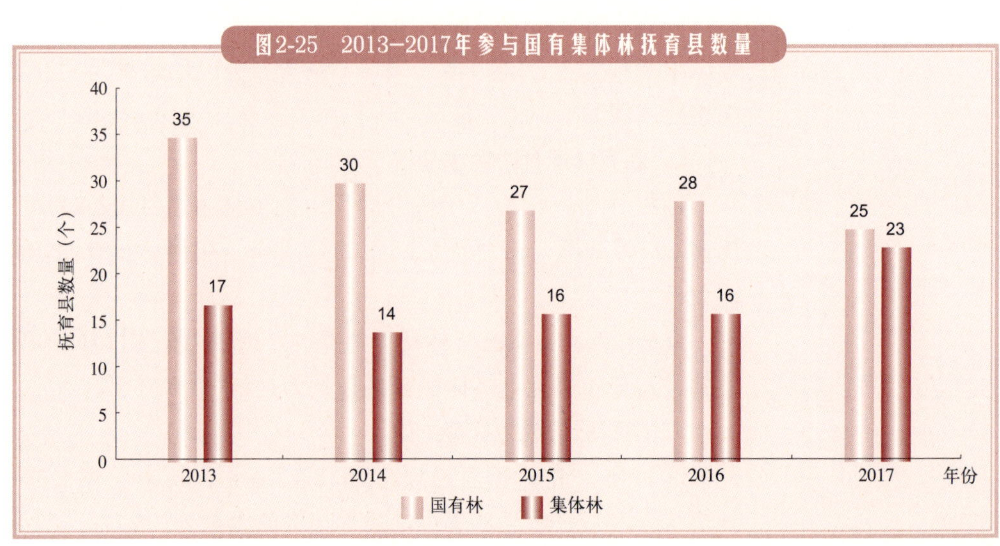

这主要是由于越来越多的县采取购买服务等形式完成抚育任务。其中，国有林业经营单位在册职工2957人，通过购买服务等其他形式参与森林抚育人员17685人。购买服务等形式具有覆盖广、效率高等优点，逐渐受到各样本县接受，有7个县完全依靠购买服务等形式完成抚育任务（表2-7）。

表2-7　按抚育人员抚育划分样本县数量统计

指标	两种抚育形式	仅国有林业单位人员参与抚育	仅购买服务等人员参与抚育
县数量（个）	22	4	7

（四）天然林禁伐与木材生产

监测结果显示，2017年有采伐限额的42个样本县中有40个县进行了采伐，共消耗森林蓄积量63.08万立方米。采伐蓄积量比2016年有所减少，比2015年有所增加（图2-26）。按起源划分，2017年，采伐天然林23.75万立方米，人工林39.33万立方米。天然林采伐以非商业性采伐为主（21.30万立方米），有4个县进行了天然林商业性采伐，共消耗森林蓄积量2.46万立方米。

1．多数样本县采伐限额利用率不足一半

2017年，样本县批准森林采伐限额为350.32万立方米，与2016年相比减少了26.52%。森林采伐消耗的蓄积量由90.16万立方米（2016年）减少至63.08万立方米（2017年）。采伐限额执行率由18.91%（2016年）降至18.01%（2017年）。执行采伐的40个县中，有23个县采伐限额利用不足1/4，5个县利用率在1/4～1/2，仅12个县采伐限额利用率超过一半以上（图2-27）。

2．人造板材数量增加，家具产量大幅减少

2017年，样本县加工林产品结构有所变化。竹材产量1367.97万根，锯材产量24.57万立方米。人造板材产量66.73万立方米，比2016年增加了23.82万立方米。其

图2-26　2015–2017年样本县采伐森林蓄积量

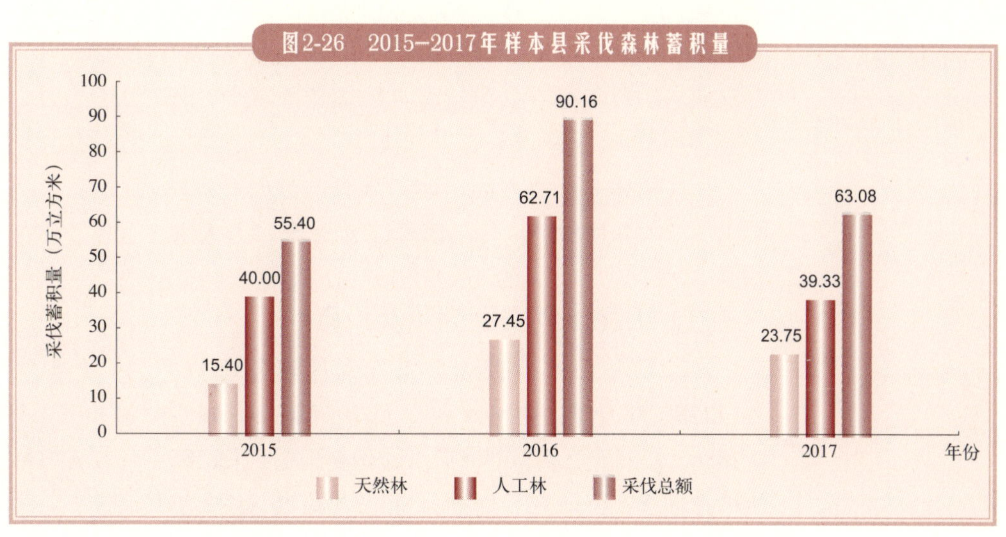

图2-27 2017年样本县森林采伐占限额比例

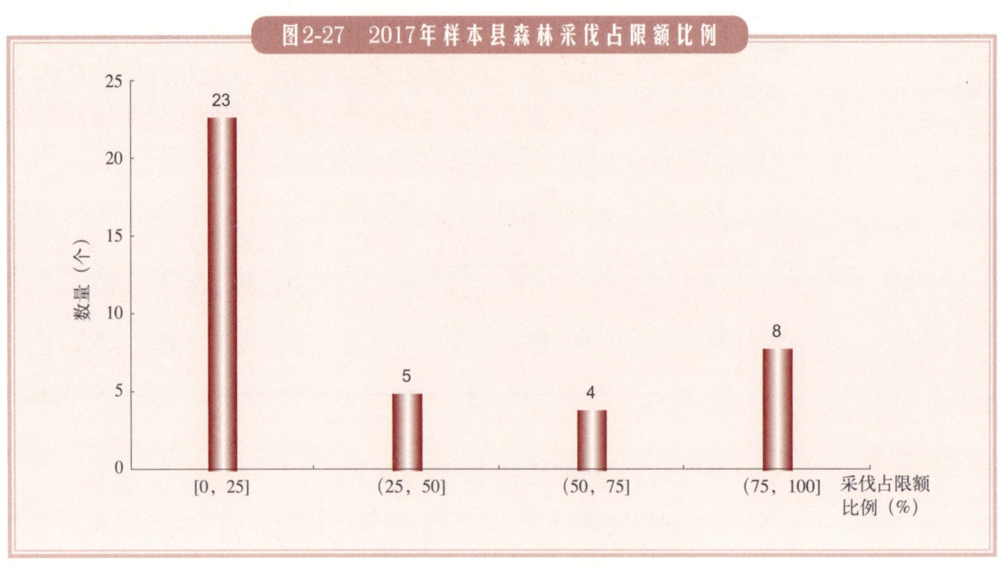

图2-28 2017年主要林产品比例变化

中：胶合板、纤维板、刨花板产量分别为53.44万立方米、0.37万立方米和9.85万立方米。2017年样本县制造家具数量显著减少，为110.67万件，比2016年减少了近一半（46.93%，图2-28）。

其他林业产业方面，2017年样本县生产森林药材共计14.55万吨，食用菌4.8万吨，年内森林旅游、休闲康养接待6439.15万人次。

（五）天保工程资金到位及投资

2017年，样本县天保工程到位资金171147.44万元。其中：中央财政投入142280.32万元，占83.13%，比2016年略有减少（减少了1.59%）；地方财政投入28867.12万元，占16.87%，比2016年减少了15858.01万元（减少了35.46%）。2017年样本县到位地方财政资金为近3年最低（图2-29）。

2017年，样本县完成投资额达到161556.97万元，比2016年增加了2432.37万元。其中：用于造林建设12342.05万元，比2016年增加了1551.47万元；森林管护投入53612.05万元，比2016年增加了5913.99万元；森林抚育投入6940.38万元，比2016年减少了1290.92万元。

与2016年相比，森林生态补偿、社会保险补助和政社性支出补助增加显著：森林生态补偿资金65873.34万元，增加了19066.24万元；社会保险补助14849.64万元，增加了4731.65万元；政社性支出补助2933.05万元，增加了1498.00万元，比2016年增加了1倍以上（图2-30）。

图2-29 2013—2017年资金到位变化

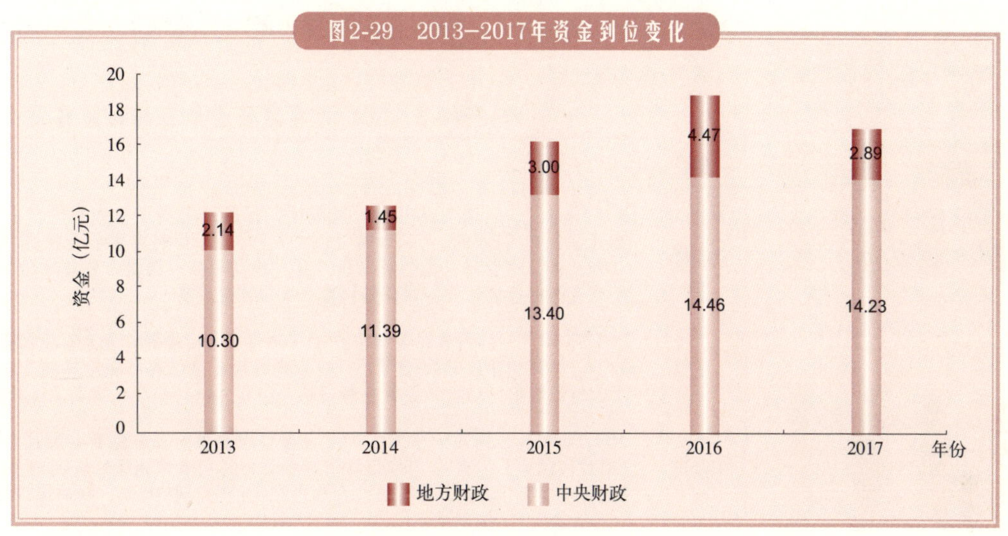

图2-30 2017年天保工程资金支出

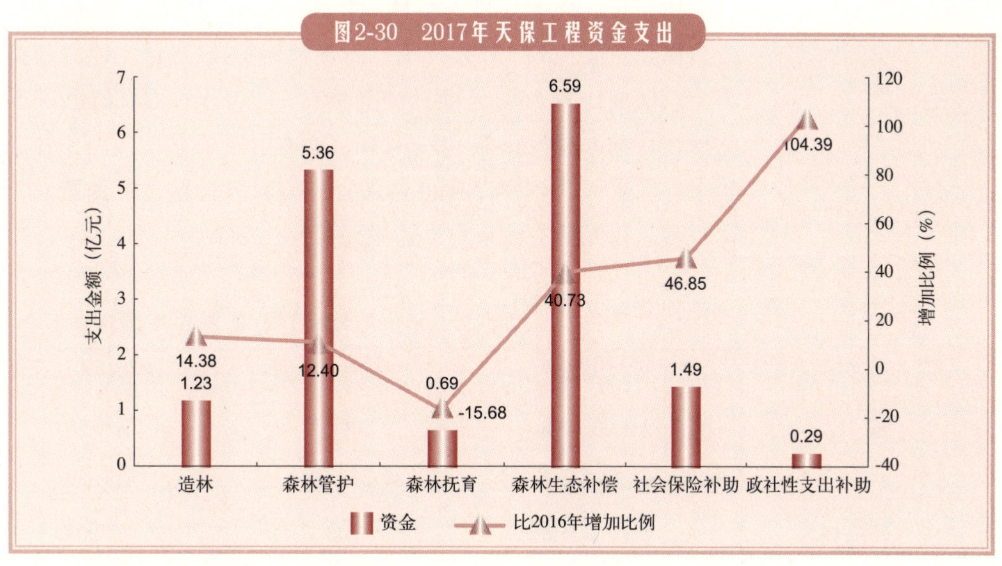

（六）政策性森林保险投保

政策性森林保险属于政策性农业保险的一种，是国家财政对森林保险保险费实行大额比例补贴或者全额补贴，个人和单位少缴或者免缴保险费，在受灾后就可获得保险补偿的一种保险制度。森林保险品种包括生长和管理正常的商品林（包括用材林、经济林、竹林和薪炭林）和生态公益林（包括防护林和特种用途林）。

森林保险金额原则上为林木损失后的再植成本，包括在灾害木清理、整地、种苗、抚育管理等到树木成活所需的一次性总费用。对于补贴险种的保险责任应涵盖自然灾害、重大病虫害和意外事故等①。政策性森林保险可以有效化解林业生产经营风险，减少森林灾害造成的缺失；通过保险补偿，解决林业恢复生产所需的资金问题（表2-8）。

表2-8　2017年监测省主要森林保险政策

省份	政策内容
云南	2017年1月，云南省林业厅、财政厅、保监局下发了《关于印发云南省森林火灾保险实施方案（试行）的通知》（云林联发[2017]7号）。原有方案公益林赔款由承保公司直接兑付各县（市、区）林业局，由各县（市、区）恢复造林，调整为公益林赔款由承保公司对福岛各林权所有者，由各级林业、财政部门监督灾后恢复造林
陕西	2017年10月，陕西省林业厅下发了《陕西省全面做好林业有害生物森林保险灾害理赔工作的通知》（陕林治字[2017]93号），就中央财政补贴的森林保险林业有害生物灾害部分的条款进行了大幅度调整，降低了灾害赔付门槛，提高了赔付标准，实现了林业有害生物灾害全覆盖
四川	2017年12月，四川省下发了《关于调整农业保险部分保费补贴品种保险率的通知》（川财金[2017]116号）。其中，将森林保险中公益林的费率由0.13%调整为0.118%，每亩保险金额由500元提高到550元，每亩保险金额由750元提高到800元，每亩保费保持不变

2017年，样本县投保森林面积为494.60万公顷，保费总额8050.10万元。国家级公益林投保面积325.57万公顷，总保额5488.13万元。地方公益林投保面积97.92万公顷，总保额1637.46万公顷。商品林71.11万公顷，总保额924.51万元。总体来看，中央财政补贴占总投保额的51.42%，地方财政补贴、经营主体自缴金额合占48.58%。其中：国家级公益林保费主要来自中央财政补贴，占保费总额的68.17%；地方公益林、商品林保费主要来自地方财政补贴（表2-9）。

表2-9　2017年样本县政策性森林保险投保金额　　万元

保费来源	国家级公益林	地方公益林	商品林
中央财政补贴	3047.67	745.78	346.07
地方财政补贴	2201.34	856.15	366.13
经营主体自缴	239.11	35.54	212.30

① 关于中央财政森林保险补贴试点工作有关事项的通知》（财金[2009]25号）、《中央财政农业保险保险费补贴管理办法》（财金[2016]123号）。

三 工程社会和经济影响

自天保工程实施以来，工程对于实施区域的社会和经济产生了重大的影响。国家出台相关政策，继续实施并完善社会保险补助，相应提高保障水平，使职工收入和社会保障接近或达到社会平均水平，为林区改革发展和社会稳定创造宽松的政策环境，确保天然林保护事业顺利推进。

（一）保障性资金增加

2017年，样本县天保工程实施单位在册人员中，全年在岗人数9205人，占总在册人数98.91%。样本县在册人员与在岗非在册人员中均无计件工，离退休人员共计5555人（表2-10）。

表2-10 2017年样本县天保工程实施单位人员数量

类　别		人数（人）	占比（%）
在册人员	全年在岗	9205	98.91
	计件工	0	0
	下岗待安置	81	0.87
	离开保留劳动关系	20	0.21
在岗非在册人员	全年在岗	2199	100
	计件工	0	0
离退休人员		5555	100

2017年，样本县社会保险单位补助总金额14858.18万元，比2016年增长了46.85%。其中：基本养老保险补助10423.09万元，比2016年增加了6613.41万元（增加了57.61%）；基本医疗保险补助3232.24万元，比2016年增加了702.65万元（增加了27.78%）；失业保险补助426.62万元，比2016年增加了79.69万元（增加了22.97%）；工伤保险补助519.25万元增加了70.31万元（增加了15.66%）；生育保险补助248.45万元，增加69.33万元（增加了38.71%）。按缴费来源划分，养老保险、医疗保险、失业保险个人缴费比例均在25%左右，工伤保险、生育保险几乎全部来自于单位缴费（图2-31）。

图2-31 2017年社会保险缴费比例

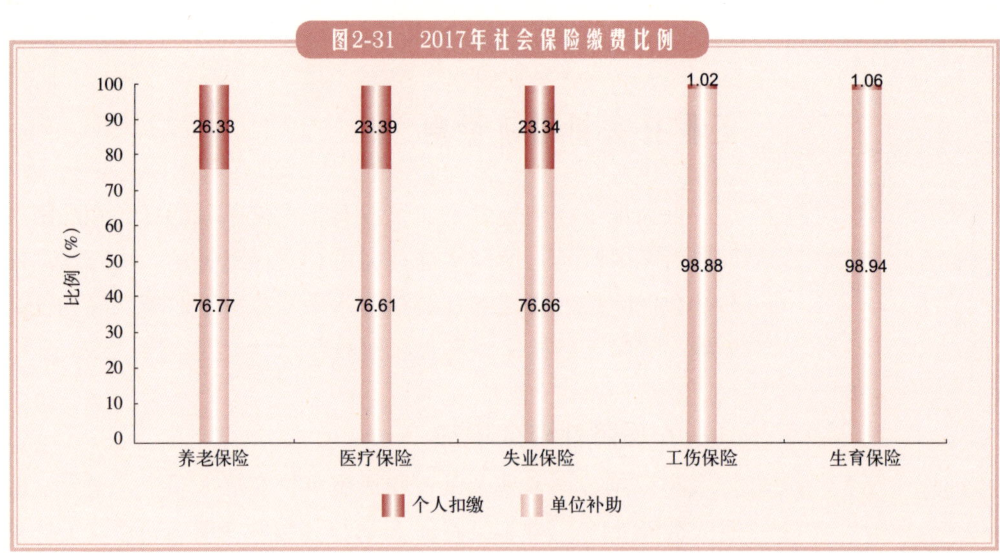

（二）林业职工保险补助增加

2017年，五类社会保险参保人数均比2016年有大幅增加。2017年样本县养老保险参保人数9859人，人均补助10490.23元，比2016年增加了1805.51元；获得基本医疗保险补助12334人，人均补助2620.59元，比2016年增加了17.60元（0.68%）；获得失业保险补助8838人，人均补助482.71元，减少了173.54元（26.44%）。工伤保险补助9275人，人均获得补助559.84元，比2016年减少了96.41元（14.69%）。获得生育保险补助8424人，人均获得补助294.93元，比2016年增加了19.40元（7.04%）（图2-32）。

五项社会保险中，医疗保险投保率最高，达到72.30%。养老保险投保率次之，投保率为57.79%，失业保险投保率最低（图2-33）。

图2-32 2017年社会保险参保人数

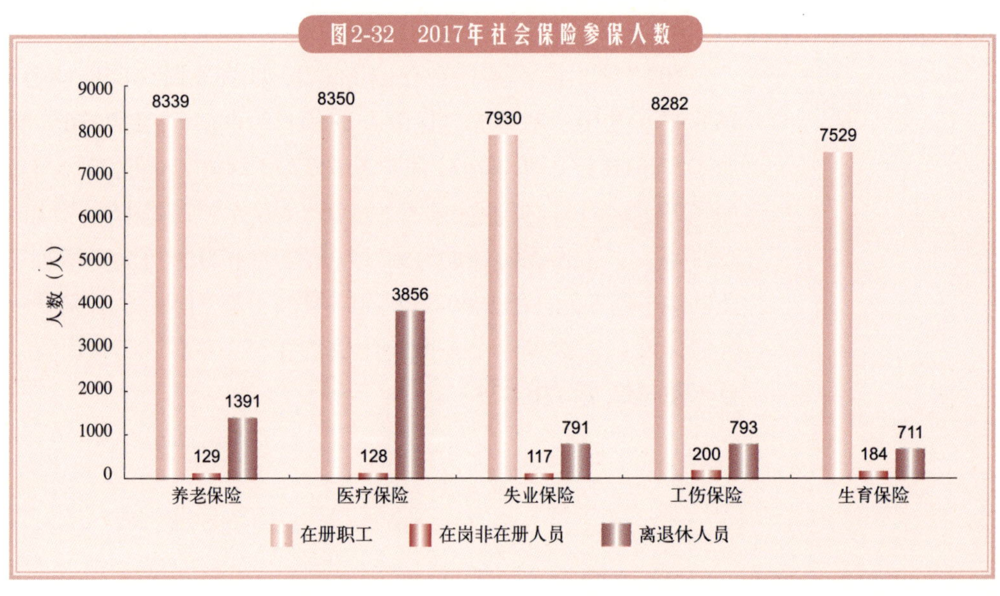

图2-33　2017年样本县社会保险参保率

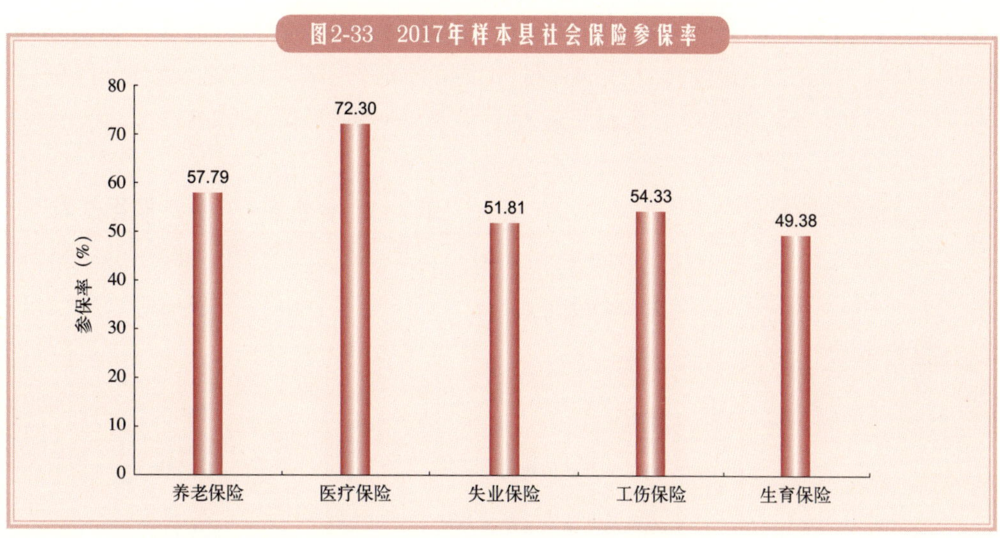

（三）样本县贫困人口减少，非天保区有返贫现象

2017年样本县总贫困人口207.09万人，比2016年（贫困人口208.79万人）减少了1.70万人（0.82%）。天保工程区贫困人口200.21万人，比2016年天保区贫困人口减少了2.6万人。监测数据显示，样本县贫困人口集中于天保工程区（占样本县总贫困人口96.68%），非天保工程区贫困人口增加，出现返贫现象。

（四）林业第三产业产值有所增加

2017年，样本县林业总产值779.88亿元，比2016年减少了64.29万元，减少了7.62%。其中：林业第一产业产值430.71亿元，比2016年减少了52.30万元（10.83%）；第二产业产值163.16亿元，比2016年减少14.06亿元（7.93%）；第三产业产值186.01亿元，比2016年增加了2.08亿元（1.13%）。与2016年相比，第一产业、第二产业产值所占比例略有下降，第三产业产值占比增加了2.06%（图2-34）。

图2-34　2016–2017年样本县林业三产产值占比

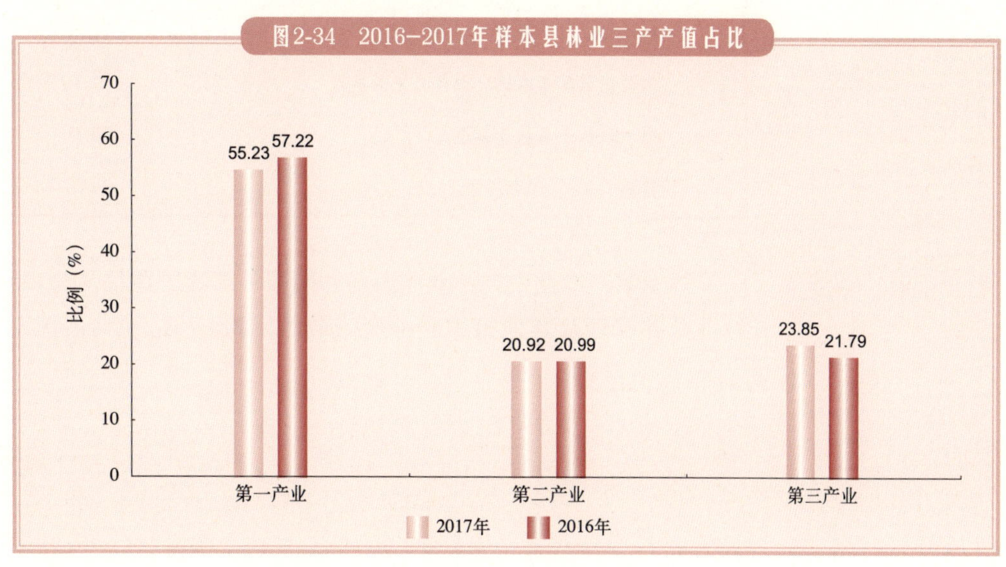

林业第一产业中，经济林产品的种植与采集产值所占比例最大，达69.72%。营造林、林木育种和育苗分别列第二、三位，分别占第一产业总产值的6.37%和6.35%。木材采运占比最少，仅占3.51%（表2-11）。

表2-11　林业第一产业产值及占比

林业第一产业类别	产值（亿元）	比例（%）
林木育种和育苗	27.36	6.35
营造林	27.45	6.37
木材采运	15.13	3.51
经济林产品的种植与采集	300.29	69.72
花卉及其他观赏植物种植	25.77	5.98
陆生野生动物繁育与利用	9.45	2.19

林业第二产业总产值163.16亿元，比2016年减少了7.93%。林业第二产业中，非木制林产品加工制造业产值居首位，为70.16亿元，占43.00%。木材加工和木、竹、藤、棕、苇制品制造产值次之，为28.69亿元，占17.58%。木、竹、藤家具制造产值第三，为22.90亿元，占14.03%（表2-12）。

表2-12　林业第二产业产值及各类别占比

林业第二产业类别	产值（亿元）	比例（%）
木材加工和木、竹、藤、棕、苇制品制造	28.69	17.58
木、竹、藤家具制造	22.90	14.03
木、竹、苇浆造纸和纸制品	1.98	1.21
林产化学产品制造	10.27	6.29
木制工艺品和木质文教体育用品制造	1.10	0.67
非木质林产品加工制造业	70.16	43.00
其他	28.07	17.20

林业第三产业中，林业旅游与休闲服务产值居首位，为155.66亿元，占83.68%。林业公共管理及其他组织服务产值最低，为3.70亿元，占比不足2%（表2-13）。

表2-13 林业第三产业产值及各类别占比

林业第三产业类别	产值（亿元）	比例（%）
林业生产服务	5.64	3.03
林业旅游与休闲服务	155.66	83.68
林业公共管理及其他组织服务	3.70	1.99
其他	21.02	11.30

（五）林业企业数量增加

2017年，样本县林业企业共计2380家，比2016年增加了763家；木质林产品加工企业1066家，占44.79%。非木质林产品采集、加工（制造）企业557家，占23.4%。森林旅游与休闲服务企业508家，占21.34%。与2016年相比，样本县2017年森林旅游与休闲服务企业数量增加最多，增加了383个，木制品加工企业次之，增加了262个（图2-35）。

图2-35 2016–2017年林业企业数量变化

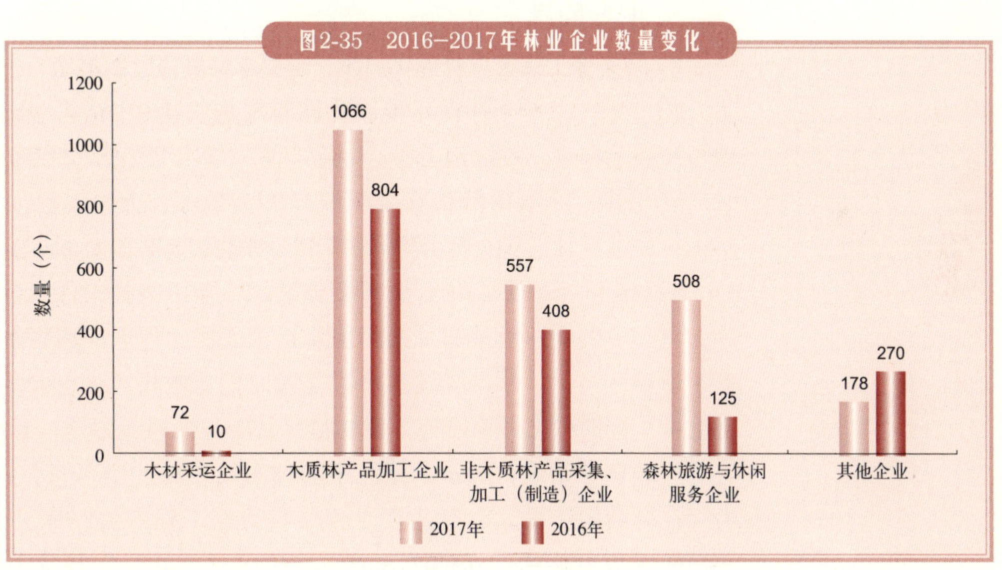

林业第一产业中，从事林下经营（种植、养殖等）人数最多，占总人数40%以上。林业第二产业中，从事木材加工及木、竹、藤、棕、草制品业和木质、竹、藤家具制造业人数分居前两位，分别占第二产业总人数的41.23%和32.25%。森林旅游与休闲康养是林业第三产业主体，从业人数占样本县林业第三产业总人数72.64%（表2-14）。

表2-14 2017年林业三产主要产业人数及占比

林业产业	主要类别	人数（人）	所占比例（%）
第一产业	林下经营（种植、养殖等）	93858	41.09
	木材及竹材采运	20206	8.85
第二产业	非木质林产品加工制造业	3251	6.92
	木材加工及木、竹、藤、棕、草制品制造业	19373	41.23
	木质、竹、藤家具制造业	15150	32.25
	木、竹浆造纸及纸制品业	1001	2.13
第三产业	森林旅游与休闲康养业	67012	72.64

四 问题与建议

（一）主要问题

1．非天保工程区森林退化严重，全县森林资源质量不高

2017年，样本县林业用地面积有所增加（比2016年增加了1.46%），有林地面积与2016年持平。按龄组划分，全县幼龄林新增面积50.23万公顷，天保工程区新增57.25万公顷；全县中龄林新增面积27.37万公顷，天保工程区新增36.90万公顷。近熟林、成过熟林面积分别增加了4.38万公顷和15.29万公顷，天保工程区分别增加了3.45万公顷和17.56万公顷。监测数据显示，除中龄林天保工程区面积增加大于全县外，其余龄组森林全县增加面积值均小于天保工程区面积增加值。这说明非天保工程区幼龄林、中龄林、成过熟林均呈现面积负增长。这主要是由于非天保工程区缺乏造林、管护和抚育等措施，森林自我更新与维持能力差，森林退化现象严重。

与2016年相比，天保工程区中龄林面积增加了15.32%，蓄积量增加了9.15%，增幅在各龄组中最大。这主要是由于自天保工程实施以来，部分新造林已经从幼龄林转变为中龄林；森林进入成过熟龄以后，林分生长量下降，且由于竞争等因素造成成过熟林蓄积有所下降。由于样本县整体林分年龄结构不合理，尚未有足够的中龄林转变为近、成过熟林，导致林分整体单位面积蓄积量偏低，森林资源质量不高。

2．森林保险赔付率低，赔付金额不足

森林保险是应对林业自然灾害损失的有效保障机制，开展森林保险工作，完善森林保险运行机制对于保护森林资源，保障林农资产有着重要的意义。我国森林保险起步较晚，目前尚处于探索阶段。各省份、地区扩大森林保险参保范围，但新纳入保险范围的林地类型不一、纳入标准不规范，有将荒山荒地纳入的现象发生。另外，灾害发生时，保险赔付金额与保额有一定差距。监测数据显示，2017年样本县投保森林面积455.45万公顷，保费总额6489.08万元，总保额337.16

亿元（亩均保额493.52元）。实际已保受灾森林面积1.91万公顷，已完成赔付金额1210.37万元。发生灾害20个县，森林保险亩均赔付269.67元，低于保险应赔付水平的45.36%（两个县发生灾害尚未赔付）。灾害赔付率低，赔偿金额不足是多年存在的问题。

3．林业产值降低，林业产业亟待转型

天保工程禁止天然林商业性采伐以来，森林资源得到了良好的保护。但这对监测县林业产业产生了一定的影响：2017年，样本县林业总产值（100.46亿元）比2016年（116.15亿元）减少了15.69亿元。这主要是由于目前监测县林业产业结构不合理所造成的：①木材采运、加工成本变高。天然林商业性采伐停止后，木材加工原料主要依赖于进口木材，木材原材料成本高，样本县林业企业以木制品加工巨多，造成整体产值不高。②林业产业人员冗余。与2016年相比，森林旅游服务相关企业迅速增多，相关从业人员也增加（由2016年的11605人增加至2017年的67012人，增加了55407人）。林业企业数量有所增加（增加了763个），主要来源于木质产品加工采运和森林旅游服务企业。大量人员涌入森林旅游相关产业，而森林资源有限，加上缺乏合理的规划与系统的管理，造成产业冗余严重。③森林资源利用不合理。与2016年相比，各类林业企业从业人员中唯一减少的是非木质产品加工业（由2016年的8512人减少到2017年的3251人），这主要是由于对森林保护的日趋严格限制了林下经营类型，样本县缺乏科学的经营方案，对于资源利用不合理。

（二）政策建议

针对上述存在的问题，提出以下政策建议：

1．扩大天然林保护范围，科学经营森林

首先，要将保护范围扩大至所有天然林。监测显示，天保工程区森林资源质量要明显优于非天保工程区，扩大保护范围是提高森林质量最直接也是最有效的办法。其次，要加强抚育经营。要将天保工程区集体和个人所有天然林纳入抚育范围。树立森林多功能经营理念，不断提升森林的多种功能效益。科学确定造林树种和植被恢复方式，大力营造混交林，重视培育阔叶林，尽快扭转树种单一、结构简单、林地退化的局面。第三，要强化资源管护。推进公益林与天然林管护统一要求、并轨管理。全面落实国有林管护站规划方案，研究制定集体林区管护站建设方案。

2．核实森林保险补偿林地类型，完善赔偿标准与赔偿机制

首先，对已纳入补偿范围的林地类型进行核实。在扩大森林保险补偿范围的同时，要注意新纳入的林地类型是否符合政策要求。其次，要扩大商品林参保面积，要提高公益林赔付率。商品林参保面占总面积的1/4，部分地区取消了商品林参保的硬性要求，且参保成本较高。与商品林相比，公益林投保面积虽大，但赔付率明显低于商品林，公益林在创造生态价值时，一旦受到损失，却没有相应的赔偿保证。因此，要调整森林保险参保政策，在适当减少商品林经营个体参保成本的同时，推行具有吸引力的商品林保险产品。最后，要提高赔付标准，鼓励地方参保。完善赔付类型，对于特定地区，可针对发生概率高的灾害类型，提高赔偿标准，提高地方政府参保积极性，推动森林保险工作发展。但要考虑地方财政配套能力，不能盲目扩大、补充。

3．逐步开放天然林科学经营与利用，推动林业产业发展

首先，要加快森林资源管理制度的修订工作，探索开放天然林的开发利用。对于处于重要生态区位的天然林要实行严格保护，禁止一切商业性经营利用。对于其他天然林，要适当放开森林经营与资源利用。其次，要大力推进产业转型，发展绿色生态产业，增强林区企事业单位自身活力和发展后劲。要鼓励新兴林业产业，如森林食品、森林康养、森林碳汇、特色经济林、竹藤产业、苗木花卉、野生动植物繁育与利用、林业物联网等，推行鼓励政策与优惠条件。充分利用各地资源，开发林业新型产业，如林业生物质能源、生物质材料、生物制药等。第三，随着天然林资源保护扩大到全国，现有的林业资源管理、核查办法等都需要根据新形势、新任务、新要求及时进行修订制订相关技术标准、规程等，也要根据执行情况、工作计划和一线工作实际进行科学评估和调整。

（主要执笔人：崔嵬）

3 退耕还林还草工程

2018

退耕还林还草工程
社会经济效益监测报告

2017年，退耕还林还草工程进入两轮政策调整的关键阶段，新一轮退耕还林还草政策进入第四个实施年，前一轮退耕还林补助到期步伐加快。扩大退耕还林还草规模，发挥生态扶贫作用，优先向特困区安排退耕还林还草任务是新一轮退耕还林还草政策的重点，巩固成果仍是前一轮退耕还林当前和今后一切工作的核心和前提。

2017年是退耕还林工程社会经济效益监测开展的第16年，继续通过新增监测点、大学生寒假退耕调查等方式，创新监测途径，提高监测服务决策的精准度和力度。为加大对新一轮退耕还林还草工程的监测力度，2017年新增2个退耕还林还草监测县4个监测村（其中对照村21个）和40户监测户①，退耕监测范围扩大至105个县159个村和1556户，其中，前一轮退耕样本户1156户。工程监测采取县、村、户三级调查表的方式收集数据。监测的主要内容包括监测点基本情况、工程进展、政策执行及成效。2017年，县、村、户三级监测共有621个指标，其中，县指标182个，村指标（包括对照村和村问卷）143个，户指标（包括对照户和退耕地块）296个。105个监测县自工程启动以来累计完成退耕地还林任务405.38万公顷，占全国的14.57%，其中退耕地还林149.16万公顷；从2014年到2017年，样本县累计完成新一轮退耕还林还草任务31.59万公顷，占同期全国新一轮退耕还林还草任务282.67万公顷的11.18%。

在开展常规固定监测的同时，2018年寒假组织北京林业大学的学生开展退耕农户问卷调查，调查范围涉及全国22个省（自治区、直辖市）②的110个退耕县141个退耕村和2319户退耕农户，监测结果进一步支持了我们的监测结论（表3-1）。

---

① 分别是湖北省的英山县和利川县。

② 分别是北京、河北、山西、内蒙古、辽宁、吉林、黑龙江、江西、河南、湖北、湖南、广西、海南、重庆、四川、贵州、云南、陕西、甘肃、青海、宁夏、新疆等。

表3-1 2017年关于退耕还林还草的重要政策、工作重点及进展情况

项目	内 容
重要政策	•2017年3月，国务院总理李克强在《政府工作报告》中要求："完成退耕还林还草1200万亩以上"。2017年5月初，国务院批准了有关部门联合向国务院上报的《关于核减基本农田保护面积 扩大新一轮退耕还林还草规模的请示》（发改西部〔2017〕262号），将有关省区符合规定条件的3700万亩陡坡耕地基本农田调整为非基本农田，扩大新一轮退耕还林还草规模，使新一轮退耕还林还草总规模扩大了近1倍，有效破解了制约退耕还林还草健康发展的难题。2017年9月，中共中央办公厅、国务院办公厅印发《关于支持深度贫困地区脱贫攻坚的实施意见》（厅字[2017]41号），要求加大生态扶贫支持力度，加强"三区三州"①生态建设，优先安排退耕还林还草任务
工作重点	•按照党中央、国务院部署，有关部门密切配合，各级工程管理部门精心组织，扎实抓好退耕还林还草各项工作，全年新增退耕还林还草任务1230万亩，中央投入新一轮退耕还林还草补助资金137.57亿元和前一轮退耕还林完善政策补助资金118.96亿元，退耕还林还草成果得到进一步巩固和扩大
	•一是扩大陡坡耕地基本农田退耕还林还草规模。根据《关于扩大新一轮退耕还林还草规模的通知》（财农〔2015〕258号）和《关于核减基本农田保护面积 扩大新一轮退耕还林还草规模的请示》（发改西部〔2017〕262号），经国务院批准，2017年将有关省区符合规定条件的3700万亩陡坡耕地基本农田调整为非基本农田，使新一轮退耕还林还草总规模扩大了近1倍，有效破解了制约退耕还林还草健康发展的难题
	•二是提高新一轮退耕还林还草种苗补助标准。2017年，国家发改委等5部门在《关于下达2017年度退耕还林还草任务的通知》（发改西部〔2017〕262号）中，将退耕还林还草种苗造林费补助标准从每亩300元提高到400元
工作重点	•三加大贫困地区退耕还林还草力度。按照中央要求，国家林业局加大贫困地区的退耕还林还草力度，利用新一轮退耕还林还草政策，探索一条生态脱贫与产业脱贫相结合的新路子。在制定新一轮退耕还林还草实施方案时，将符合退耕还林还草条件的集中连片特困地区和重点贫困县纳入实施范围，做到应退尽退。在年度任务安排上优先向贫困地区和贫困人口倾斜，使尽量多的建档立卡贫困人口尽快享受退耕还林还草政策。推动后续产业发展，使退耕还林还草成为退耕地区农民脱贫致富的有效途径。据统计，2017年，全国共安排集中连片特殊困难地区有关县（市）和国家扶贫开发工作重点县退耕还林还草任务930.45万亩，超过年度计划任务总量的3/4。贵州省毕节市累计实施新一轮退耕还林还草177.15万亩，覆盖了92.5%的贫困乡镇、49.2%的贫困村和32.7%的贫困人口
全国进展	•2017年，新一轮退耕还林还草工程进入第四年，四年累计下达退耕还林还草任务282.67万公顷。其中，2017年新增任务安排在中西部14个省（自治区）和新疆生产建设兵团，任务面积为87万公顷。全年共完成造林面积192.33万公顷，其中，退耕地造林121.33万公顷，荒山荒地造林71万公顷。西部12个省区（含新疆兵团）共完成退耕地造林108.37万公顷，占全部退耕工程造林的89.31%
	•2017年，退耕还林还草工程全年完成投资222.14亿元，比2016年减少6.14%。其中，新一轮退耕还林还草补助73.90亿元，种苗费44.24亿元，完善政策补助97.14亿元，巩固退耕还林还草成果专项资金3.26亿元，其他3.60亿元
	•自1999年退耕还林还草工程启动以来，工程（剔除京津风沙源治理工程退耕面积）已累计完成造林2782.93万公顷。累计完成投资3725.65亿元，其中，国家投资3295.31亿元，占投资总额的88.45%

监测发现：

① 新一轮退耕还林还草工程扎实推进，发挥重要生态扶贫作用，退耕还林还草任务六成以上投向集中连片特困区，对建档立卡贫困户的覆盖平均超过20%，发挥了公共转移支付增进农村公平的作用。

② 各地根据实际落实新一轮退耕补助兑现政策，新一轮退耕补助足额到位，户均补助4000元左右，补助标准各地执行差异大；由于新一轮退耕还林还草落地难、下达任务晚等原因，新一轮退耕补助兑现略有滞后，总体到户率在80%以上。

① "三区三州"包括西藏自治区、四川省藏区、新疆维吾尔自治区南疆四地州、四川省凉山彝族自治州、云南省怒江傈僳族自治州和甘肃省临夏回族自治州。

③ 在经济发展和退耕政策的双重作用下，森林转型规律将继续在我国实现，适度扩大退耕还林还草规模具有可行性。样本县还有10%～30%的耕地符合进一步退耕的条件，特困区可退耕地面积更大；同时，随着城镇化的进一步发展，移民搬迁腾退地、弃耕撂荒地等也为进一步扩大退耕还林还草提供土地资源。

④ 补助到期退耕地面积已达30%，退耕林木已有六成以上成林，且90%以上长势良好，三成以上的农户退耕地上有收入，60%左右的退耕户以外出务工收入为主，基本医疗和基本养老覆盖率超过90%，退耕农户大多已形成替代收入来源，前一轮退耕还林成果基本巩固。

⑤ 以森林生态效益补偿机制为基础，建立符合退耕还林还草发展特点的巩固退耕还林还草成果长效机制；以集中连片特困区为重点稳定扩大退耕还林还草规模，把握森林转型规律，积极探索移民搬迁、弃耕撂荒地的森林恢复政策；进一步扎实推进退耕还林还草补助兑现工作，切实维护广大退耕农户利益。

二 工程进展

2017年新一轮退耕还林还草工程扎实推进，发挥生态扶贫作用，六成新退耕任务投向特困区，对贫困户的覆盖约20%。

（一）退耕还林还草投资继续增长

从2006年到2017年，样本县退耕还林还草累计到位资金276.25亿元，占同期全国退耕还林还草投资完成2901.56亿元的9.52%。2017年，样本县退耕还林还草实际到位资金37.59亿元，比2016年增加4.98亿元，增长15.27%。其中，新一轮退耕还林还草实际到位资金22.01亿元，占样本县当年实际到位资金的58.55%。

图3-1 2006–2017年样本县退耕还林到位资金情况

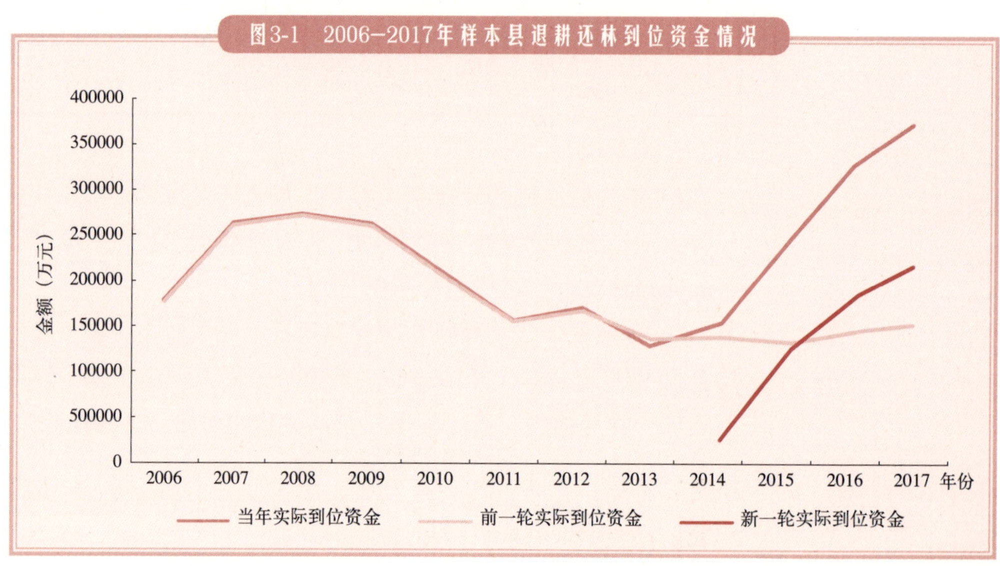

（二）退耕还林还草任务有序落实

自1999年退耕还林还草工程实施以来，样本县累计完成退耕还林还草任务405.38万公顷，占全国的14.57%，其中退耕地还林149.16万公顷；样本县累计有490.22万农户参加了退耕还林还草，其中，新一轮退耕还林还草农户90.52万户，占退耕农户总数的18.47%。其中，从2014年到2017年，样本县累计完成新一轮退耕还林还草任务31.59万公顷，占同期全国新一轮退耕还林还草任务282.67万公顷的11.18%（图3-2）。

图3-2　1999—2017年样本县退耕造林面积

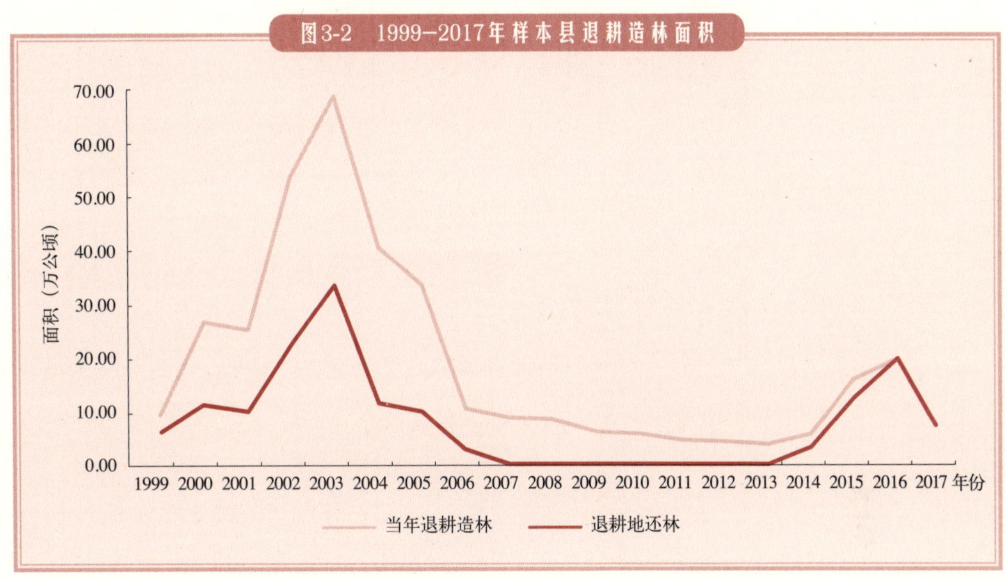

（三）新增7万多公顷退耕任务，占全国任务的一成多

2017年，样本县新一轮退耕还林还草完成71333.08公顷，比2016年的142959.20公顷减少71626.12公顷，减少50.10%。从2014年到2017年，样本县累计完成新一轮退耕还林还草任务31.59万公顷，占同期全国新一轮退耕还林还草任务282.67万公顷的11.18%（图3-3）。

截至2017年年底，样本县累计有1035个乡镇参加了新一轮退耕还林还草，其中，2017年加入新一轮退耕还林还草的乡镇有514个，占新一轮退耕还林还草总乡镇数的49.66%；累计有7016个行政村参加新一轮退耕还林还草，其中2017年加入的2201个村，占新加入行政村总数的31.37%；累计有90.52万户农户参加新一轮退耕还林还草，其中，2016年参加新一轮退耕还林还草的农户最多，占37.84%，2017年新参加的17.14万户，占19.60%（图3-4）。

新一轮退耕还林还草监测农户共计230户，其中，2017年新增湖北省英山县和利川县各10户。截至2017年年底，样本农户户均退耕14.03亩，其中，面积最小的0.1亩，最大的180亩（图3-5）。

图3-3 退耕还林样本县新一轮退耕还林情况

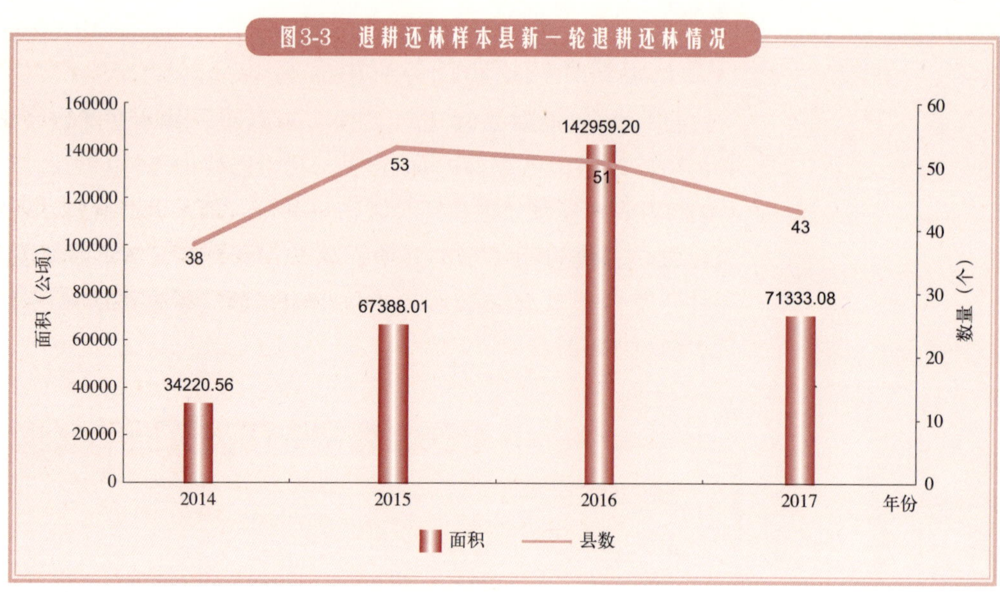

图3-4 样本县第一轮退耕还林农户各年分布

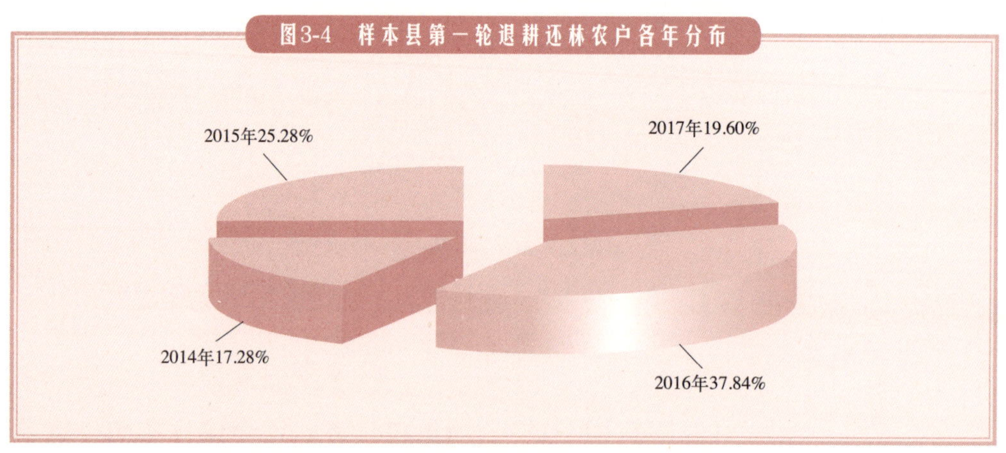

图3-5 2017年新一轮退耕监测户退耕还林还草面积

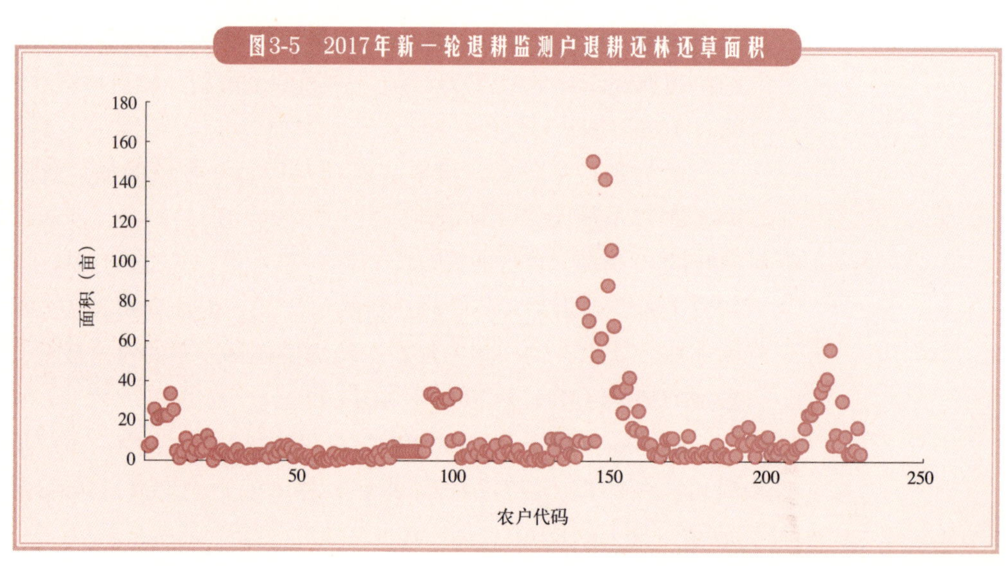

（四）六成新退耕任务投向特困区，贫困户占比约20%

退耕还林还草工程发挥重要生态扶贫作用，新一轮退耕还林还草任务六成以上投向集中连片特困区，退耕户中建档立卡贫困户占比超20%，发挥了公共转移支付增进农村公平的作用。

根据中央关于加大生态扶贫支持力度，加强三区三州生态建设，优先安排退耕还林还草任务的要求，新一轮退耕还林还草任务重点向14个集中连片特困区及三区三州倾斜。2017年样本县有339个集中连片特困区[①]的乡镇参加新一轮退耕还林还草工程，占2017年样本县参加新一轮退耕还林还草乡镇总数的65.95%，有1394个集中连片特困区的行政村参加新一轮退耕还林还草工程，占2017年样本县参加新一轮退耕还林还草行政村总数的63.33%；有98567户集中连片特困区的农户参加新一轮退耕还林还草，占2017年样本县参加新一轮退耕还林还草农户总数的57.48%。自2014年工程启动以来，新一轮退耕还林还草任务的69.05%投向集中连片特困区的农户（图3-6）。

图3-6　新一轮退耕还林工程对特困区农户的覆盖

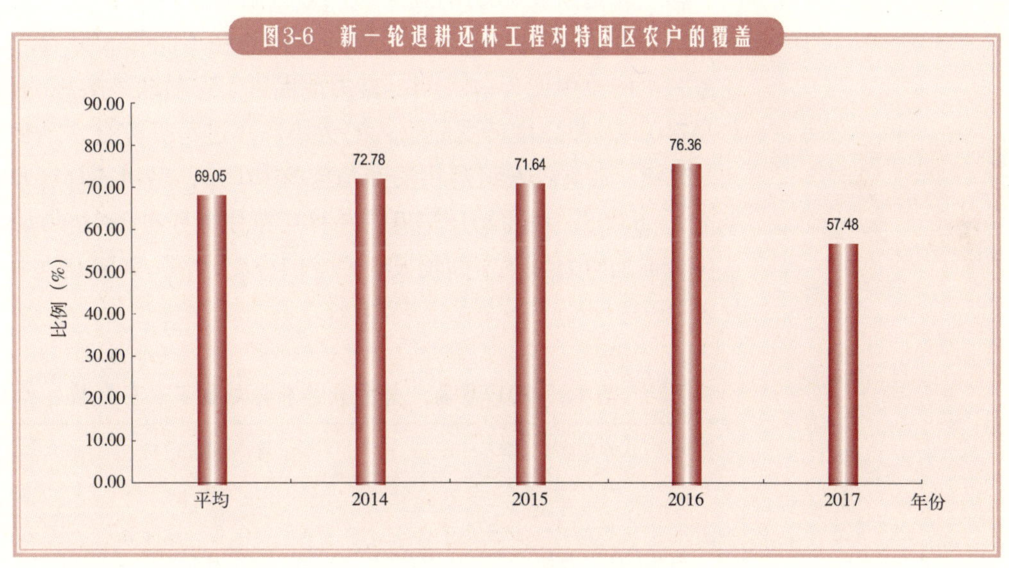

2017年，103个样本县新一轮退耕还林还草农户累计90.52万户，其中，建档立卡贫困户18.47万户，新一轮退耕还林还草工程对建档立卡贫困户的平均覆盖率为20.40%，其中，2017年参加新一轮退耕还林还草的建档立卡贫困户有42986户，对贫困户的覆盖率为25.07%（图3-7）。大学生调查结果显示，调查户中有建档立卡贫困户304户，低保户174户，分别占调查农户的13.29%和7.61%，其中，有113户既是低保户，又是建档立卡贫困户。

① 样本县中有46个县是集中连片贫困县，这里新一轮集中连片特困区乡镇、村和农户的数据来自这46个县。

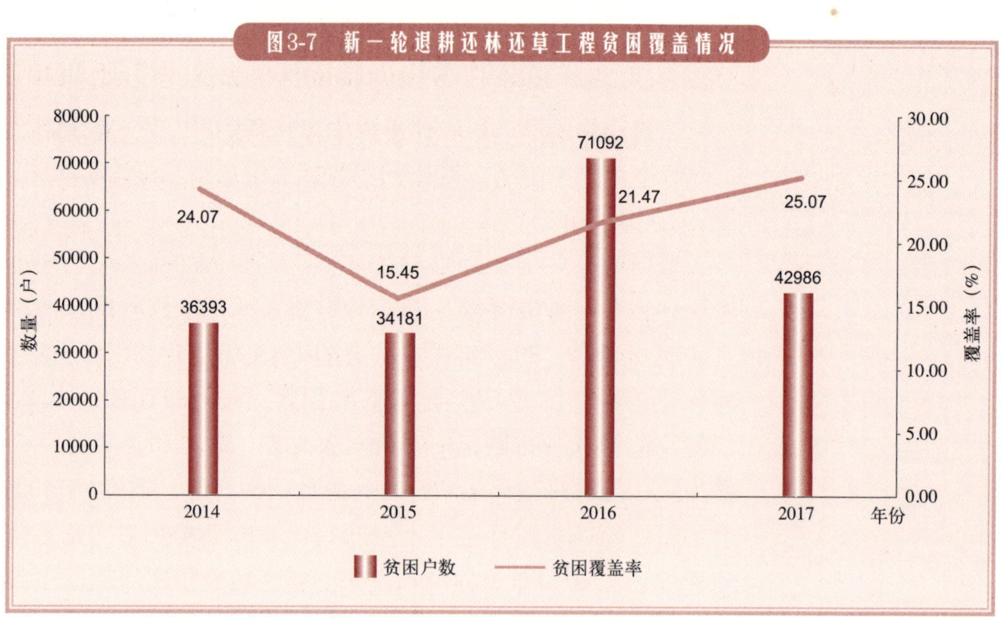

新一轮退耕还林还草监测农户分析结果进一步表明：退耕还林还草增进了农村公平。2017年新一轮退耕还林还草任务在不同收入组农户之间均匀分布，退耕任务分配的集中度为−0.005，有力地促进了退耕政策实施的公平性。将210户退耕户与210户对照户按可支配收入的大小顺序进行五等分，最低收入组退耕的参与度为0.2143，最高收入组退耕的参与度为0.2095，退耕还林还草任务在样本农户的集中度为−0.005，相较2016年退耕还林还草任务分布集中度0.03，2017年退耕还林还草任务更加均匀的在不同收入农户之间分配，新一轮退耕还林还草公平性更加显著（表3-2）。

表3-2 2017年新一轮退耕还林还草样本农户退耕任务集中度分析

人均纯收入五等分	退耕户分布（户）	退耕户分布占比（%）
最低	45	21.43
中低	47	22.38
中等	41	19.52
中高	33	15.71
最高	44	20.95
合计	210	100.00
退耕任务分布集中度	–0.005	

专栏 3-1　退耕还林还草减轻贫困的原理和途径

通过总结 30 多个国家的经验，世界银行于 2018 年提出了林业扶贫的五大措施：一是提高林地和劳力的生产力；二是增强社区、农户和妇女的林权；三是加强林区公共服务建设，提高林农发展能力；四是扩大木材和非木材林产品市场；五是建立让林区贫困人口获得生态补偿收益的政策机制。

退耕还林还草政策发挥扶贫作用的原理是农户通过提供生态环境服务获得生态补偿，即退耕农户通过将陡坡耕地退耕种植林木，提供减轻水土流失、改良土壤等生态环境服务，国家对退耕农户提供退耕补助，补偿农户的退耕损失。农户通过提供森林生态服务获取收益从而减轻贫困，是一种新的林业扶贫方式，其减贫途径包括以下几个方面：一是退耕补助直接成为退耕农户的收入来源，对特困户，如留守老人的减贫作用显著；二是退耕地的产出，如干鲜果品、药材等，不仅增加农户收入，而且多样化退耕农户的收入来源；三是退耕还林还草改善农田小气候，提高耕地生产力，间接增加农户收入；四是退耕还林还草解放农村劳动力，使更多的退耕农户外出务工，获得劳务收入。

（五）新一轮退耕户均补助4000多元，总体到户率80%以上

根据新一轮退耕还林还草补助政策，退耕还林农户将分别于退耕第一年、第三年和第五年获每亩800元（含300元种苗费）、300元和400元的补助，共计1500元/亩；退耕还草农户将分别于退耕的第一年和第三年获得每亩500元（含种苗种草费120元）和300元的补助，共计800元/亩。

监测结果表明，各地根据实际落实新一轮退耕补助兑现政策，新一轮退耕补助足额到位，户均补助4000元左右。新一轮退耕还林还草落地难、下达任务晚等原因，新一轮退耕补助兑现略有滞后，总体到户率在80%以上。

新一轮退耕户户均补助约4000元。2016年，新一轮退耕样本户有170户领取退耕补助，共兑现124.79万元，户均5614.99元；2017年，新一轮退耕样本户有117户领取退耕补助，共兑现退耕补助45.90万元，户均补助3614.07元。两年平均，新一轮退耕样本户均补助4614.53元。

因工程任务年份和实施年份不统一，退耕补助拨付情况有当年任务隔年实施支付的情况。由于新一轮退耕还林还草落地难，且分3次不同补助标准兑现，加大了兑现考核难度，总体看，新一轮退耕补助到户率超过80%。在全部230户新一轮退耕还林样本户中，2014年、2015年、2016年和2017年参加新一轮退耕的分别有80户、92户、38户和20户。2016年应兑现210户，实际兑现170户，户兑现率80.95%，2017年，应兑现126户，实际兑现117户，户兑现率92.86%（图3-8）。2017年，湖北秭归兑现2014年新一轮退耕任务补助，样本户每亩兑现了1100元，即第一年和第三年的合计。

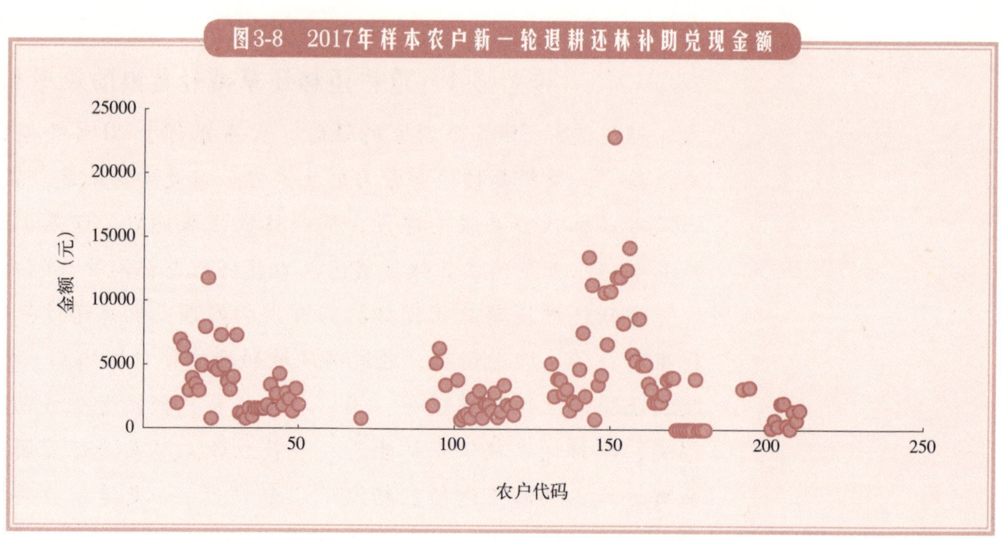

（六）在政策和经济发展的双重推动下，退耕规模仍将扩大

扩大退耕还林规模是十九大提出的重大战略决策，是生态文明建设的重要任容，也是加快实现乡村振兴、脱贫攻坚的重要途径。中共中央办公厅、国务院办公厅《关于支持深度贫困地区脱贫攻坚的实施意见》（厅字[2017]41号）要求加大生态扶贫支持力度，加强“三区三州”生态建设，优先安排退耕还林任务。国家林草局《林业草原生态扶贫三年行动实施方案》要求加大贫困地区新一轮退耕还林还草支持力度，将新增任务向贫困地区倾斜，对符合政策的贫困村、贫困户实现全覆盖。

监测结果显示，样本县还有10%～30%的耕地符合进一步退耕的条件，特困区可退耕地面积更大；同时，随着城镇化的进一步发展，移民搬迁腾退地、弃耕撂荒地等也为进一步扩大退耕还林还草提供土地资源，但这部分退耕还林地的还林模式应根据不同的立地条件来确定，在自然条件好的南方地区，应以自然更新为主。在生态扶贫和城镇化的双重推动下，退耕还林规模仍将扩大。

样本县监测结果显示，2017年，样本县耕地面积603.75万公顷，其中，25度陡坡耕地、严重沙化和石漠化耕地、15～25度重要水源地以及严重污染耕地共160.96万公顷，占样本县耕地总面积的26.66%；扣除上述可退耕地中的基本农田，样本县可退耕面积为77.58万公顷，占样本县耕地总面积的12.85%。

2017年，46个特困区样本县耕地面积244.60万公顷，其中，25度陡坡耕地、严重沙化和石漠化耕地、15～25度重要水源地以及严重污染耕地共73.12万公顷，占特困县耕地总面积的29.89%，即特困区应退全退的政策，46个特困县还有70多万公顷耕地可以退耕，其中，25度以上陡坡耕地面积最大，30.87万公顷占特困县可退耕地的42.05%（图3-9）。扣除上述可退耕地中的基本农田，特困县可退耕面积将减少进一半，为34.85万公顷，占样本县耕地总面积的14.25%。

图3-9 2017年特困县可扩耕耕地分类情况

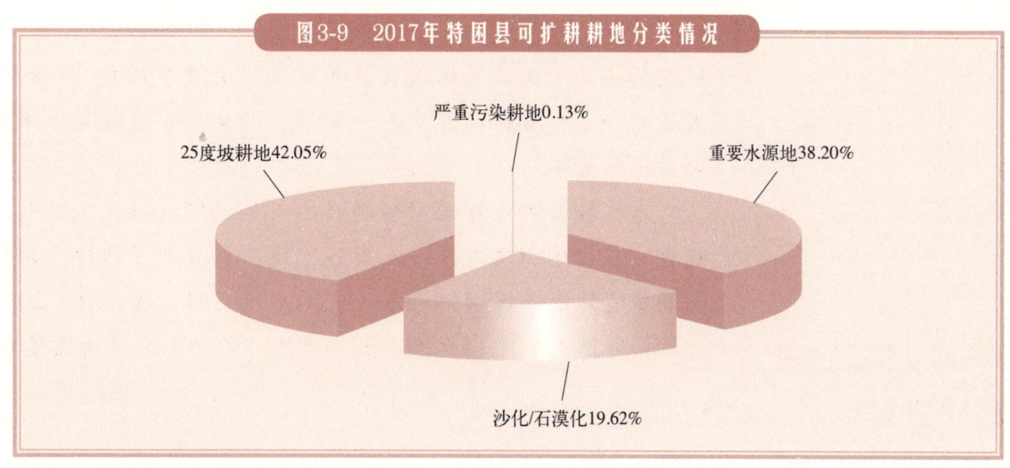

大学生调查结果显示，样本农户退耕地中有42.94%是陡坡耕地，按照国家退耕还林还草政策的规定，这部分耕地应该纳入退耕地当中。8.75%的农户表示家里有弃耕抛荒的土地，弃耕抛荒地面积在0.5～2亩之间，39.54%的农户认为所在村有弃耕抛荒的土地。在有弃耕抛荒地的村镇中，弃耕抛荒的土地平均占村里耕地的18.66%。

专栏 3-2　森林转型与扩大退耕还林还草规模

自 20 世纪中期以来，发达国家开始出现耕地弃耕和林地面积增长现象。1992 年，这一现象被英国阿伯丁大学的 Mather 总结为“森林转型”理论。“森林转型”是指森林覆盖从最初的下降，到达到一个临界点之后开始缓慢增加并最终稳定增长的过程（Angelsen A,2007）。根据这一理论，存在大幅度减少森林覆盖的强大力量，但是在经济发展的推动下，这个过程最终会反转过来，结束农地扩张，出现森林增长的转折点，并稳定保持森林增长的趋势。因经济发展阶段不同，各国实现森林转型的时间点也不同。促使森林转型的根本动力有两个：一是经济发展；二是林业政策。在新自由主义思潮的影响下，经典的森林转型理论特别强调不要林业政策干预，通过农业和经济发展自动实现森林转型。

Mather 在 1992 年提出这个概念的时候，森林转型还主要发生在发达国家，进入 21 世纪后，森林转型开始在包括中国在内的发展中国家出现。20 世纪后半叶以来许多发达国家发生明显的耕地撂荒现象，并逐渐演变为全球性土地利用现象。根据联合国粮农组织的报告，2010－2015 年，每年有 220 万公顷弃耕地恢复为森林，在白俄罗斯、哈萨克斯坦和俄罗斯共有 2600 万公顷新增林地来自于弃耕农地。世界银行在 2010 年专门研究了我国的森林转型，指出，中国森林转型的转折点早于、快于大多数经历过森林转型的国家，中国森林植被的恢复不仅仅是经济发展推动的，更是中国自20世纪70年代起就开始实施的一系列旨在恢复生态平衡的林业生态恢复政策，中国动用大量资源在全国投资造林。

森林转型对应着国家经济社会发展的阶段性演进过程，存在着必然性。随着城镇化的加快发展，我国适于退耕的弃耕等边际土地仍将趋于增加，扩大退耕还林还草规模仍存在一定的土地空间。据估计，2014－2015年全国山区县耕地撂荒率为14.32%，长江流域一带的山区耕地撂荒率可达30%以上。

专栏 3-3　弃耕抛荒

——大学生退耕问卷调查报告节选

麻地湾村参加移民搬迁的农户较多，原有的耕地距离现在居住地较远，回去管护的成本过高，因此大面积的耕地及坡地均被弃荒。据有关农户说，他们原来居住的山沟已完全搬迁，整条沟及周围山坡都已经荒芜，而现在在新居住地想种地种树却无地可种，是劳动动力的一种浪费；贺家社区由于经济条件较好，农户赚钱渠道较多，则对农林业缺乏应有的重视，弃荒土地占全村耕地面积高达60%，坡地基本全部弃荒，平地现在弃荒的人也越来越多。

（陕西省大学生）

二　工程建设成效

补助到期退耕地面积快速增加，已达30%，退耕林木已有六成以上成林，且90%以上长势优良，三成以上的农户退耕地上有收入，60%左右的退耕户以外出务工收入为主，基本医疗和基本养老覆盖率超过90%，退耕农户大多已形成替代收入来源，前一轮退耕还林成果基本巩固。

（一）前一轮退耕补助到期已达30%以上

2017年，样本县累计退耕地还林108.61万公顷，其中，补助到期面积32.08万公顷，占29.53%，即约1/3的原退耕还林还草任务补助到期；分县看，退耕补助到期面积比例小于10%的有15个县，主要分布在安徽、贵州等退耕启动较晚的省份，有22个县退耕补助到期比例大于50%，主要集中在四川、陕西、甘肃等退耕先期启动的省。

大学生退耕还林还草问卷调查结果显示，调查的农户数中有41.35%已经全部到期并停止补助；24.38%的农户是部分到期，还有补助；32.71%的农户还没有到期。在补助到期的农户中，15.21%的农户是在2010－2015年停止补助；大部分农户是在2015－2020年之间停止补助，比例为61.10%；17.23%的农户是在2020年以后停止补助；仅有6.46%的农户是在2010年之前停止补助。

（二）退耕还林还草成果基本巩固

1．八成以上的农户知道自己对退耕地的管护责任

县级人民政府或者其委托的乡级人民政府在与退耕还林还草任务的土地承包经营权人签订的退耕还林还草合同中包括了对退耕地管护责任的内容，明确知道对退耕地负有管护责任的农户又有多少呢？大学生退耕农户问卷调查数据显示，明确知道退耕后对退耕地负有管护、补植补造等责任的农户占总样本农户的81.72%；不知道负此责任的农户仅占总样本农户的18.28%。大多数的农户对自身应负有的责任很明确，仅有少部分的农户不清楚。退耕还林还草后对退耕地的管护决定着退耕还林还草工作的成效，退耕后的管理至关重要，也应进一步明确农户对退耕地的管护责任，以保障退耕还林还草工程的成效。

专栏 3-4　退耕地管护

——大学生退耕问卷调查报告节选

由于村里年轻劳动力的流失，致使很多退耕还林还草地缺乏管理，长势也不是很好。除了护林员有管理荒山荒地和封山育林的任务以外，其他的农户都很少去管理。在我所调查的地区，退耕树种主要是油樟；虽然退耕还林还草面积比较大，但是树木的成活率并不是太高，收益也很少，自家看管的农户很少，造成了林地上的树木被破坏，所以，基本上前一轮退耕是不成功的，保留下来的树种（油樟）少之又少（四川大学生）；对林地的认识错误。在调查中发现，许多农户认为只要地块上存在树木就是林地，不管其密度、郁闭度或生长状况等指标，因此在日常对林地的管护工作中也存在一定的偏差。农户的林地管护意识较差，即使是在明确责任的情况下也因为没有直接利益关系的原因缺少管护，主要有以下几种情况：一是主观上放弃管理。退耕地上看不到直接利益或者是退耕地上经济效益较差，入不敷出时，农户就不愿意去管护，主观上放弃管理；二是缺乏有效的管理手段。调查区为经济不发达地区，教育水平较低，农民大量外出打工，留在家乡的老人和儿童没有知识和能力去管理林地，因此管理较为粗放也不到位。

（陕西省大学生）

2．六成以上退耕林木已成林

大学生退耕调查数据显示，认为耕地上林木长得好的农户占总样本农户的24.97%；认为耕地上林木长得一般的农户比例最大，占总样本农户的65.42%；认为耕地上林木长得不好的农户比例为9.61%。进一步调查得知，退耕地上的林木成林了的比例为59.69%；退耕地上的林木没有成林的比例为40.31%。根据调查得知，村里退耕地上的林木有29.07%长得好，61.98%长得一般，8.95%长得不好。

退耕地上林木保存率在90%以上的样本农户占总样本农户的28.40%；退耕地林木保存率为70%～90%的样本农户占总样本农户的42.84%；退耕地林木保存率在10%以下的样本农户占总样本农户的5.58%（图3-10）。由此可见，71.24%的样本农户家退耕地的林木保存率在70%以上。

图3-10 样本农户退耕还林林木成活情况

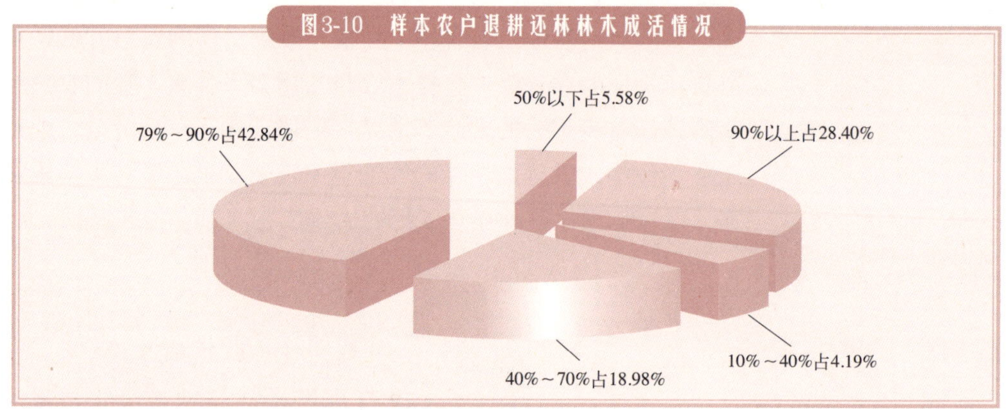

3．六成以上的退耕地由农户自己经营管护

随着前一轮退耕还林林木逐渐进入成林期，退耕林木经营管理成为巩固退耕还林成果的重要措施。大学生退耕调查结果显示，目前，村里退耕地的管护中有1484户是各家各户进行管护，占总样本农户的比例最大，该比例为64.33%；农户中有314户是由村集体管护，占总样本农户的13.61%；507户是各家各户和村集体一起管护，所占比例为21.98%（图3-11）。

大学生退耕调查数据显示，64.95%的样本农户表示对自家的退耕地进行过管理，

图3-11 村里退耕地管护的情况

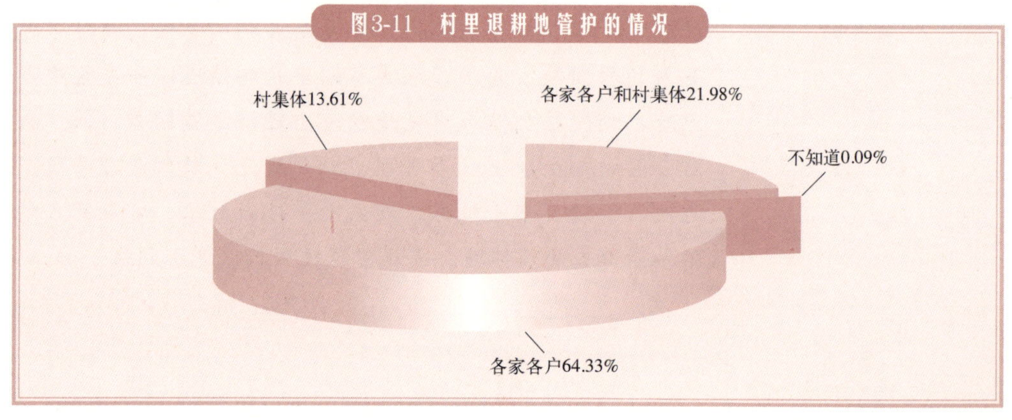

35.05%的样本农户表示对自家的退耕地没有进行过管理。对自家耕地进行管理的样本农户进行进一步的调查发现，绝大部分的耕地还是由户主本人管理。自家退耕地交由老人管护的样本农户占总样本农户的19.31%；户主本人管护自家退耕地的样本农户占总样本农户的60.38%；自家退耕地交由亲戚管护的样本农户最少，仅占总样本农户的2.46%；自家退耕地由集体看管的样本农户占总样本农户的9.53%（图3-12）。

图3-12　样本农户家庭耕地管护人员

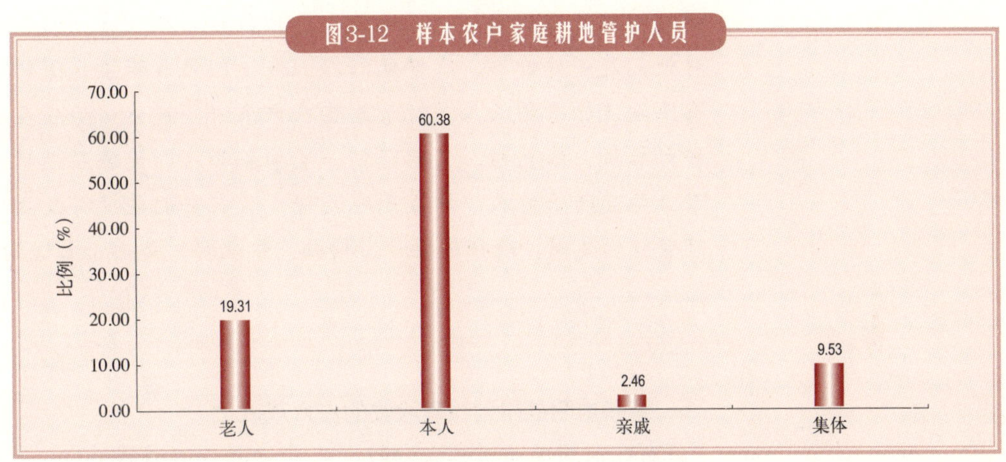

进一步的调查显示，大多数的农户都认为由各家各户管护退耕地比较好。有1459户的农户认为由各家各户管护退耕地较好，占总样本农户的63.35%；其中有375户的农户认为由村集体管护退耕地较好，占总样本农户的16.28%；还有469户的农户认为由各家各户和村集体一起管护退耕地较好，占总样本农户的20.36%。

4．三成以下退耕地由公司和大户经营管护

退耕后对退耕地的经营管理决定着退耕还林还草工程的成效，经营形式也关系着退耕还林质量的高低。调查数据显示，自家经营退耕地的样本农户占总样本农户的76.56%，公司和农户合作经营退耕地的样本农户占总样本农户的18.08%，大户承包退耕地的样本农户数最少，仅占5.36%（图3-13）。

图3-13　农户退耕地经营形式

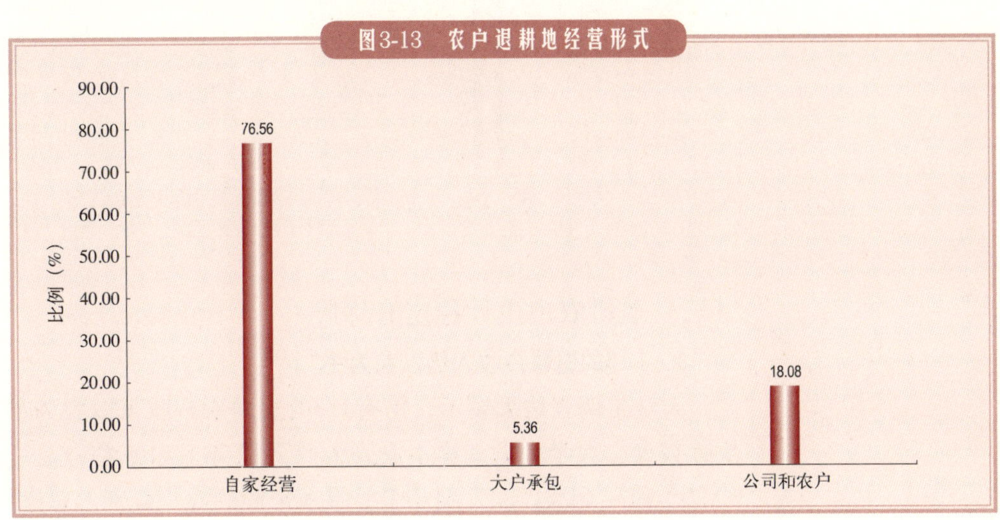

专栏 3-5 退耕地流转

——大学生退耕问卷调查报告节选

据了解，该队农户们在2015年将土地流转给公司企业，包括退耕地与非退耕地，并从中收益土地流转费每亩400元。因此，在2015年，退耕地上的退耕树种依公司意愿作了更改，改为种植桢楠、红豆杉。听农户的看法，这对他们是一件好事，这样他们在土地上的收益不仅是退耕还林还草补助，还有土地流转费的收入。对于某些农户来讲，被公司受雇在退耕地上管理新栽种的桢楠、红豆杉，又能得到一笔劳务费。即便现在退耕补助停止发放，由于土地流转给他人，收益土地流转费后农户们也没有复耕的想法。对于得到经营权的公司，改种植树种为桢楠、红豆杉，是出于长远的考虑。

（四川省大学生）

5．退耕地明确得到检查验收的占六成以上

只有在退耕地通过检查验收后农户才能获得退耕补助，因此退耕地检查验收是退耕还林工程管理中的重要内容。调查结果显示（图3-14），退耕地经受检查验收的农户占总样本农户的64.39%，退耕地没有经受检查验收的农户占总样本农户的13.90%，另外还有21.71%的农户表示不清楚自家的退耕地有没有检查验收。

图3-14 退耕地检查验收情况

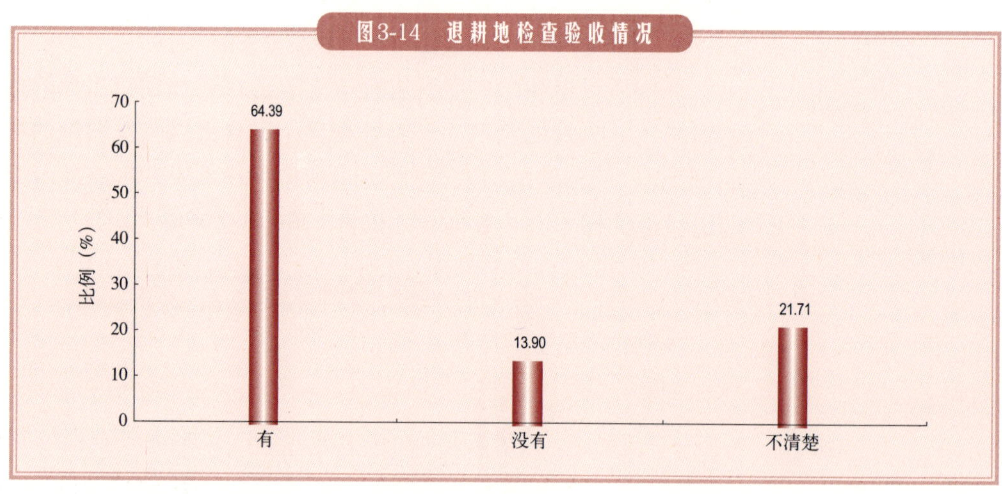

（三）退耕农户生计稳定有保障

1．1/3的退耕户收入仍以农为主

大学生调查结果显示，仍有1/3的退耕农户收入以农为主，他们对退耕补助的依赖较大。大学生调查样本农户的收入以务工和务农为主，分别占总样本农户的60.29%和34.61%；以工副业主要收入来源的农户分别占总样本农户的2.72%，余下的2.37%的农户主要收入来源主要是部分第三产业收入、儿女赡养、个体户经营收入等（图3-15）。

参加新农合的农户占总样本农户的93.61%，参加新型养老保险的农户占总样本农户的90.25%，且仅有7.51%的农户为低保户。由此可以看出，在政府的各项政策的扶持下，农户的生活水平得到了较好的保障。

图3-15 退耕农户收入来源

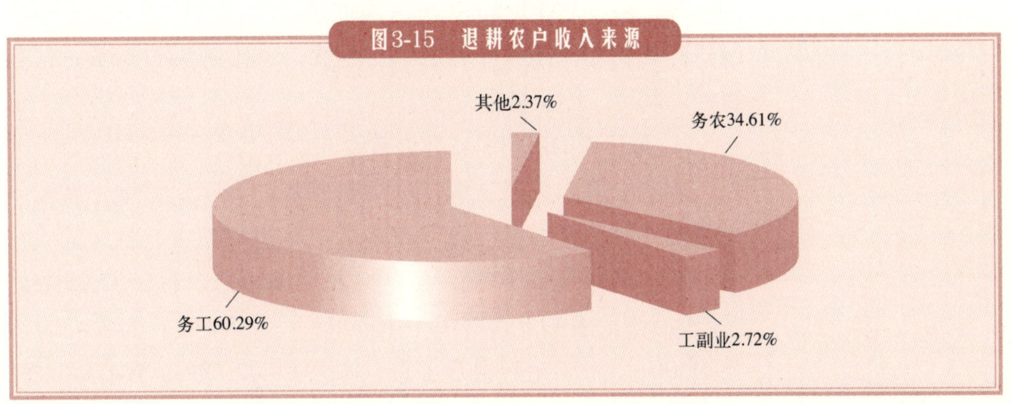

专栏 3-6 退耕补助与农户生计
——大学生退耕问卷调查报告节选

虽然国家每年都有给退耕还林的补助款，但是老百姓的生活并没有得到多少改善，补助的金额不足 400 元。对于家里有上学的孩子的家庭，这几乎就是杯水车薪，但对于一些贫困户，低保户来说，这点钱就是救命钱。村里绝大多数都是留守的老人，它们本身已经没有什么劳作能力，很多农民爷爷奶奶都希望政府能再增加一些退耕地的面积，增加每亩地的补助，这样他们能过得更好一些。没有一个爷爷奶奶愿意无偿退耕还林，甚至有些激动，少了这笔钱还不让种地，他们如何养活自己呢？他们认为，在我们这里多的是荒山荒地，开垦新耕地都没有人去做，但是可以拿来去种树呀，毕竟防风固沙的树木比较好养活。

（山西省大学生）

通过这次的退耕还林社会实践调查活动，让我深入明白了农民生活的不易，对于有些生活水平差的农户，退耕还林的补助对他们真的是至关重要，没有了退耕还林，他们就少了很大一笔收入，在调查的时候，当我进入有些农户的家里看到他们的情况时，我有些哽咽，我觉得他们生活的太不容易了，有些家庭夫妻双方都患病在身，不能干重活，如果我可以的话，将来我一定会帮助这些人，为这个国家、这个社会贡献自己的一份力量。

（宁夏回族自治区大学生）

2．退耕补助停止后，收入下降明显的农户不足一成

大学生退耕调查数据显示，大部分农户的退耕补助占收入的0～20%，该比例占总样本农户的90.94%；8.67%农户的退耕补助占收入的40%～60%；约1%农户的退耕补助收入在60%～100%。进一步调查得知，大多数的农户认为退耕补助对退耕户的收入重要，占总样本农户的46.84%；有39.06%的农户认为退耕补助对退耕户的收入来说一般；14.10%的农户认为退耕补助对退耕户的收入不重要。大部分农户认为退耕补助到期、停止补助后不会返贫，该比例为89.36%；仅有10.64%的农户认为退耕补助到期、停止补助后会返贫。

3．近三成的农户退耕地上有收入

大学生调查数据显示，24.20%的农户表示退耕地上有收入；大部分农户表示没有收入，占总样本农户的75.80%。其中退耕地上有收入的农户，一年能得多少钱？由图3-16可知，44.93%的农户收入在1000元以下；37.95%农户收入为1000～5000元；9.16%的农户能得5000～10000元；5.13%农户的收入为10000～20000元；收入为20000～50000元的农户占总样本农户的2.18%；仅有0.65%的农户收入在50000元以上。大部分农户退耕地一年的收入在5000元以下。

图3-16 退耕地农户收入情况

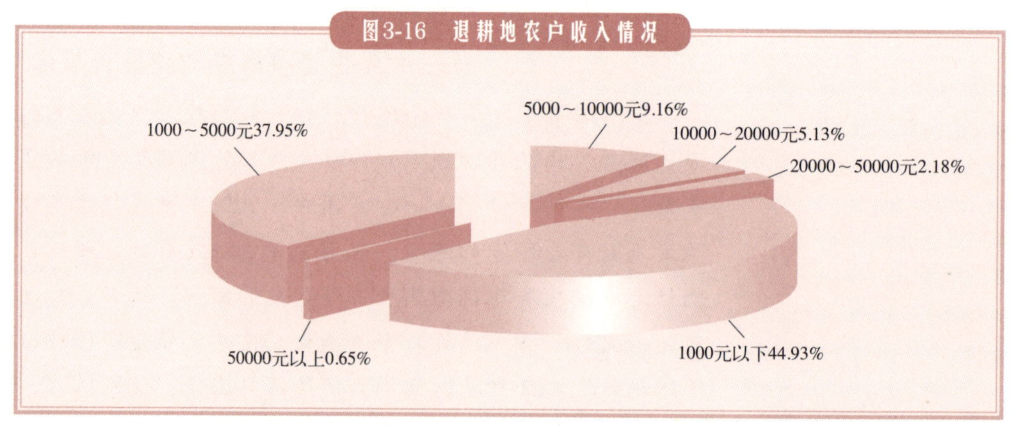

4．退耕地林证权发放率刚过一半

林权证是县级以上地方人民政府或国务院林业主管部门，依据《中华人民共和国森林法》或《中华人民共和国农村土地承包法》的有关规定，按照有关程序，对国家所有的或集体所有的森林、林木和林地，个人所有的林木和使用的林地，确认所有权或者使用权，并登记造册，发放的证书。因此，林权证也是退耕还林工程的执行重点。调查数据显示，已经领取了林权证的农户占总样本农户的55.27%，没有领取林权证的农户占总样本农户的43.47%，未全部领取林权证的农户占总样本农户的1.25%（图3-17）。愿意给自家退耕地补办林权证的农户占总样本农户的91.46%，不愿意补办林权证的农户占总样本农户的8.54%。

图3-17 样本农户退耕地林权证领取情况

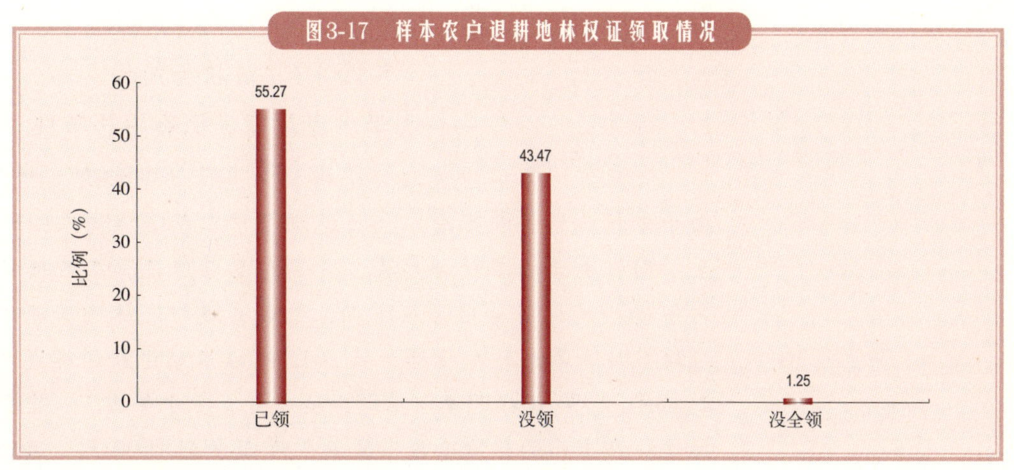

5．粮食主产区发生少量复耕

截至2017年年底，119个退耕还林还草监测村中共有13个村发生了复耕，复耕农户248户，占样本村累计参加退耕还林还草的农户数32752户的0.76%。对农户退耕地块的调查发现，复耕的地块占6.04%，没有复耕的地块占93.96%；从地域看，复耕主要发生在退耕地质量好、种粮收益远大于退耕的村，耕地资源相对少、人地矛盾突出的村也有少量复耕，退耕还经济林没有收益，退耕林木因干旱、病虫害等存活不好的地方，农户也有砍了树木重新种庄稼的。

粮食主产区复耕问题需要引起重视。大学生退耕问卷调查结果：有317户退耕户表示村里发生了毁林复耕，发生复耕的村主要集中在河北、河南、黑龙江等粮食主产区，有13.71%的农户反应本村有复耕情况，4个村农户反应本村复耕率约为50%以上。对于退耕补助停止后，有20.09%的农户表示会把退耕地上的林木砍掉，重新种庄稼，有67.44%的农户则不会复耕，其余农户的态度不确定。对会复耕和态度不明确的农户进行进一步的调查，数据显示，大部分的农户认为复耕的原因是没有退耕补助，大家就有权退耕，有12.84%的农户认为退耕林木存活率低，已经没剩几株，继续退耕会浪费土地；26.50%的农户认为改种粮食更值钱；24.39%的农户则认为退耕地收益太少，家里经济困难需要复耕重新种粮食（图3-18）。对于如果没有退耕补助，农户估计村里退耕户的复耕情况，只有0.4%的农户认为不会复耕，超过1/4的农户认为复耕比例会在80%以上。

图3-18 复耕原因

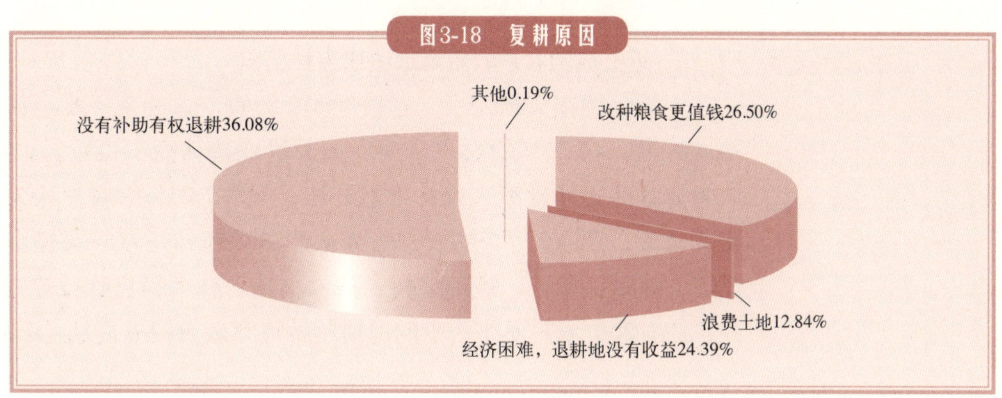

专栏 3-7　复耕与纠偏
——大学生退耕问卷调查报告节选

大学生问卷调查发现3个粮食主产区的县都有复耕的趋势。近年来，由于木材价格持续下滑，全县退耕农户零星滥伐树木毁林开垦事件时有发生；同时由于经济社会发展，全县的基础建设、工业项目、种植养殖项目占用退耕还林还草地持续增加，造成县退耕还林还草面积减少、部分退耕地块数目达不到技术指标，从2015年以来的退耕还林还草补助款无法发放到农户。退耕还林还草所用的土地质量大多中等靠上，若是种植玉米、小麦，按照亩产千斤的标准来说每年至少可以拿到1500元，远远多于退耕还林还草所能够拿到的收入。因此，对于大多农户来说，退耕地的复耕将会是更加划算的事情。在调查过程中，我们了解到，在全县范围内，退耕还林还草地的复耕已经成为一种较为普遍的现象。在退耕意向方面，有超过70%的人更加愿意选择复耕退耕地，理由也多集中于“改种粮食更值钱”“退耕林地没有收益，家里经济困难，需要复耕重新种粮食”“没有补助，我们就有权复耕”等。

退耕还林还草政策在我们那里实行的还是不够好。经过这次调查我了解到，我们那里基本上没有什么坡地、贫瘠的土地，都是适宜种粮食的地，种粮食收获都还不错，而且种粮食1亩地也会有很多补助，大家也不是很愿意把好好的地用来种树，退耕还林还草政策在山地实施起来应该会更好。

关于退耕还林还草政策农户提到最多的就是补助低，这也是为什么大部分农户愿意复耕的原因，因为我们那里退耕树种是杨树，没有什么收益，而且是平原，土壤虽然有点砂，但是种玉米、小麦的产量也不算特别低，而且种点庄稼收入要比退耕还林还草的补助多很多，现在都是机械化播种收割庄稼，管理起来也不太费事，所以农民更愿意种庄稼，我记得2018年暑假我还看到一些人在挖树根，准备复耕。

（河南省大学生）

6. 近五成的农户希望增加退耕造林面积

大学生调查数据显示，有接近90%的农户认为下一步退耕还林还草政策是提高补助标准，46.25%的农户认为增加退耕地造林面积很重要，43.27%的农户认为应该将成林的退耕地纳入森林生态补偿，只有2.03%的农户认为应停止执行退耕还林还草政策，还有2.98%的农户对未来的退耕还林还草政策提出了新的见解，主要是在国家政策透明化、适地适树、技术支持、林木销售收益等方面要进一步加强。另外，还有26位农户对下一步的退耕还林还草政策没有看法（图3-19）。

图3-19 农户对下一步退耕政策的看法

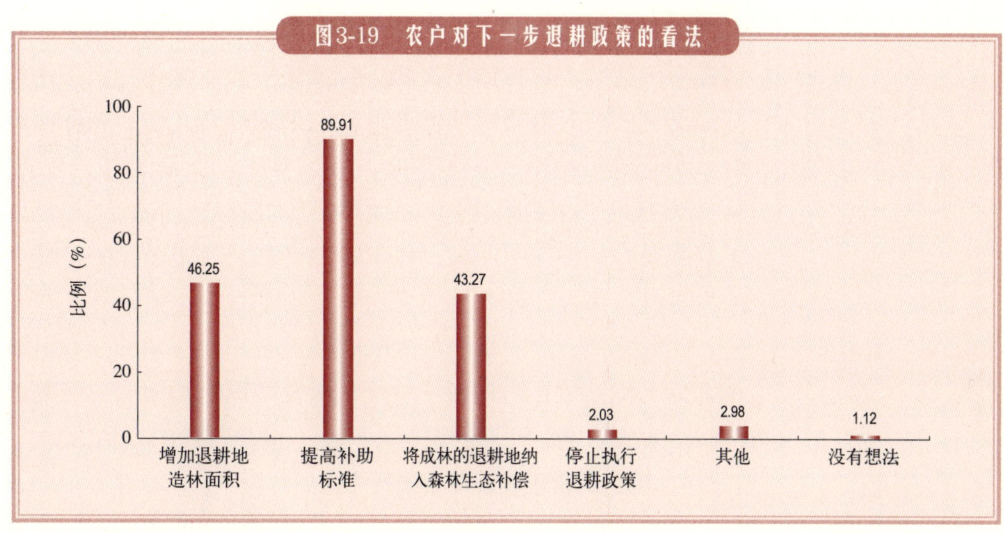

三 问题与建议

（一）主要问题

1．落实和扩大退耕规模难度大

退耕还林还草政策落实中存在一些农户实际达到退耕政策标准的耕地面积、位置与国土二调有出入的情况，部分新一轮退耕还林还草政策落地困难。党中央、国务院希望通过退耕和耕地保护等政策的实施，达到“退劣不退优”、生态、粮食安全共提升的目的。故在多次要求扩大退耕还林还草的同时，提出要确保18.65亿亩耕地保有量和15.46亿亩基本农田的红线。但在政策实施中，一些地方因为耕地保有量和基本农田保护指标的限制，无法把符合退耕还林还草政策标准的陡坡耕地纳入到新一轮退耕还林还草扩大规模的范围里，无法全面落实陡坡耕地应退尽退的退耕还林还草工程政策目标。同时存在因缺乏石漠化耕地等地类标准，一些地方需退耕还林还草的石漠化耕地无法纳入工程范围等问题。

2．补助标准偏低

新一轮退耕还林中央每亩补助1600元，5年内分3次下达。补助年限相比前一轮退耕还生态林缩短了11年，补助标准大幅度降低。各地发展速生丰产用材林、经济林等林业产业基地，5年内实际投入一般不低于3000元/亩，国家补助只相当于投入的一半左右。此外，由于造林投入不够、管理水平不高，存在经济林实际收益低于理论收益的情况，且要达到盛产期一般需8～10年，生态林要获得收益则需更长时间，一些生态林甚至没有收益，补助政策到期后将出现一段较长的收入真空期，期盼退耕的农民对这一补助标准认可程度较低，一些地方实施新一轮退耕还林还草的积极性不高。

3．工作经费缺乏，政策落实不到位

虽然目前退耕还林还草工程已经实施了20年，但通过调查发现，因退耕还林

还草工程政策经费不足，部分区域农户表示对于退耕还林还草的基本政策完全不了解或者不清楚，这种情况在新一轮政策落实中尤为突出。例如，退耕补助完全停止后，部分农户对退耕地补助期限、土地属性转变和《森林法》等法律法规了解不到位，给停补后林地管护等带来一定困难，而且随着新一轮退耕还林还草工程的实施，为退耕工经费的按规下发增加了难度，大部分农户在前后两轮退耕还林还草工程中得到的补助并不同，每年的补助都有一定数额的差异，这对农户而言有一定的误导性。另外，补助落实无法到位也是目前退耕还林还草实施遇到的最大困难之一。除此之外，农户反映最大的问题就是不能全额的领取退耕补助，因不了解退耕核查后对标发放补助和新一轮分三次发放退耕补助的政策要求，部分农户产生政府部门少发农户退耕补助的误解，降低了政府部门的公信力。

4. 巩固退耕还林还草成果压力大

退耕还林还草工程区大多都生态脆弱、土地贫瘠，退耕农民收入单一，年均收入低，对退耕还林还草补助依赖性大。进入21世纪以来，我国经济社会快速发展、物价大幅度上涨，特别是国家不断加强支农惠农政策支持力度，种粮补贴范围不断扩大、补贴标准不断提高，退耕还林还草补助政策的激励作用弱化，农户造林、护林的积极性下降，少数地方甚至出现了毁林复垦的现象。以发挥生态效益为主的生态林，有的不能够砍伐，有的成林不成材，经济收益较低，而且抚育管护、森林经营等还需要持续不断的投入。如果不继续对其给予适当补助，部分退耕农户的收入将有所下降，不仅影响来之不易的大量退耕还林还草成果的巩固，而且影响2020年打赢脱贫攻坚战和全面建成小康社会目标的实现。2017年中央“一号文件”提出：上一轮退耕还林还草补助政策期满后，将符合条件的退耕还生态林分别纳入中央和地方森林生态效益补偿范围。但目前中央财政森林生态效益补偿标准仅为每年每亩15元，难以补偿退耕还林还草产生的生态效益和退耕农户付出的机会成本，而且与种粮补贴相差较大。

（二）政策建议

1. 以集中连片特困区为重点，继续扩大退耕还林规模

按照《中共中央 国务院关于打赢脱贫攻坚战三年行动的指示意见》要求，从2019年起开始组织开展陡坡梯田、重要水源地15～25度坡耕地、移民搬迁撂荒耕地等地类退耕还林；对按照现行政策已经退耕还林的地块和下一步扩大退耕还林地块，在任务完成并经国家有关部门验收合格后，相应核减耕地保有量和基本农田保护面积；把握森林转型规律，根据我国撂荒耕地的扩大趋势，选择部分撂荒面积大且立地条件好的省份开展撂荒耕地退耕还林试点。

2. 制定退耕还林还草管护长效机制

一是对已补助到期的退耕农户，继续落实与管护相挂钩的20元生活费补助兑现，调动退耕农户经营管理退耕林木的积极性。二是将已到期的退耕地尽快纳入中央和地方森林生态效益补偿基金，并明确将其作为稳定、长期的退耕还林补助政

策，利于稳定退耕农户的退耕还林信心。三是针对退耕林地的防灾及灾害损失、后续管护和改造、抚育、采伐利用等，建立退耕还林防灾基金或将退耕还林地纳入地方政策性林业保险体系中。在有政策性森林保险的地方，将退耕林地纳入地方森林保险体系；在没有政策性林业保险的地方，鼓励建立退耕还林还草防灾基金，中央、地方和退耕户共同筹资，专门用于退耕林地的病虫害防治和因牲畜、病虫害、火灾、风灾导致的灾害损失和灾后的补植补造经费的补贴。

3．继续加大退耕还林还草政策落实和宣传力度

从大学生调查结果看，农户反映的绝大多数情况都与退耕还林还草补助有关，有部分地区的补助拨付方式未被农户认可，工程惠民的目的没有很好达成。对于新一轮退耕还林还草，要增加工作人员和经费的投入，做好检查验收工作和补助的公示宣传工作，实事求是让农户了解参与退耕的权利和义务，讲深讲透前新两轮退耕政策在补助拨付分配上的差异，消除农户对现有工程执行的误解，各级退耕还林还草监督部门也应对退耕还林还草补助做好追踪调查和检查监督的工作，要能保证检查验收合格的农户按时足额领取退耕还林还草的补助，严禁少发、漏发、不发等现象的出现。

（主要执笔人：谢晨　张坤　王佳男　聂杨　刘建杰　林琳）

4 京津风沙源治理工程

2018

京津风沙源治理工程
社会经济效益监测报告

2017年，是京津风沙源治理工程（以下简称“京津工程”）连续跟踪监测的第15年。自2000年以来，京津工程以建设环京津地区生态屏障、改善京津生态环境为主要目标，在项目实施过程中，始终将生态建设与促进工程区经济社会发展相结合，将防风固沙与改善沙区生产、生活条件相结合，治山兴水、防风固沙，项目建设取得了显著的生态、经济和社会效益，对保护和改善京津及周边地区的生态环境发挥了巨大作用。尽管京津工程的实施对当地社会经济发展，生态环境改善，人民生活水平提高，社会福利进步等方面都起到了积极的促进作用，但是当前工程建设中仍存在着一些不容忽视的困难和问题，巩固成果压力较大。新一轮的京津风沙源治理正在加快推进，监测力度在不断加大，政策也在不断调整以谋求取得最大化的社会经济效益。

京津风沙源治理二期工程（以下简称“京津二期工程”）于2013年启动，建设期为10年，至2022年结束。建设范围在一期的基础上适当西扩，新加入陕西6个县、内蒙古39个县（旗、区）、山西10个县（区）、河北4个区、天津2个区、北京2个区。工程区总面积由45.8万平方千米增至70.6万平方千米。京津二期工程加大了对林草植被保护与建设、水土资源合理利用、基础设施建设的投资力度，新增了工程固沙等任务，工程规划投资877.92亿元。

按照监测工作的总体安排，京津工程社会经济效益监测（以下简称“京津工程监测”）继续在北京、河北、山西、内蒙古、陕西的25个京津工程县开展，跟踪监测农户500户，回收调查问卷525份。

在对历史数据重新梳理分析的基础上，结合实地调研，完成本报告。监测结果表明：京津工程实施17年来，取得了良好的生态、社会、经济效益，对减轻京津地区的沙尘危害、改善农户生产生活条件、提高农牧民生活水平发挥了重要的作用。工程区植被恢复明显，生态恶化的趋势基本得到控制，原有植被得到有效保护和恢复，林草植被覆盖率显著提高，地表起沙得到有效遏制，流动沙丘得到初步治理，连片的生态防护林起到了调节气候、保持水土、阻挡风沙、遏制土地沙化的作用。京津工程区特色林果业、绿色养殖业和休闲旅游业在保护生态的前提下，紧紧围绕自然、生态、乡土、历史文化等优势资源，重点发展生态良好、就业富民的绿色产业，提升一产、优化二产、扩展三产，农业总产值显著提高，加快了群众脱贫致富步伐。工程建设对带动区域经济发展、增加农民收入、改善工程区农民生活水平发挥了积极作用。越来越多的农民参与到造林营林、森林防火、有害生物防治中，初步实现了人与自然的良性互动以及环境治理与经济发展的双赢。

样本县（旗）林业总产值显著提高，从2000年的64907.3万元增长至2017年的401949.7万元，增长了519.27%。工程建设对促进区域经济发展、增加农民收入、改善工程区农民生活水平发挥了积极作用。但是，工程建设仍然存在着建设资金投入不足、治理难度大、京津冀生态协同发展急待加强等问题。

一 样本县（旗）基本社会经济情况

（一）总人口基本保持稳定，户均人口持续下降

2000－2017年，样本县（旗）总人口和乡村人口基本保持稳定，乡村人口所占比例呈下降趋势。其中，2017年，样本县（旗）总人口614.14万人，乡村总人口435.14万人，乡村人口所占比例为70.85%，相比2000年下降了15.11个百分点（图4-1）。

图4-1 样本县（旗）人口变化

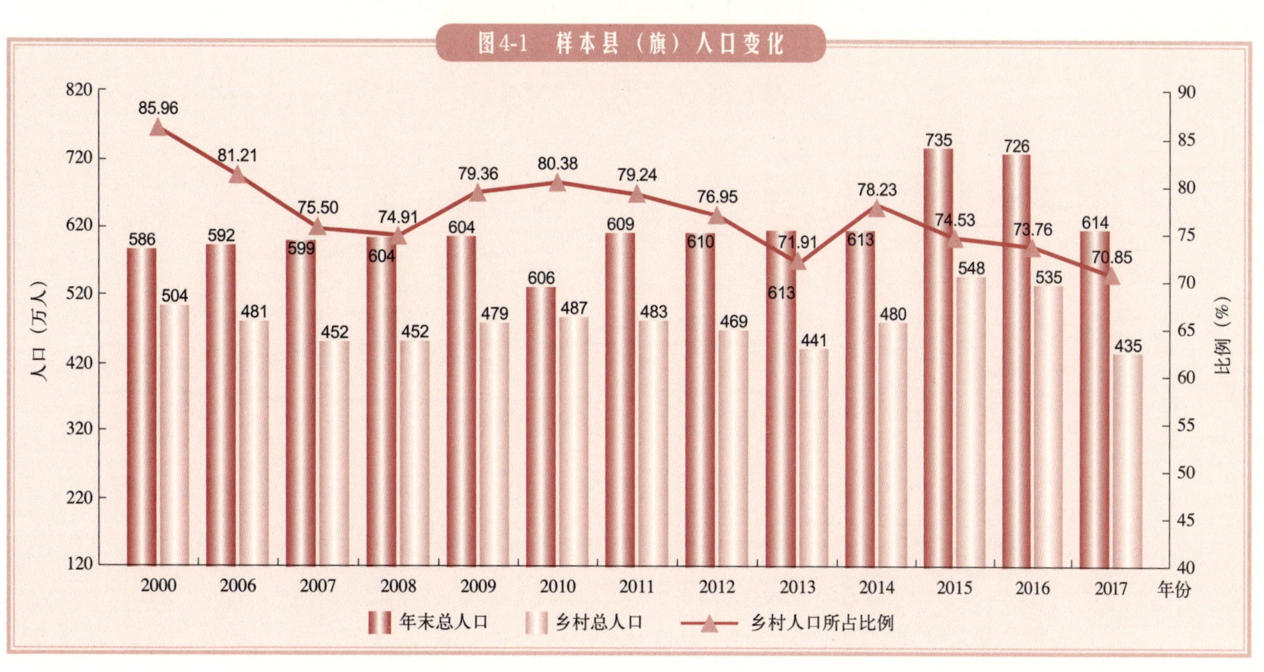

2000－2017年，样本户户均人口总体呈现下降趋势，样本户户均劳动力和劳动力负担系数基本保持稳定。2017年样本户户均（以下简称户均）人口为2.24人，与2016年相比下降了9.31%，比2000年下降了40.11%。户均劳动力为1.35人，比2016年下降了3.57%，比2000年下降了28.95%。户均劳动力负担系数为1.66，比2016年下降了1.78%，比2000年下降了15.74%（图4-2）。

（二）乡村从业人员基本保持稳定，农户外出务工人数呈上升趋势

2000－2017年，样本县（旗）年末乡村从业人员基本保持稳定，2017年年末乡村从业人员小幅下降，为258.8万人，与2016年相比减少55.2万人，下降17.58%；与2000年相比，增加18.1万人，增长7.52%。2017年样本县（旗）农林牧渔业从业人员144.0万人，占乡村从业人员比例为55.64%，与2016年相比，增长2.65个百分点；与2000年相比，下降14.74个百分点（图4-3）。

2000－2017年，农户外出务工人数先增长后稳定再下降，户均外出务工纯收入保持基本稳定。2017年，户均外出务工人数为0.62人，比2016年减少6.06%，比2000年增长87.88%；户均外出务工纯收入为13551.6元，比2016年增长4.43%，比2000年增长651.64%（图4-4）。

（三）土地利用结构不断调整，林业用地面积稳中有升，耕地面积呈下降趋势

2000－2017年林业用地面积稳中有升，牧草地面积逐渐减少。2017年，样本县（旗）年末耕地总面积137.92万公顷，其中25度以上坡耕地面积18.47万公顷，基本农田面积45.23万公顷，林业用地面积531.00万公顷，牧草地面积474.83万公顷。其中，耕地面积与2016年相比，减少了35.96万公顷，下降20.68%；与2000年相比，减少了17.17万公顷，下降11.07%。林业用地面积与2016年相比，减少了42.25万公顷，下降7.37%；

图4-2 样本户户均人口及劳动力情况

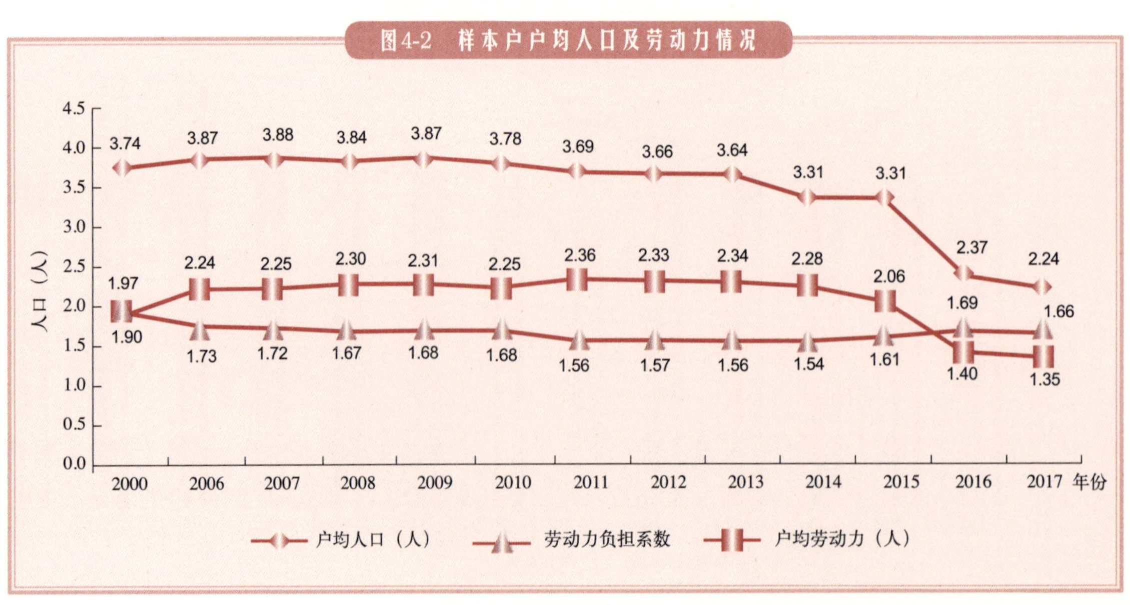

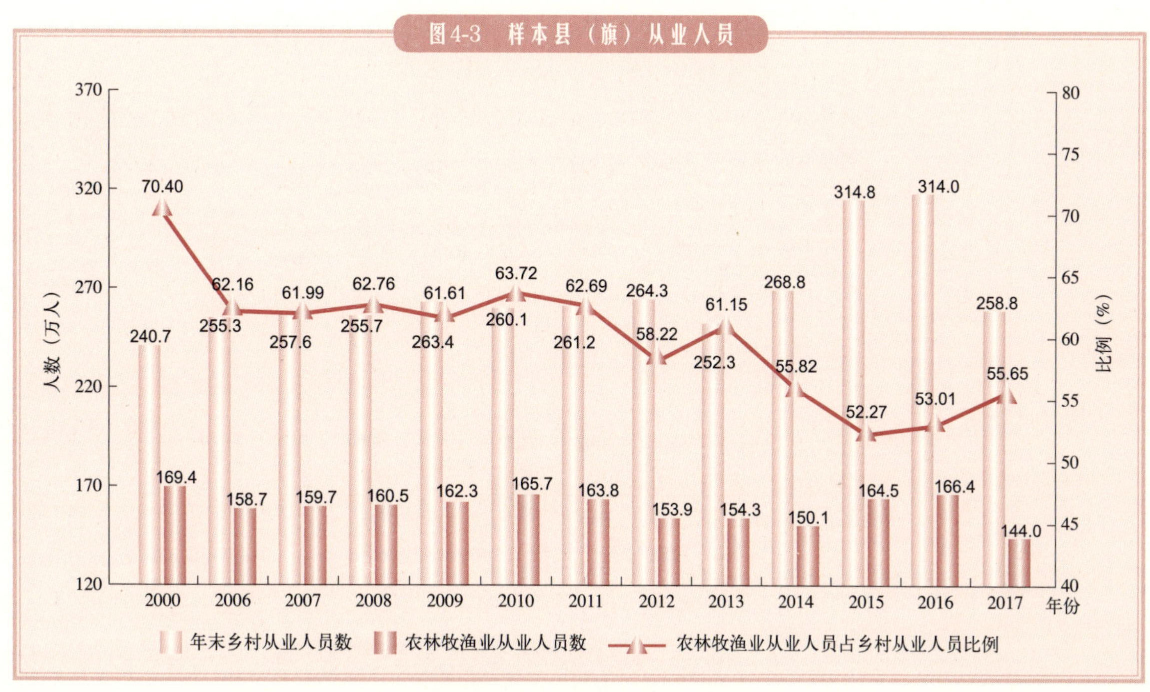

图4-3 样本县（旗）从业人员

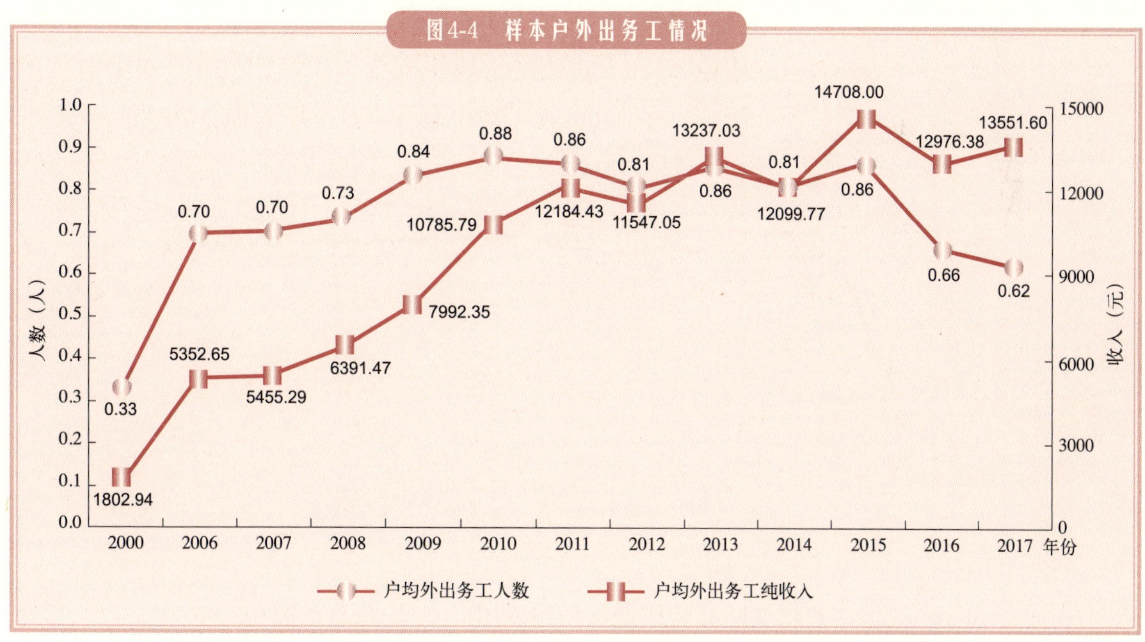

图4-4 样本户外出务工情况

与2000年相比，增加了124.53万公顷，增长30.64%。牧草地面积与2016年相比，减少了10.71万公顷，下降2.21%；与2000年相比，减少了129.04万公顷，下降21.37%（图4-5）。

2000－2016年，户均实际经营耕地面积稳中有降，2017年户均实际经营耕地面积有所上升；2000－2015年户均牧草场面积呈现先下降后上升趋势，2016－2017年相比2015年小幅下降，但2017年户均牧草场面积开始出现上升趋势；2000－2016年户均林地面积呈下降趋势，2017年户均林地面积波动较大开始呈现快速上升的趋势。2017

图4-5 样本县（旗）土地资源情况

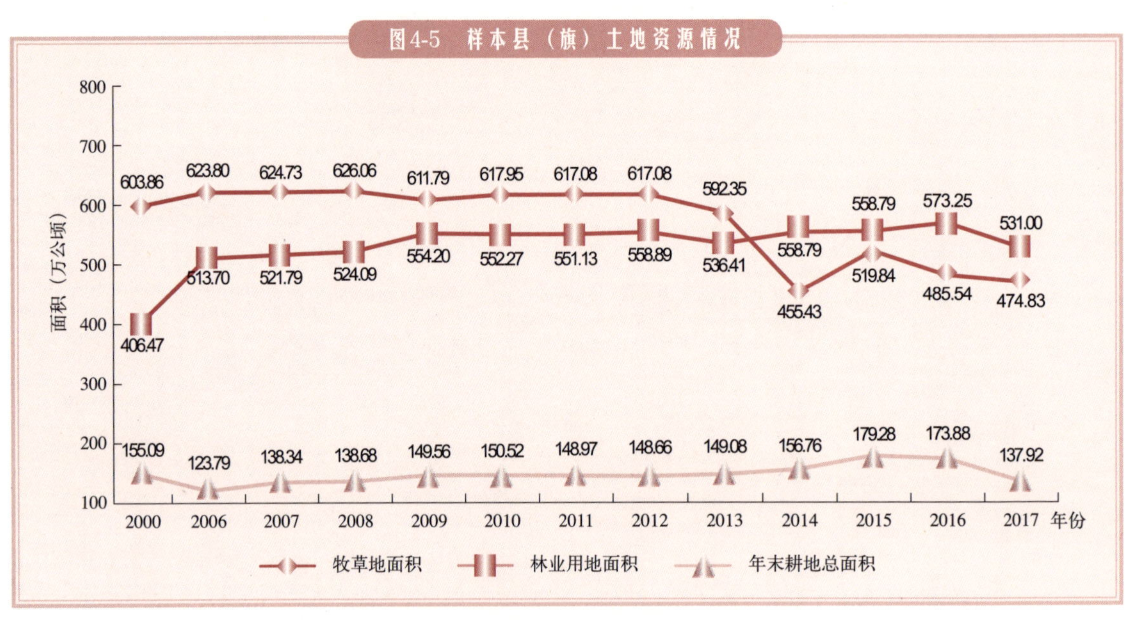

图4-6 样本户户均土地情况

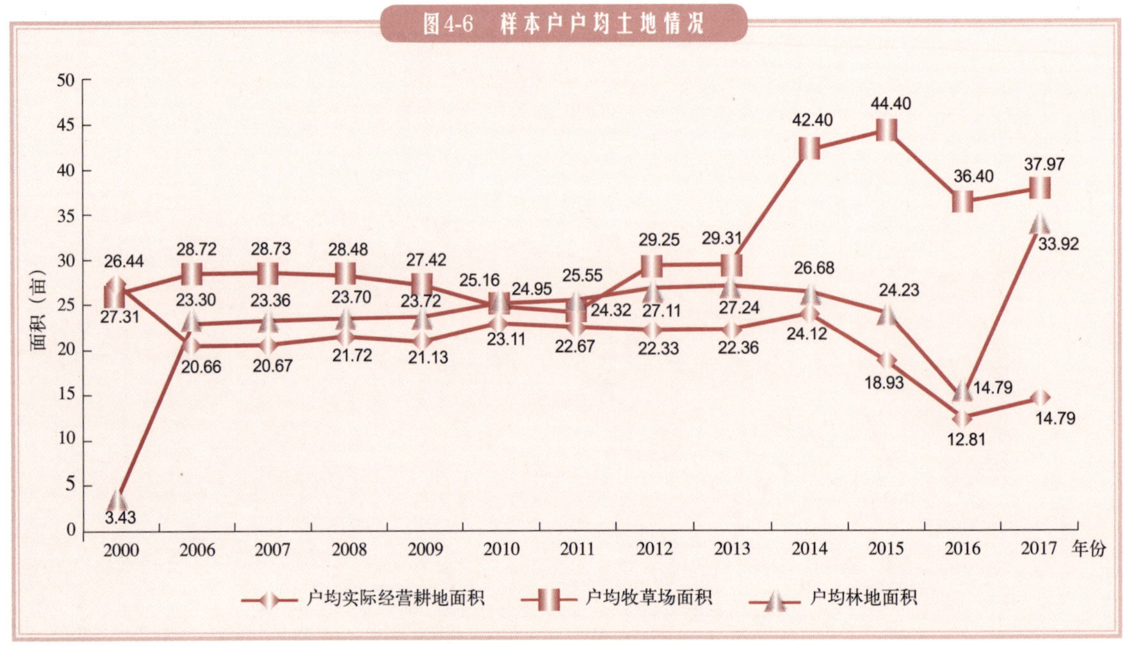

年，户均实际经营耕地面积14.79亩，户均牧草场面积37.97亩，户均林地面积33.92亩。与2016年相比，2017年户均实际经营耕地增长了15.46%，户均牧草场面积增长了4.31%，户均林地面积增长了129.34%。与2000年相比，户均实际经营耕地下降了45.84%，户均牧草场面积增长了43.61%，户均林地面积增长了888.92%（图4-6）。

（四）地区经济总量持续增长，经济结构优化升级

2000－2017年，样本县（旗）经济总量总体呈持续增长趋势，2017年稍有回落。2017年，样本县（旗）地区生产总值2537.3亿元，与2016年相比，减少了369.5

亿元，下降12.71%；与2000年相比，增加了2350.75亿元，增长12.6%。2017年地方财政收入253.4亿元，与2016年相比，增加了27.44亿元，增长12.15%；与2000年相比，增加了244.98亿元，增长29.22%（图4-7）。

2000－2017年，样本县（旗）农林牧渔业总产值逐年上升，2017年农林牧渔业总产值为561.38亿元，种植业、林业、畜牧业、渔业和农林牧渔服务业的产值占农林牧渔业总产值的比例分别为50.34%、7.16%、40.23%、0.77%和1.50%。与2016年相比，种植业、林业分别减少了2.29、1.91个百分点，畜牧业、渔业和农林牧渔服务业分别增加了3.96、0.07、0.16个百分点。与2000年相比，种植业、林业分别增加了1.91、0.47个百分点，畜牧业、渔业分别减少了3.68、0.20个百分点（表4-1）。

图4-7 样本县（旗）经济总量变化情况

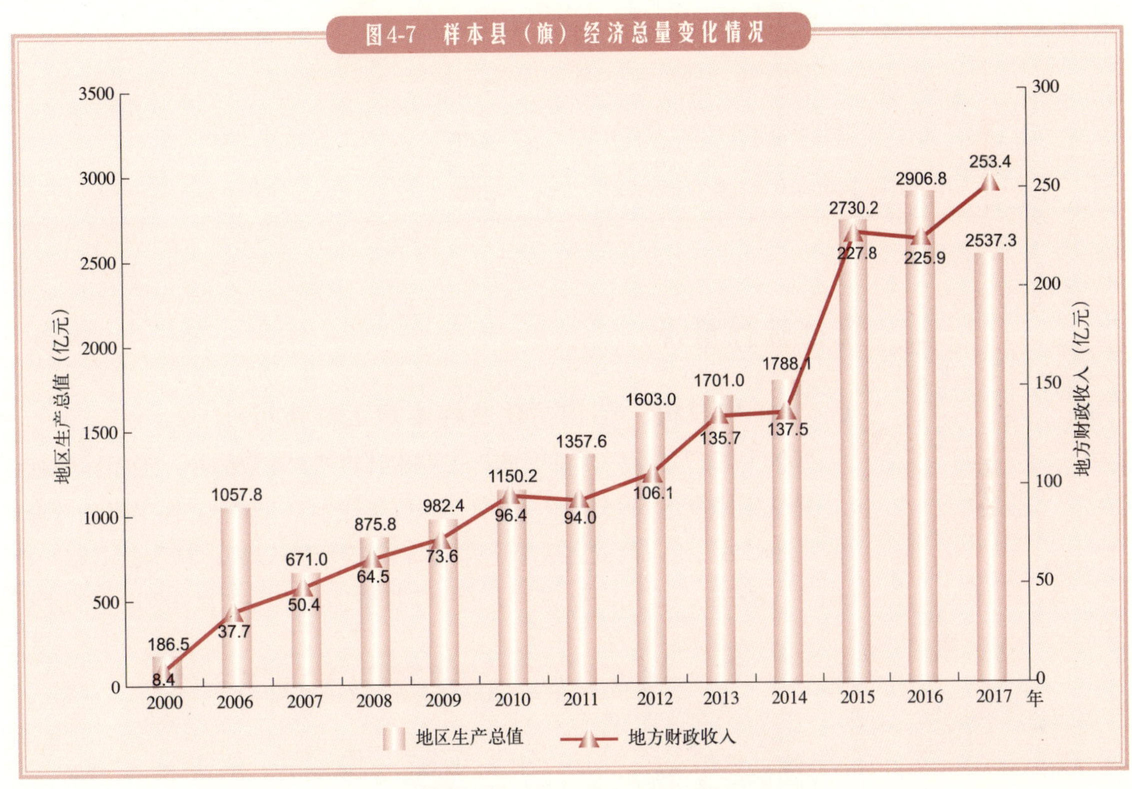

表4-1 样本县（旗）大农业产值内部结构

指标	各业所占比例（%）				
	种植业	林业	畜牧业	渔业	农林牧渔服务业
2000年	48.43	6.69	43.91	0.97	NA
2016年	52.63	9.07	36.27	0.70	1.34
2017年	50.34	7.16	40.23	0.77	1.50
2017年比2016年增减百分点	−2.29	−1.91	3.96	0.07	0.16
2017年比2000年增减百分点	1.91	0.47	-3.68	−0.20	NA

注：NA表示不可用。

2000－2017年，样本县（旗）地区经济结构不断调整优化，第一产业比例大幅下降，第二产业比例有所上升，第三产业比例上升明显。2017年，样本县（旗）三产业比例分别为13.3%、48.67%和38.04%。与2016年相比，第一产业下降0.67个百分点，第二产业下降1.77个百分点，第三产业上升2.45个百分点；与2000年相比，第一产业下降46.71个百分点，第二产业上升9.61个百分点，第三产业上升37.11个百分点（表4-2）。

表4-2 样本县（旗）产业结构 %

指　标	第一产业	第二产业	第三产业
2000年	60.01	39.06	0.93
2016年	13.97	50.44	35.59
2017年	13.30	48.67	38.04
2017年比2016年增减百分点（个）	−0.67	−1.77	2.45
2017年比2000年增减百分点（个）	−46.71	9.61	37.11

二 政策执行情况

（一）工程投资、结构变化及样本户工程执行

2000－2017年，样本县（旗）工程累计投资156.57亿元，工程计划总投资161.64亿元，投资完成率达到96.86%。其中，2017年样本县（旗）工程实际总投资11.5亿元，规划总投资11.6亿元，投资完成率达99.48%。自2000年以来，样本县（旗）投资完成率始终保持在80%以上的水平，其中，近10年投资完成率保持在90%以上的水平（图4-8）。

图4-8 样本县（旗）工程投资情况

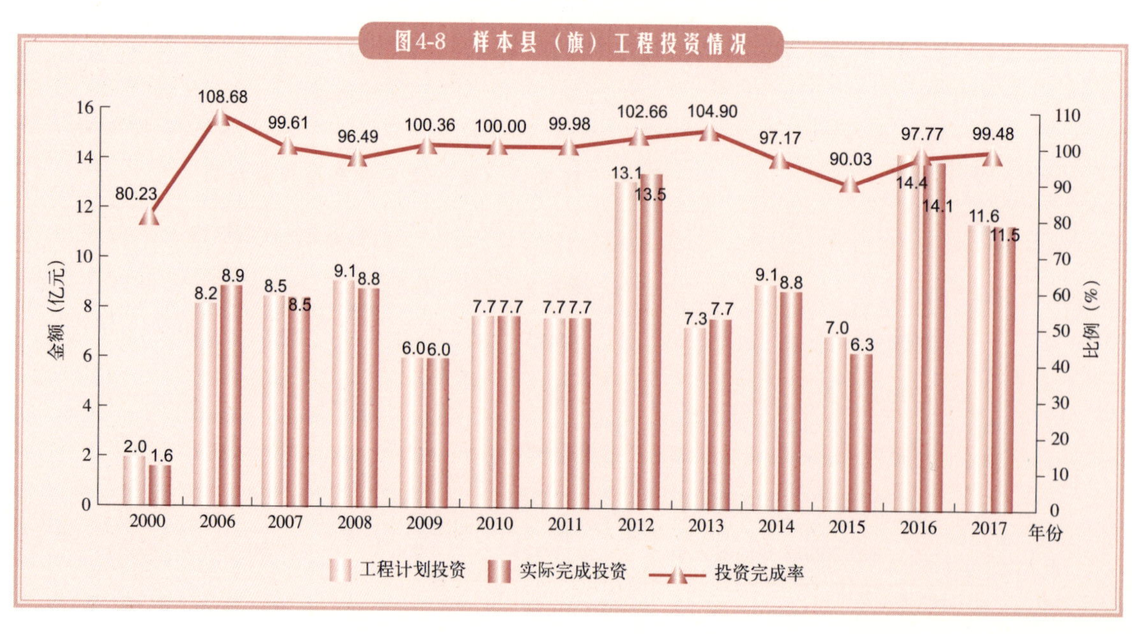

2017年，户均累计纳入国家禁牧草地面积、当年禁牧草地面积均有所下降，其中户均累计纳入国家禁牧草面积为1201亩，相对于2016年减少了315.25亩，减幅为20.79%；当年禁牧草地面积为1200亩，相对于2016年减少了230.2亩，减幅为16.10%。户均累计围栏封育面积保持不变，户均累计退耕还林面积、累计荒山荒沙造林面积、累计京津风沙源造林面积均有所增加，其中户均累计京津风沙源造林面积增加最多，增加面积为7492亩（表4-3）。

表4-3　样本户工程执行情况

指　标	单位	2017年	2016年	2017年比2016年增减比例（%）
1.累计纳入国家禁牧草地面积	亩	1201.00	1516.25	−20.79
其中：当年禁牧草地面积	亩	1200.00	1430.20	−16.10
2.累计围栏封育面积	亩	500.00	500.00	0
其中：当年围栏封育面积	亩	0	0	0
3.累计退耕还林面积	亩	11440.11	4484.68	155.09
其中：新一轮退耕还林面积	亩	294.30	63.20	365.66
4.累计荒山荒沙造林面积	亩	5530.13	3573.23	54.77
其中：当年荒山荒沙造林面积	亩	0	9.00	−100.00
5.累计京津风沙源造林面积	亩	11025.66	3533.66	212.02
其中：当年京津风沙源造林面积	亩	572.00	782.50	−26.90

2015－2017年，工程投资结构有所调整。2017年，工程总投资11.51亿元，其中，林业、农业、水利和易地搬迁投资占比分别为44.94%、10.36%、13.72%和30.97%。与2016年相比，林业投资上升19.00个百分点，农业、水利和易地搬迁投资分别下降了6.38、3.00、9.63个百分点；与2015年相比，林业和易地搬迁投资分别上升6.06、16.81个百分点，农业和水利投资分别下降了5.89、17.00个百分点（表4-4）。

表4-4　工程投资结构

指　标	各业所占比例（%）			
	林业	农业	水利	易地搬迁
2015年	38.88	16.25	30.72	14.16
2016年	25.94	16.74	16.72	40.60
2017年	44.94	10.36	13.72	30.97
2017年比2016年增减百分比	19.00	−6.38	−3.00	−9.63
2017年比2015年增减百分比	6.06	−5.89	−17.00	16.81

（二）林草植被建设

2017年，样本县（旗）京津工程计划荒山荒（沙）地造林面积75446.63公顷，其中计划人工造林28833公顷，实际完成荒山荒（沙）地造林74958.93公顷，人工造林28833公顷，工程完成率分别为99.35%和100.00%。2014年启动的新一轮退耕还林工程，实现造林9992.70公顷，规划完成率为91.85%。

造林方式上，2017年样本县（旗）计划飞播造林1333公顷，无林地和疏林地新封山育林24933.63公顷，实际飞播造林1333公顷，无林地和疏林地新封山育林24933.63公顷，任务完成率均为100.00%（表4-5）。

表4-5　样本县（旗）林草植被建设

指　标	规划（公顷）	实际（公顷）	规划完成率（%）
荒山荒（沙）地造林面积	75446.63	74958.93	99.35
其中：人工造林	28833.00	28833.00	100.00
飞播造林	1333.00	1333.00	100.00
无林地和疏林地新封山育林	24933.63	24933.63	100.00
新一轮退耕还林（2014年启动）	10879.40	9992.70	91.85

（三）水利建设

水利治理主要采用水源工程建设、节水灌溉、小流域综合治理等三项措施。2000－2017年，样本县（旗）累计完成水源工程建设43.94千处、节水灌溉32.77千处，小流域综合治理面积55.85万公顷。其中，2017年样本县（旗）完成水源工程建设737处、节水灌溉712处，小流域综合治理面积2.38万公顷，规划完成率均达到100.00%（图4-9）。

图4-9　样本县（旗）水利治理情况

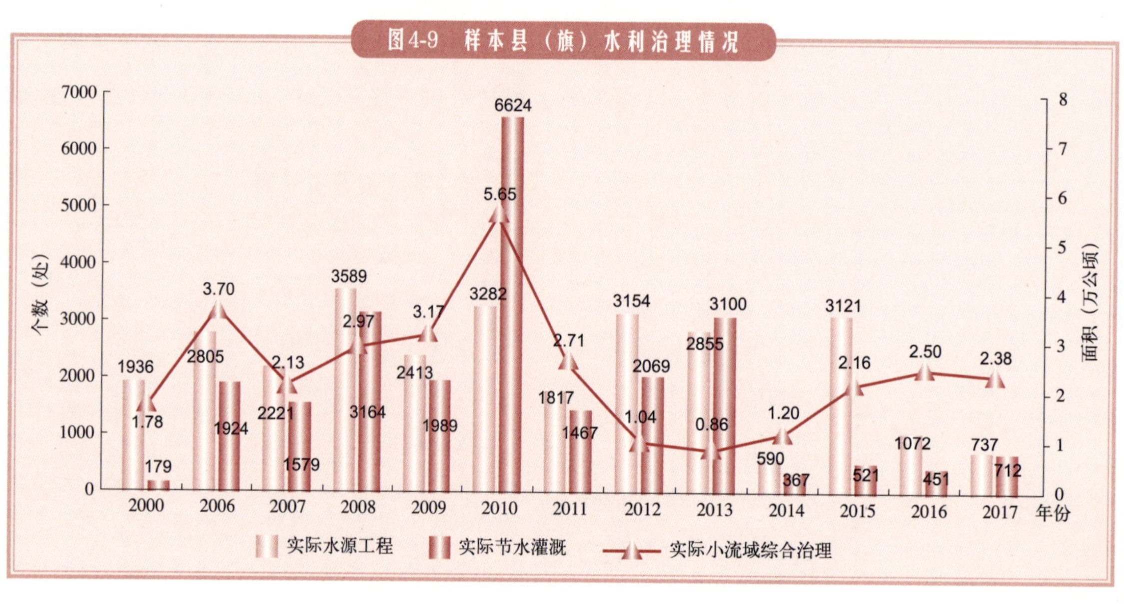

（四）沙化土地与水土流失治理情况

工程固沙方面，截至2017年年底，样本县（旗）累计完成沙化土地治理141.51万公顷，水土流失治理169.97万公顷，沙化草地治理137.92万公顷。其中，当年完成治理面积分别为3.02万公顷、2.00万公顷和2.13万公顷（表4-6）。

（五）草地资源开发利用

草地资源开发利用主要采取人工种草、围栏封育、基本草场建设、草种基地建设、暖棚、贮草棚、饲料机械和青贮窖等。2017年，样本县（旗）完成人工种草9466.20公顷，围栏封育96332.30公顷，基本草场建设3333.30公顷，草种基地建设266.70公顷，暖棚建设673765.30平方米，贮草棚41066.60平方米，饲料机械188套和青贮窖108500.00立方米。除青贮窖建设完成率为64.78%，其余计划完成率均为100.00%或大于100.00%（表4-6）。

表4-6　样本县（旗）草地资源开发利用

指　标	计　划	实　际	计划完成率（%）
人工种草（公顷）	9466.26	9466.20	100.00
围栏封育（公顷）	96332.30	96332.30	100.00
基本草场建设（公顷）	3333.30	3333.30	100.00
草种基地（公顷）	266.70	266.70	100.00
暖棚（平方米）	673765.30	673765.30	100.00
贮草棚（平方米）	33066.60	41066.60	124.19
饲料机械（套）	188	188	100.00
青贮窖（立方米）	167500.00	108500.00	64.78

（六）易地搬迁

2002－2017年，样本县（旗）实际易地搬迁（即原一期工程生态移民）累计7.76万人。其中，2017年易地搬迁8370人，规划完成率为100%（图4-10）。

三　工程建设成效

（一）生态成效

1．生态环境改善

2006－2009年，农作物受灾面积呈上升趋势，2009年农作物受灾面积为89.03万公顷，相比2006年增长74.09%。2009－2017农作物受灾面积持续快速下降，2017年农作物受灾面积为19.34万公顷，相比2009年下降78.28%，相比2006年下降62.18%（图4-11）。

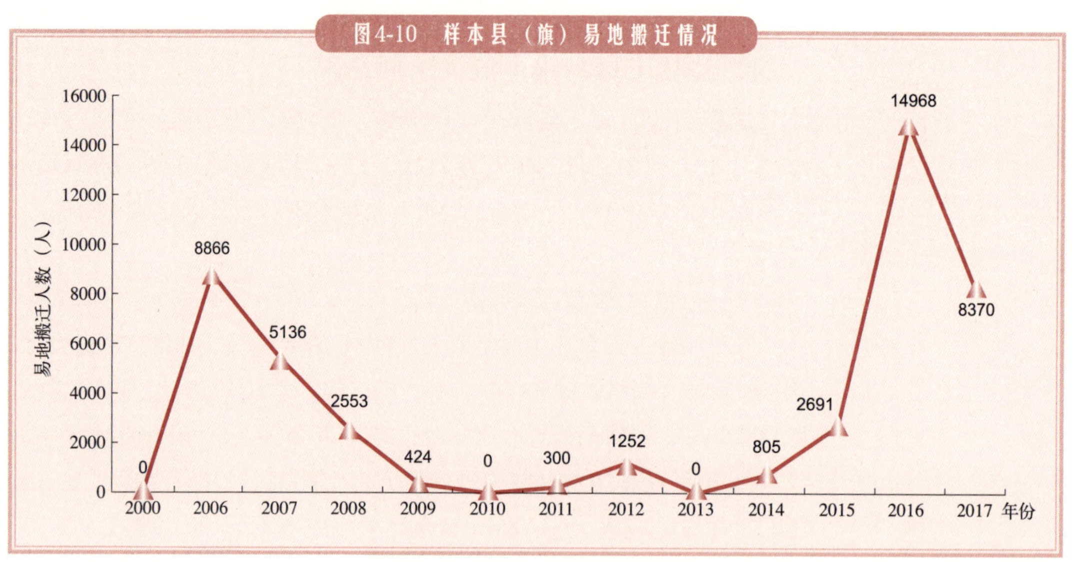

图4-10 样本县（旗）易地搬迁情况

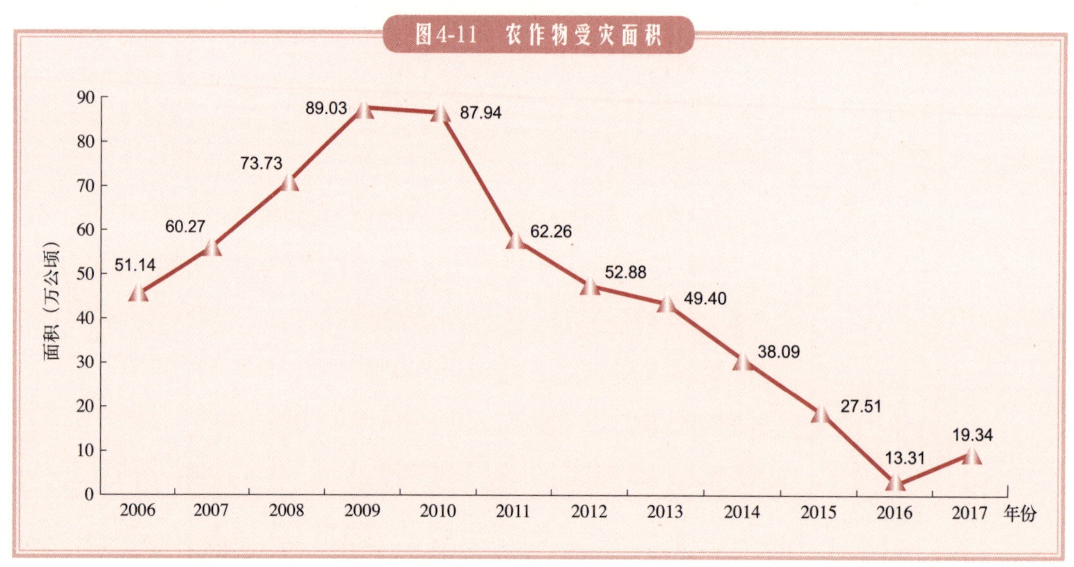

图4-11 农作物受灾面积

2．气候变化

2000－2017年，样本县（旗）扬沙日数与次数逐年下降。其中，2017年扬沙日数为79天，共84次。相比2000年，扬沙日数减少134天，下降了62.91%；扬沙次数减少了143次，下降了62.99%（图4-12）。

3．森林和草地资源变化

2000－2017年，样本县（旗）有林地面积和森林蓄积量总体上保持增长态势。2017年，样本县（旗）有林地面积235.8万公顷，与2016年相比，减少了8.0万公顷，减少了3.28%；与2000年相比，增加了74.1万公顷，增长了45.83%。2017年，样本县（旗）森林蓄积量9812.0万立方米，与2016年相比，增加了710.6万立方米，增长了7.81%；与2000年相比，增加了4511.5万立方米，增长了85.11%（图4-13）。

图4-12 样本县（旗）扬沙日数与次数

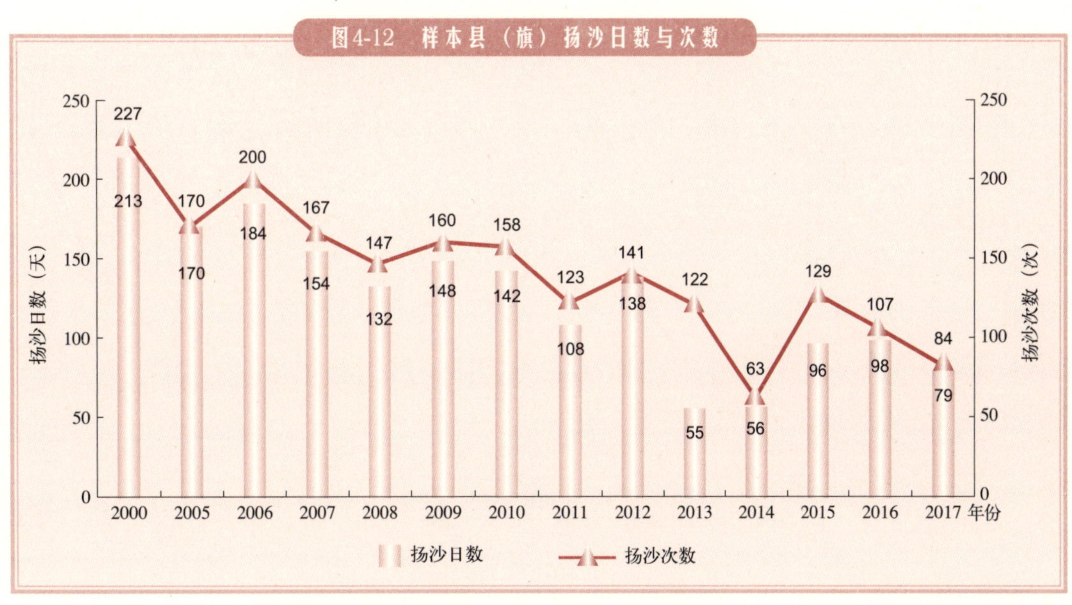

图4-13 样本县（旗）森林资源

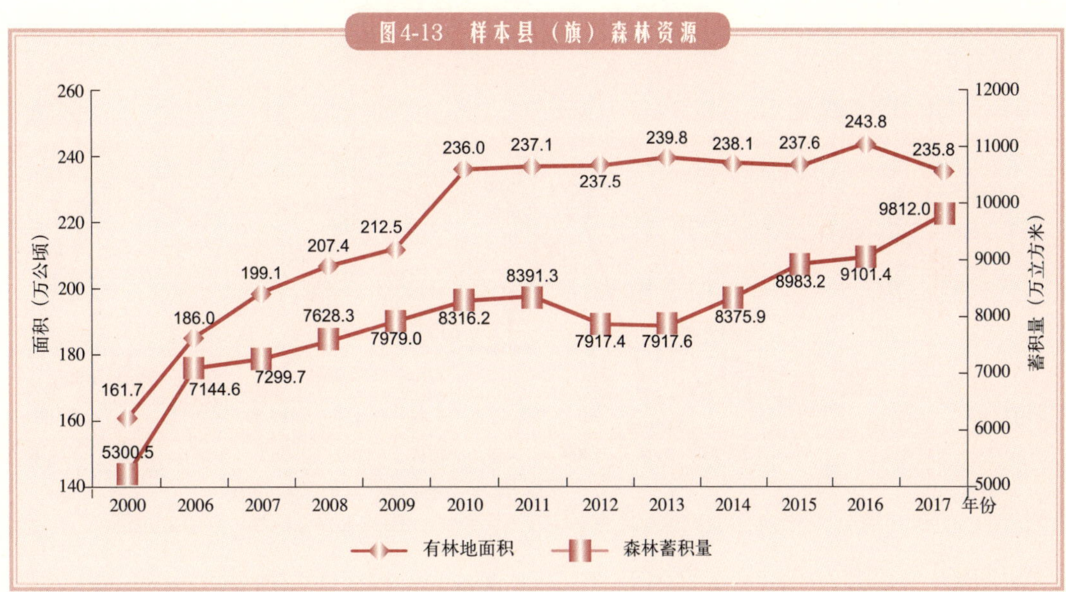

4．造林面积变化

2000－2017年，样本县（旗）造林面积总体上呈增长趋势。2017年，样本县（旗）造林面积9.41万公顷，相比2016年，减少0.4万公顷，减少了4.07%；相比2000年，增加5.96万公顷，增长了172.98%（图4-14）。

5．林业生产变化

2006－2017年，样本县（旗）年末实有封山（沙）育林（草）面积持续上升，社会治沙造林种草面积基本保持稳定。截至2017年年底，样本县（旗）累计封山育林面积860.85万公顷，累计治沙造林种草面积141597.18公顷。其中，2017年封山育林68.93万公顷，相比2006年，增长了40.86%（图4-15）。

图4-14 样本县（旗）造林面积变化

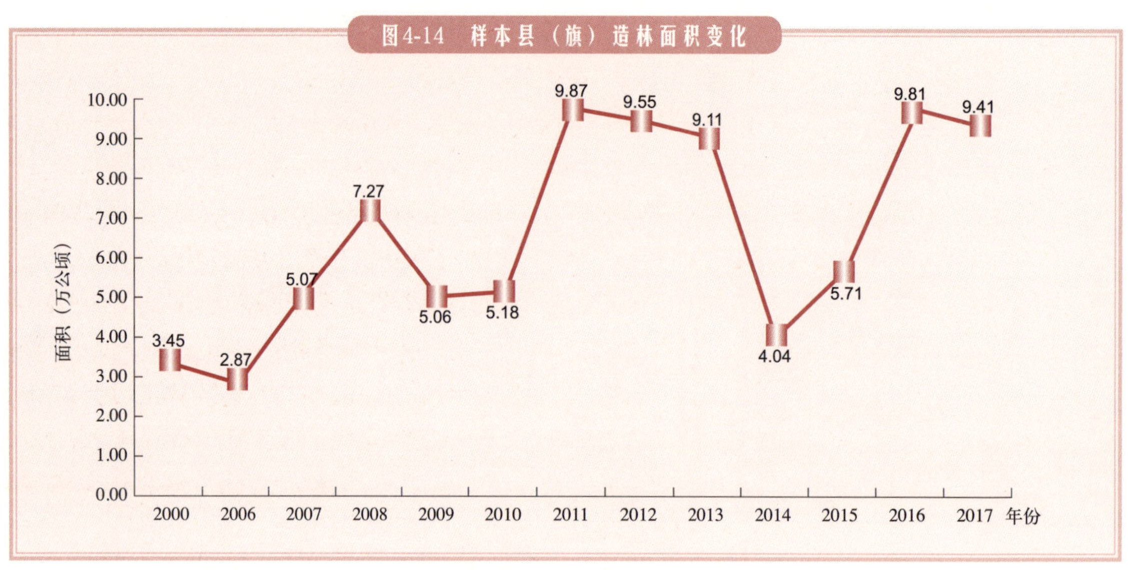

图4-15 林业生产变化

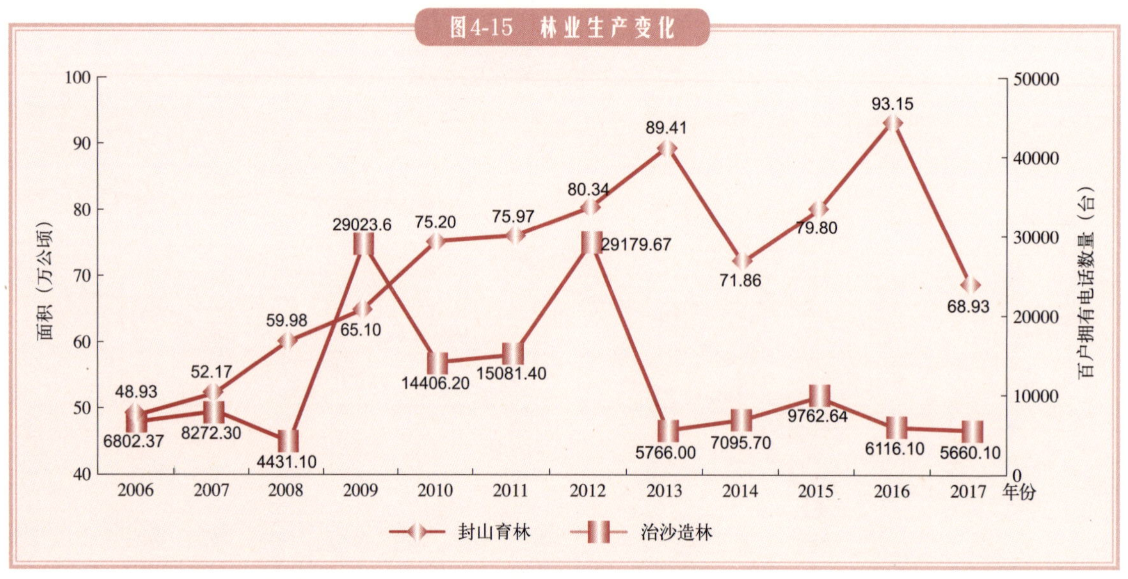

（二）社会经济效益

1．有效灌溉面积减少，牲畜存栏头数增加

2006－2017年，样本县（旗）县均有效灌溉面积波动中有所减少，牲畜存栏头数波动中有所增加，其中羊存栏头数基本保持稳定。2017年县均有效灌溉面积约14528.67公顷，比2006年相比，减少约4448.28公顷，2015年县均有效灌溉面积波动较大；2017年县均大小牲畜存栏头数约86.5万头，与2006年相比，增加约35.64万头，2015年县均大小牲畜存栏头数波动较大；2017年样本县县均羊存栏头数约36.79万头，与2006年相比，增加约5.05万头（图4-16）[①]。

① 县均有效灌溉面积、大小牲畜存栏头数等指标自2006年开始监测。

图4-16 样本县（旗）农地面积及县年末畜牧

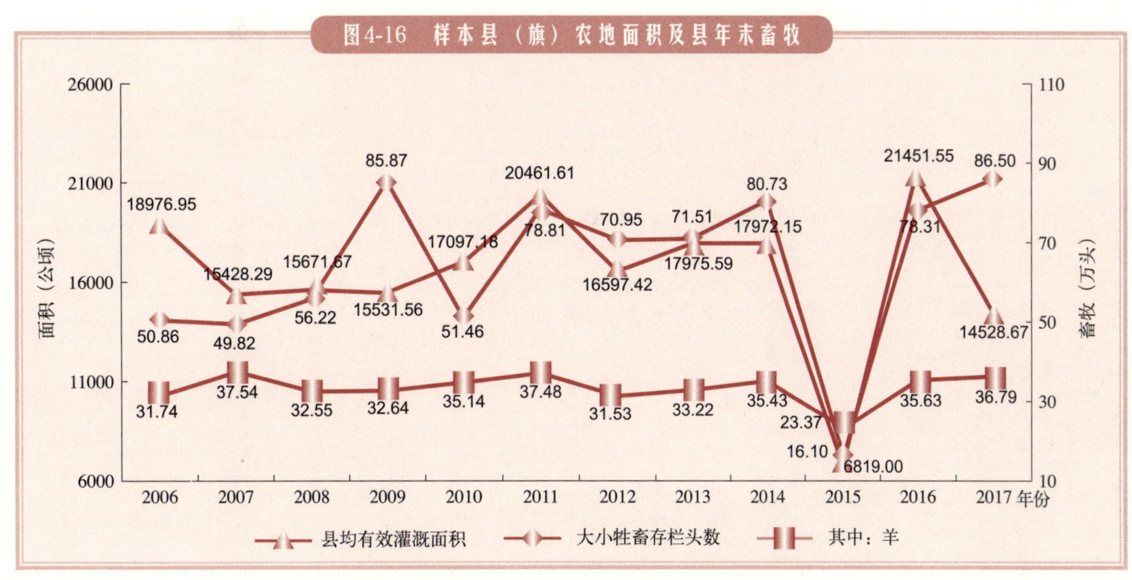

图4-17 样本县（旗）农村低收入人口

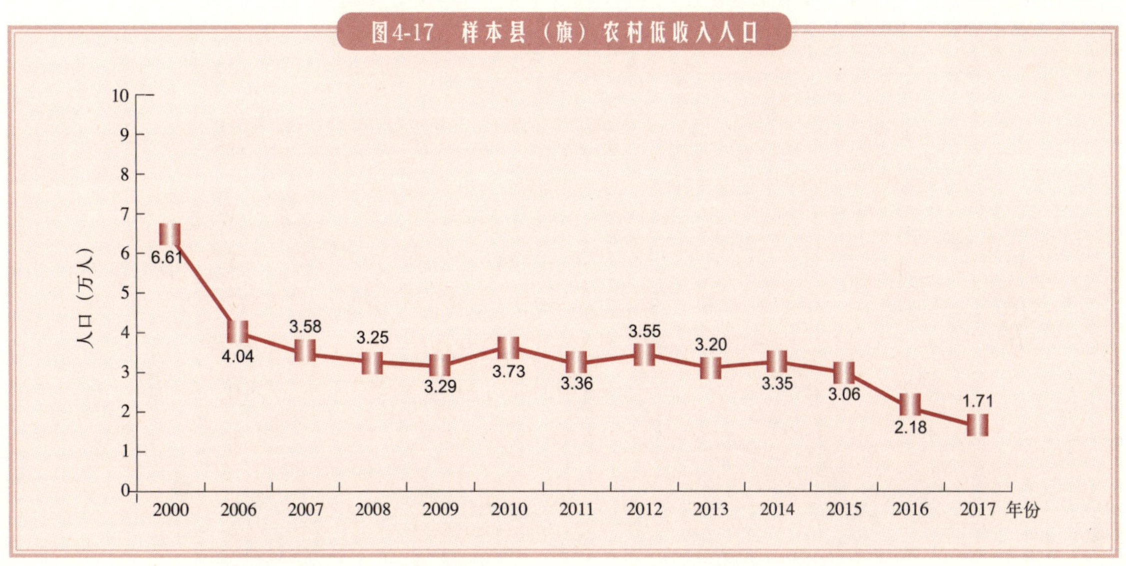

2．农村低收入人口持续下降

2000－2017年，样本县（旗）县均农村低收入人口保持下降趋势。2017年县农村低收入人口约1.71万人，与2000年相比，减少约4.90万人（图4-17）。

3．农户家庭生产生活条件持续改善

2000－2017年，样本户家庭生产工具不断升级，耐用消费品量质同升。2017年，户均生产用房13.19平方米，汽车、大棚和拖拉机生产工具的百户拥有量分别达16台、128.60平方米和12台，户均生产用房比2016年增长了4.52%，汽车、大棚分别比2016年增长了60%、197.69%，拖拉机的百户拥有量比2016年减少了7.69%。与2000年相比，户均生产用房面积变化不大，百户拥有大棚面积、百户拖拉机拥有量和百户汽车拥有量分别是2000年的16.08倍、4倍和8倍，其中百户拥有大棚面积增长最大（图4-18）。

图4-18 样本户耐用消费品情况

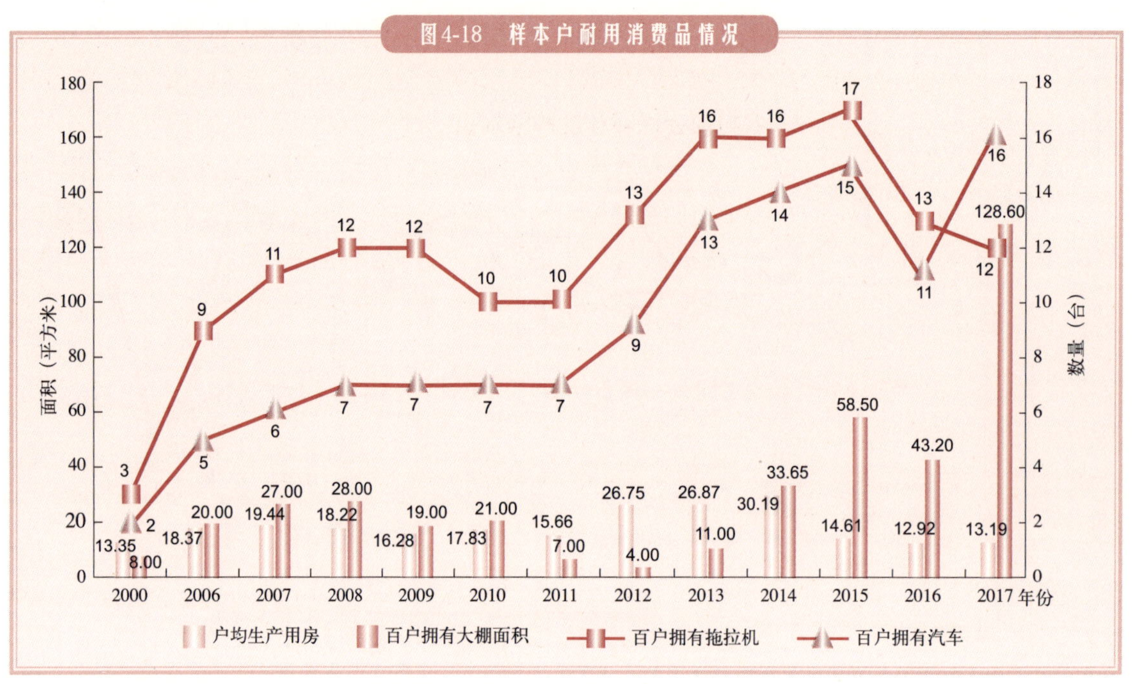

图4-19 样本户耐用消费品情况

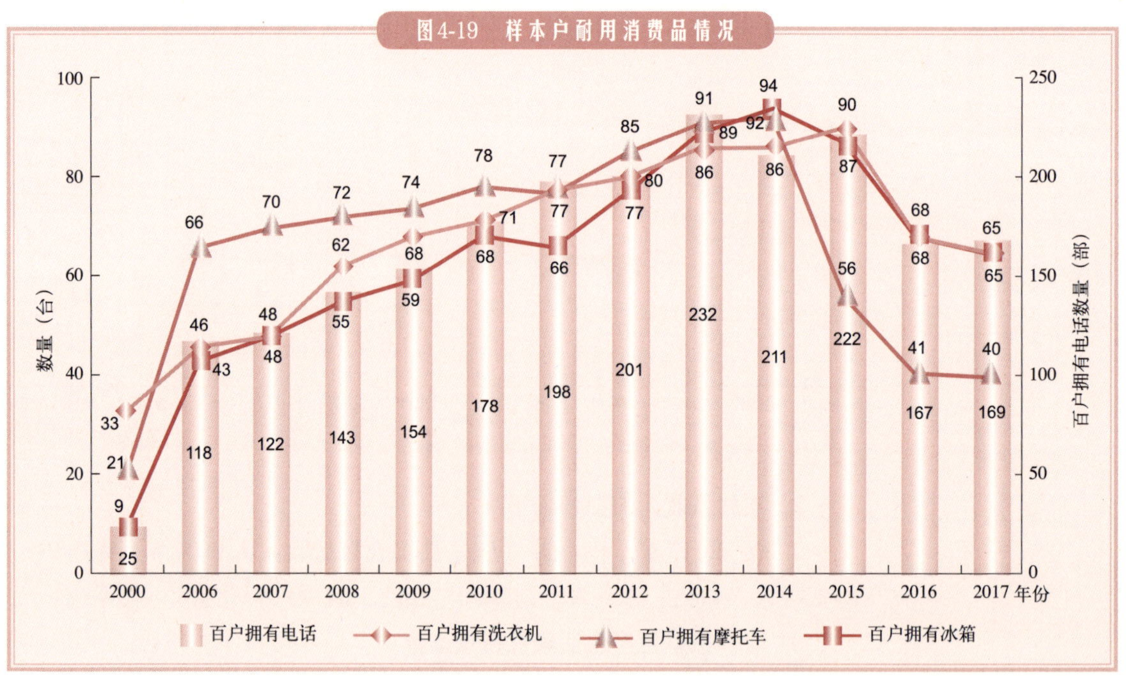

2000－2017年，冰箱、洗衣机、摩托车和电话等家庭耐用消费品数量个别年份有波动，总体呈增长趋势。2017年，百户拥有冰箱、洗衣机、摩托车和电话分别为65台、65台、40台和169部，与2016年相比，百户拥有洗衣机、冰箱、摩托、电话分别减少了28.57%、25.29%、39.39%和26.52%。与2000年相比，百户拥有洗衣机、摩托车、冰箱和电话分别增长了96.97%、90.48%、622.22%和576%（图4-19）。

自2000年以来，计算机和互联网技术逐步走进农村，农户计算机拥有量持续攀升。2017年，百户拥有计算机24台，比2016年增长了50%，比2000年增长了1100%（图4-20）。

4．农村社会保障程度持续加强

2005－2017年，样本县（旗）农村医疗卫生条件持续改善，其中县均参加农村社会养老保险人数持续增加，参加农村合作医疗人数从2013年开始有小幅下降，农村合作医疗卫生所数目基本保持稳定，农村医生和卫生员数有上升趋势。2017年，样本县（旗）县均参加农村社会养老保险人数约13.02万人，与2005年相比，增加约12.23万人；2017年参加农村合作医疗人数约15.95万人，农村医生和卫生员数约532人，与2005年相比，增加约204人（图4-21）。

图4-20　百户拥有计算机情况

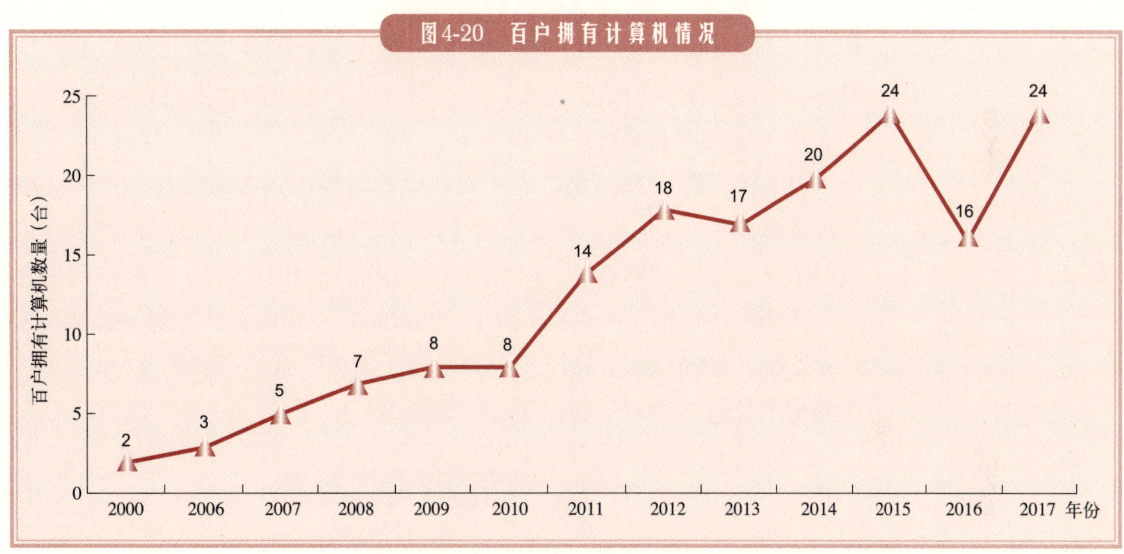

图4-21　样本县（旗）农村社会保障

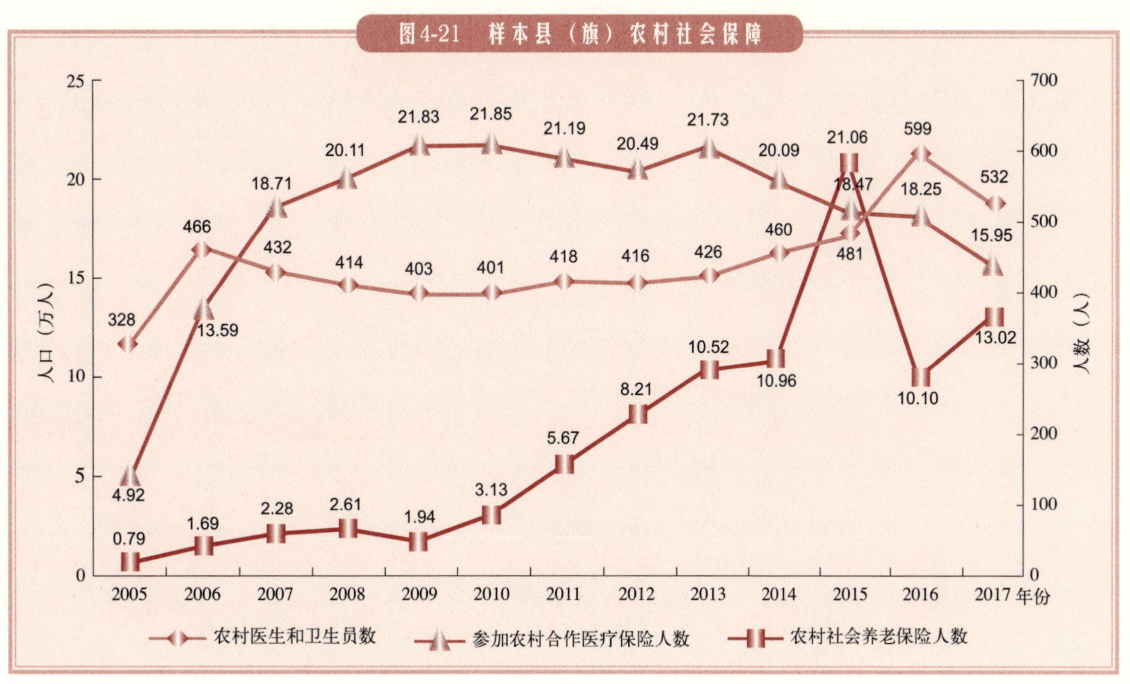

5. 农户总收入基本保持稳定

2012－2017年，样本户的户均总收入基本保持稳定，其中工资性收入占比保持稳定，转移性收入占比有所下降，经营性收入占比有所上升。2017年样本户户均收入约23960.42元，与2012年相比，增加3391.88元；2017年样本户工资性收入占总收入比例约70%，转移性收入占比约10%，经营性收入占比约18%。与2012年相比，工资性收入占总收入比例减少5%，转移性收入占比减少1%，经营性收入占比增加6%（图4-22）[①]。

6. 农户信贷方式多样化

2017年，户均个人信贷1222元，金融机构信贷（包括银行贷款、信用合作社小额信贷和其他）6882元，金融机构信贷超个人信贷463.18%。户均银行贷款、信用合作社小额信贷和其他金融机构信贷分别为2866元、3936元和80元，占比35.37%、48.57%和0.99%，信用合作社小额信贷占金融机构信贷方式的57.19%，成为仅次于银行贷款的金融机构信贷方式，成为现今农户信贷的热点（图4-23）。

7. 粮食亩产量攀升

自京津工程实施以来，农户农业生产条件得到普遍改善，工程区粮食作物亩产量持续攀升[②]，在提高了自身粮食生产能力的同时，对京津风沙源地区的可持续发展做出了重大贡献。2000年，户均粮食作物播种面积19.5亩，户均粮食作物产量2232.50斤，户均粮食作物亩产量114.49斤。2017年，户均粮食作物播种面积为8.66亩，户均粮食作物产量为11094.38斤，户均粮食作物亩产量高达1281.11斤。2017年户均粮食作物亩产量超出2000年的10.19倍（图4-24）。

图4-22 样本户户均收入

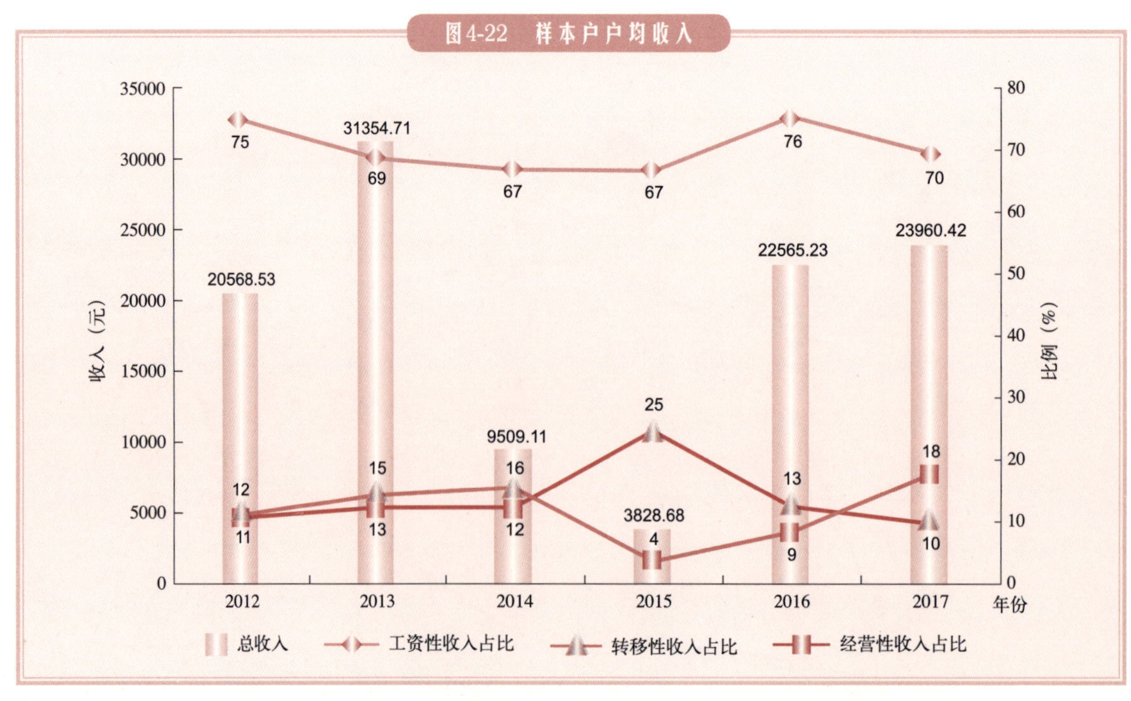

① 总收入、工资性收入、转移性收入、经营性收入等指标自2012年开始统计。

② 2014年情况特殊，2014年亩产下降是由于粮食作物受灾严重。

图4-23 样本户信贷情况

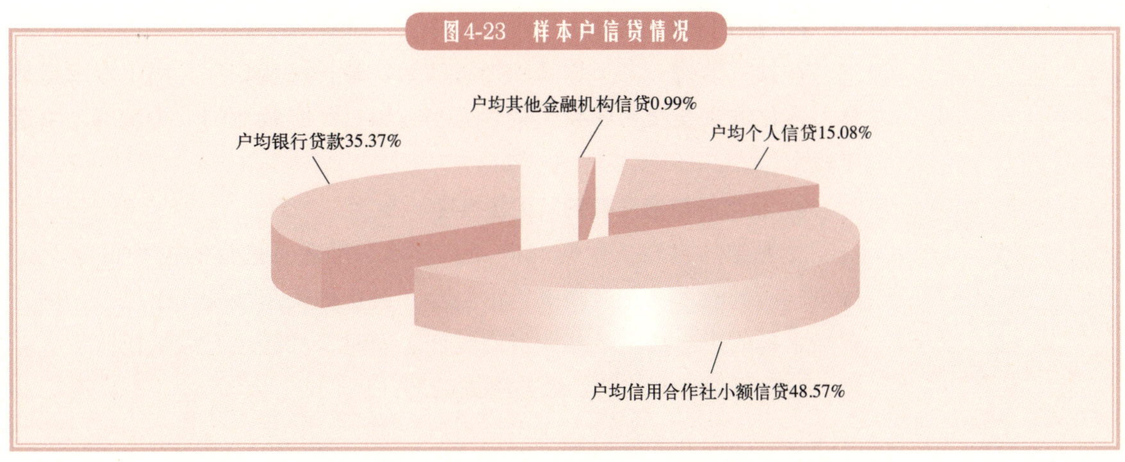

图4-24 户均粮食作物亩产量情况

四 问题与建议

（一）主要问题

1．工程实施方式不利于吸引贫困户等主体参与

“改善民生和建设小康社会”是二期工程实施的背景需求。按照工程建设与管理现状，目前，京津工程主要依靠招投标机制来确定工程实施主体，这存在两个方面的问题：一是林权制度改革后，林地到户，招投标机制对此关注不足，难以将个体林地所有者纳入工程主体；二是按照精准扶贫思路，林业建设工程应最大限度地吸纳贫困户参与，有利于快速增加贫困户的收入，但目前的招投标方式并没有对帮助贫困农户参与工程作出安排。

2. 管护经费不足

在投资结构上，工程管理经费缺乏，管护经费缺项，尚未形成造林、管林、营林一体化的资金投入体系。特别是当前项目区畜牧业的大力发展，给造林管护带来了较大压力。

3. 低效林改造没有纳入工程内容

受恶劣的自然条件影响很大，京津工程区可选择的树种很少，营造大规模的柠条、沙棘灌木林，对消灭荒山荒沙、遏止地表起沙发挥了很大作用，但沙棘、柠条灌木林的生态经济效益相对比较低。同时，沙区还有大量杨树“小老树”濒临死亡，这些低效林分的防护效益逐渐减弱。

（二）政策建议

1. 完善工程实施方式，建立扶贫衔接机制

改进项目实施方式，多形式确定工程建设主体；制定治沙扶贫政策，鼓励贫困农户参与工程建设。建议国家出台政策，放活机制，采取招投标、询价等多形式确定施工主体，也可采取购买式造林的办法完成造林任务；制定治沙扶贫政策，将精准扶贫户纳入工程实施主体。

2. 加大资金投入，完善管护经费配套

建议进一步优化投资结构，加大管护管理资金投入力度，确保造一片、成一片，实现区域造林数量与质量的同步提升。将低效林改造纳入建设内容，并给予相应的配套资金支持。

3. 优化林分结构，开展气候适应性研究

加大项目区造林树种结构调整力度，促进项目区造林由单一树种向多树种转变。加大项目区过熟林、残次林的改造力度，栽植一定数量的针叶树等，形成乔灌、针阔混交林分，发挥可持续的防护效益。同时，密切关注气候变化和水资源利用对京津工程的长期影响，开展京津工程气候适应性研究，从技术、政策等方面做好准备，巩固京津工程建设成果。

（主要执笔人：王兰会　谢晨　贾阳　程傲　任兆妍）

野生动植物保护及自然保护区建设工程

野生动植物保护及自然保护区建设工程社会经济效益监测报告[①]

2017年，是开展野生动植物保护及自然保护区建设工程（以下简称“保护区工程”）社会经济效益监测的第12年，继续对原有40个样本保护区和65个样本村实施监测。样本农户数量，与2016年相比，增加4户。原因是安徽天马国家级自然保护区千坪村增补2户、吉林向海国家级自然保护区富国村增补1户、贵州梵净山国家级保护区河坎村增补1户，共计增加4户样本农户。2017年度纳入分析范围的样本农户数量为649户。

本次监测继续采取定点跟踪监测的方法，利用保护区调查表和村调查表收集监测数据。另外，对无法通过指标量化的内容，继续通过保护区调查问卷和农户调查问卷方式加以补充说明。向每个样本保护区管理局领导发放保护区调查问卷1份，共发放问卷40份，收回问卷40份；向每个样本村发放农户调查问卷10份，共发放问卷649份，收回问卷649份。

一 样本保护区与样本村基本情况

（一）样本保护区基本情况

1. 土地面积略有增加

2017年，40个样本保护区土地总面积443.91万公顷。从功能区划来看，保护区的核心区、缓冲区、实验区面积分别占保护区土地总面积的36.44%、18.90%和44.66%。从土地权属来看，国有土地、集体土地面积分别占80.89%和19.11%；保护

① 个别样本保护区对个别数据进行了修正，本报告中某些数据与往年监测报告中的数据不一致。

区获得土地使用权面积占保护区土地总面积的44.90%。与2016年相比，样本保护区土地总面积减少56457.9公顷。其中，核心区面积减少6754.2公顷，缓冲区面积减少13731.4公顷；实验区面积减少35972.3公顷；国有土地面积减少30464.11公顷，集体土地面积减少25993.79公顷；保护区获得土地使用权面积减少452991.07公顷。样本保护区土地面积及功能区划变动的原因主要是：2017年，重庆大巴山国家级自然保护区面积减少20267公顷①，河北小五台山国家级自然保护区面积增加4867公顷②，宁夏六盘山国家级自然保护区面积减少41057.9公顷③（表5-1）。

表5-1　2017年样本保护区面积调整情况　　公顷

变化类型	重庆大巴山国家级自然保护区			河北小五台山国家级自然保护区			宁夏六盘山国家级自然保护区		
功能区类型	核心区	缓冲区	试验区	核心区	缓冲区	试验区	核心区	缓冲区	试验区
增加面积				2544		4932.1			
减少面积	6600.3	7359.3	6307.4		2609.1		2697.9	3763	34597
合计		−20267			4867			−41057.9	

2．职工收入持续增长

2017年，40个样本保护区共有在岗职工（包括企业职工）5241人，年人均工资63090.89元；离退休人员3375人，年人均生活费35805.01元。与2016年相比，地方各级政府实施政策性调资、绩效工资的发放等原因，在岗职工年人均收入增长19.12%；离退休人员增加101人，人均生活费增长6.19%。

3．区内人口数量继续减少

2017年，样本保护区内共有149个乡（镇）489个行政村，居住82574户338992人。其中，居住在核心区人口24332人，占总人口的7.18%；缓冲区人口58423人，占比17.23%；实验区人口256237人，占比75.59%。与2016年相比，2个保护区内乡镇数量发生变化，调整为149个；1个样本保护区内行政村数量发生变化，调整为489个。样本保护区人口数量较2016年减少0.82%，其中，核心区内人口数量减少510人，缓冲区人口减少661人，实验区人口减少1615人。主要原因：宁夏六盘山国家级自然保护区重新落界后区内已无乡镇、行政村；青海孟达国家级自然保护区在环保督查后对区内人口进行重新统计，其实验区人口减少；贵州麻阳河国家级自然保护区在2016年对区内人口进行重新统计，核心区、缓冲区、实验区人口减少等。

4．地方财政收入有所增长

2017年，样本保护区所在行政区的国内生产总值（现价）7804.46亿元，地方财

① 依照国办函〔2016〕90号《国务院办公厅关于调整河北小五台山等5处国家级自然保护区的通知》。

② 按照国办函〔2015〕138号《国务院办公厅关于调整河北昌黎黄金海岸等6处国家级自然保护区的通知》。

③ 依照环保督查整改要求调整。

政收入1524.80亿元，与2016年相比，国内生产总值（现价）减少18.31%，地方财政收入增长7.28%。

（二）样本村基本情况

2017年，样本村65个，其中，区内村28个，区外村37个。

1．土地总面积和划入保护区的土地面积有所增加

2017年，65个样本村土地总面积29.27万公顷，其中，划入保护区的面积14.09万公顷。与2016年相比，样本村土地面积增加1025.33公顷，增长0.35%，划入保护区面积增加1761.98公顷，增加1.27%（表5-2）。有5个样本村土地面积有所变化：河北小五台山国家级自然保护区金河口村村土面积因高速占地由367公顷调整为313公顷；重庆大巴山国家级自然保护区东升村因重新调查测量村面积有所增加，由原来1049.7公顷调整为2800公顷；南滚河国家级自然保护区团结村因村委会范围调整村面积由4165公顷调整为3474公顷；甘肃敦煌西湖国家级自然保护区二墩村因外来人口增加扩增村面积，由原来的500公顷调整为517公顷；青海孟达国家级自然保护区来塘村因重新测量村面积由4698.04公顷调整为4701.07公顷。有8个保护区因重新测量使得划入保护区土地增加，分别是安徽升金湖国家级自然保护区联合村划入保护区面积由292.1公顷调整为470公顷；安徽天马国家级自然保护区千坪村有1148公顷调整为1155公顷；福建武夷山国家级自然保护区桐木村由13947.2公顷调整为14048.5公顷；江西井冈山国家级自然保护区大井村由157.93公顷调整为242.6公顷；山东长岛国家级自然保护区南庄村由242公顷调整为380公顷；重庆大巴山国家级自然保护区东升村由856.9公顷调整为1833.56公顷；四川卧龙国家级自然保护区卧龙关村由97.13公顷调整为123.48公顷；贵州梵净山国家级自然保护区大园址村由570.6公顷调整为600.7公顷。

表5-2　2017年样本村土地情况　　公顷，%

土地类型	总面积	占比例	划入自然保护区	
			面积	占总面积比例
村土地总面积	292726.82	100.00	140911.80	48.14
其中：耕地	15882.31	5.43	2623.59	16.52
林地	150545.42	51.43	93506.49	62.11
草场	114752.00	39.20	40527.20	35.32
水面	4843.81	1.65	3295.13	68.03
其他土地	6703.28	2.29	959.39	14.31

2．户数和人口数量均有增加

2017年，65个样本村共有22625户84001人。其中，区内村有7037户25437人，区外村有15588户58564人。与2016年相比，样本村的户数和人口数量分别增长

1.95%和0.78%。其中，有4268户15963人在保护区内。

3．劳动力总量增加

2017年，65个样本村共有劳动力46077人，占村总人口的54.85%。与2016年相比，样本村劳动力总量减少0.02%。其中，区内村增加931人，增长6.73%，区外村增加1513人，增长5.06%。

2017年，样本村共有外出务工人数21653人，占劳动力总量的46.99%。其中，常年外出务工人数13725人，季节性外出务工人数7928人。与2016年相比，样本村外出务工人数增加232人。样本村外出打工人均收入1.68万元。其中，区内村打工人均收入1.17万元，区外村打工人均收入1.03万元，比2016年分别增长0.86%和28.75%（表5-3）。

表5-3　样本村外出打工情况

指　标	样本村总计	区内村			区外村		
		2016年	2017年	增减（%）	2016年	2017年	增减（%）
外出务工人数(人)	21653	5501	5461	−0.73	15920	16192	1.71
外出打工收入(万元)	23071.41	6388.4	6373.3	−0.24	12160.03	16698.11	37.32
人均打工收入(万元)	1.68	1.16	1.17	0.86	0.8	1.03	28.75

二　工程实施进展

（一）工程投资与使用情况

2017年，样本保护区工程计划总投资38810.61万元，其中，中央投入占78.86%，地方配套资金占21.14%。与2016年相比，计划投资增长60.38%。

从资金到位情况看，2017年，样本保护区投资实际到位34730.61万元，到位率89.49%，比2016年降低2.47个百分点。

从投资完成情况来看，2017年，样本保护区投资完成率60.79%，比2016年下降32.09个百分点。其中，中央投入资金完成率下降34.89个百分点，地方配套资金降低22.84个百分点（表5-4）。

表5-4　2017年40个样本保护区工程投资与使用情况　　万元

项目	计划投资	实际到位	实际完成	资金到位率（%）	投资完成率（%）
总投资	38810.61	34730.61	21112.78	89.49	60.79
其中：中央投入	30605.30	26605.30	15400.31	86.93	57.88
地方配套	8205.31	8125.31	5712.47	99.02	70.30

图5-1 样本保护区工程资金支出结构比例

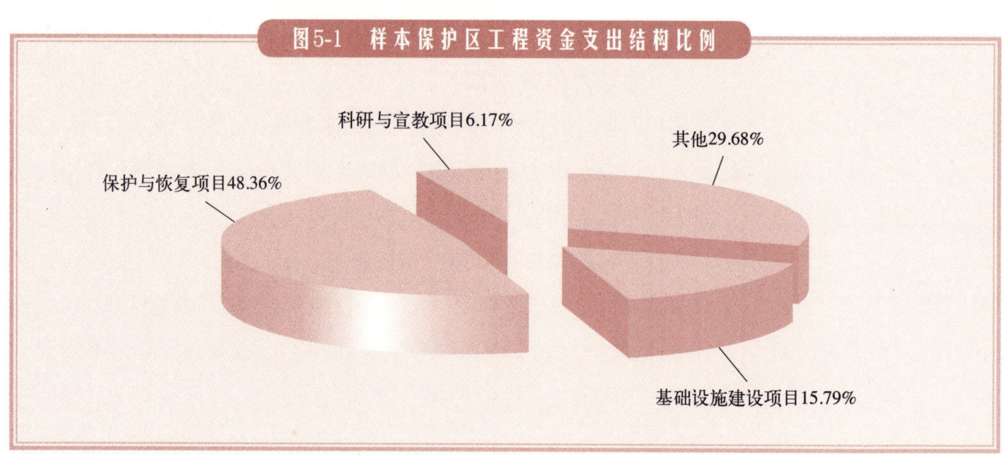

从投资结构来看，保护与恢复项目为工程重点建设内容。2017年，40个样本保护区保护与恢复项目、科研与宣教项目、基础设施建设项目、其他投资项目实际完成投资分别为10209.36万元、1303.17万元、3333.33万元、6266.92万元，其中，保护与恢复项目占实际完成投资额的接近五成，比例最大（图5-1）。与2016年相比，保护与恢复项目占比提高5.60个百分点，基础设施项目、科研与宣传项目占比分别下降5.91个百分点和4.65个百分点。

（二）工程建设情况

2017年，样本保护区工程建设主要内容如下。

保护与恢复设施建设方面，新增栖息地改良343.3公顷，新开设防火隔离带17千米，围栏6.2千米，珍稀植物苗圃5.5公顷，防护林（草）带119千米，界碑69个，界桩1887个，标牌1183个。

科研与监测设施建设方面，新建生态定位站2处，土建面积190平方米；气象观测站2处，土建面积20平方米；水文、水质监测站7处，土建面积350平方米；固定样地44个，固定样线17千米。

基础设施建设方面，共新建管护码头3个，人工洞穴2个，巡护步道13千米，科研用房500平方米，管理局（分局、所）用房648平方米。

三 工程产生的生态、社会和经济效益

（一）生态效益

1. 野生动植物物种种群数量有所增加

2017年，有12个样本保护区通过专项调查等方式，新记录到野生动物27种108只（头）（表5-5）。其中，国家一级重点保护动物2种3只（头）；国家二级重点保护野生动物6种9只（头）（表5-6）。其中，山西历山国家级自然保护区开展了鸟类

表5-5 2017年样本保护区新纪录野生动物种类数量情况

保护区名称	野生动物种类（种）	发现方式
吉林长白山国家级自然保护区	3	专项调查
河北小五台山国家级自然保护区	1	其他
山东黄河三角洲国家级自然保护区	1	巡护
山西历山国家级自然保护区	11	专项调查
河南宝天曼国家级自然保护区	1	红外相机拍摄
湖北后河国家级自然保护区	1	专项调查
湖南莽山国家级自然保护区	1	专项调查
广东南岭国家级自然保护区	2	其他
广东湛江红树林国家级自然保护区	1	专项调查
四川卧龙国家级自然保护区	1	红外相机拍摄
宁夏六盘山国家级自然保护区	2	其他
甘肃白水江国家级自然保护区	2	红外相机拍摄

表5-6 2017年样本保护区新纪录国家一、二级重点保护野生动物情况　只，头

保护区名称	野生动物名称	保护等级	数量	发现方式
湖北后河国家级自然保护区	林麝	国家一级	2	专项调查
广东湛江红树林国家级自然保护区	东方白鹳	国家一级	1	专项调查
吉林长白山国家级自然保护区	猛鸮	国家二级	未统计	专项调查
山西历山国家级自然保护区	灰脸鵟鹰	国家二级	1	专项调查
河南宝天曼国家级自然保护区	灰林鸮	国家二级	1	红外相机
四川卧龙国家级自然保护区	白腹锦鸡	国家二级	2	红外相机
宁夏六盘山国家级自然保护区	毛冠鹿	国家二级	2	
甘肃白水江国家级自然保护区	藏雪鸡	国家二级	3	红外相机

专项调查，共发现保护区内鸟类150种，其中新记录11种27只，其他10个样本保护区共计新记录到野生动物16种81只（头）；有5个样本保护区新记录到野生植物12种（表5-7），其中，湖北后河国家级自然保护区发现1种中国植物新种，命名为鄂西商陆。

表5-7 2017年样本保护区新纪录野生植物情况

保护区名称	新纪录野生植物种类（种）	发现方式
吉林长白山国家级自然保护区	4	巡护
湖北后河国家级自然保护区	1	专项调查
湖南莽山国家级自然保护区	5	专项调查
贵州麻阳河国家级自然保护区	1	其他
陕西太白山国家级自然保护区	1	巡护

2017年，有24个样本保护区开展了47项专项调查。其中，已完成并对外公布结果的有3项。从调查结论看，保护区内野生动植物生存环境不断改善，物种种类略有增加。江西井冈山国家级自然保护区观察到82种，1000余只繁殖期鸟类；广东湛江红树林国家级自然保护区越冬水鸟种类、数量稳定；青海青海湖国家级自然保护区能较好掌控自然保护区内自然资源整体变化状况，做到生态预测及保护重点调整。

从样本保护区通过野外安装红外相机记录到的野生动物活动情况看，证实区内野生动物种类、数量呈增加趋势。2017年，有27个样本保护区通过红外相机共观测到629种野生动物，有74种野生动物数量较往年有所增加，有61种野生动物出现的频率较往年有所增加。

2．珍稀濒危野生动物人工繁育、野化培训和放归等工作有序进行

2017年，吉林长白山国家级自然保护区等3个样本保护区新建69处濒危野生动物应急投喂措施，江苏大丰麋鹿国家级自然保护区等2个样本保护区扩建4处应急投喂设施；云南南滚河国家级自然保护区等样本2个保护区新建2处濒危野生动物拯救基地，面积达123.3公顷。

2017年，有10个样本保护区对16种珍稀濒危野生动物进行人工繁育，共计繁育成功309只（头）（表5-8），其中，国家一级重点保护野生动物8种，繁育成功148只（头）；有3个样本保护区对5种珍稀濒危野生动物实施野化培训（其中，国家一级2种，国家二级2种），共计培训15只（头）（表5-9）；有4个样本保护区对11种珍稀濒危野生动物实施放归自然（其中，国家一级1种，国家二级3种），共计放归173只（头）（表5-10）。对珍稀濒危野生动物人工繁育和放归自然共计投入资金250.3万元，其中，中央投入210万元，占投资总额的83.90%。突破珍稀濒危人工繁育技术有3种。

表5-8　2017年样本保护区珍稀濒危野生动物人工繁育情况　　只，头

保护区名称	野生动物名称	保护等级	数量
吉林向海国家级自然保护区	丹顶鹤	国家一级	32
	孔雀	国家二级	5
	鸳鸯	国家二级	2
	白琵鹭	国家二级	6
	赤麻鸭		4
河北小五台山国家级自然保护区	褐马鸡	国家一级	8
山东黄河三角洲自然保护区	灰雁		110
	翘鼻麻鸭		32
江苏大丰麋鹿国家级自然保护区	麋鹿	国家一级	42
湖南莽山国家级自然保护区	莽山烙铁头蛇		10
广西大瑶山国家级自然保护区	鳄蜥	国家一级	9
	大鲵	国家二级	0
云南西双版纳国家级自然保护区	亚洲象	国家一级	1
贵州梵净山国家级自然保护区	黔金丝猴	国家一级	2
四川卧龙国家级自然保护区	大熊猫	国家一级	42
青海青海湖国家级自然保护区	普氏原羚	国家一级	13
合计			309

表5-9　2017年样本保护区珍稀濒危野生动物野化培训情况　　只，头

保护区名称	野生动物名称	保护等级	数量
吉林向海国家级自然保护区	丹顶鹤	国家一级	8
四川卧龙国家级自然保护区	大熊猫	国家一级	3
贵州梵净山国家级自然保护区	白鹭	国家二级	2
	鼬獾		1
	藏酋猴	国家二级	1
合计			15

表5-10　2017年样本保护区珍稀濒危野生动物野外放归情况　　只，头

保护区名称	野生动物名称	保护等级	数量
四川卧龙国家级自然保护区	大熊猫	国家一级	2
山东黄河三角洲国家级自然保护区	灰雁		110
	翘鼻麻鸭		32
湖南莽山国家级自然保护区	莽山烙铁头蛇		10
	藏酋猴	国家二级	1
贵州梵净山国家级自然保护区	红腹角雉		7
	猴面鹰		2
	果子狸		1
	猫头鹰	国家二级	5
	松鼠		1
	苍鹰	国家二级	2
合计			173

3．野生动物救护、治愈放归种类有所增加

2017年，23个样本保护区共救护野生动物67种506只（头），救护治愈野生动物43种209只（头）。其中，救护国家一级重点保护野生动物10种222只（头），国家二级重点保护野生动物21种87只（头），国家“三有”及其他野生动物36种197只（头）；治愈国家一级重点保护野生动物8种11只（头），国家二级重点保护野生动物18种70只（头），国家“三有”及其他野生动物17种128只（头）（表5-11）。

2017年，17个样本保护区对37种103只（头）野生动物实施救护后放归。其中，国家一级重点保护野生动物5种7只（头）；国家二级重点保护野生动物15种71只（头）（表5-12）。

2017年，样本保护区野生动物救护投入资金186.8万元，其中，中央投入80万元，地方投入94.1万元，其他投入12.7万元。在23个开展野生动物救护的样本保护区中有10个样本保护区未获得相关的资金投入。

表5-11　2017年样本保护区救护国家一级、二级重点保护野生动物情况　　只，头

名称	救护数量	治愈数量	保护等级	名称	救护数量	治愈数量	保护等级
中华秋沙鸭	1	1	国家一级	猫头鹰	9	8	国家二级
梅花鹿	1	0	国家一级	灰鹤	3	3	国家二级
白鹤	2	2	国家一级	秃鹫	3	2	国家二级

（续）

名称	救护数量	治愈数量	保护等级	名称	救护数量	治愈数量	保护等级
东方白鹳	2	2	国家一级	大天鹅	2	2	国家二级
麋鹿	210		国家一级	燕隼	1	0	国家二级
巨蜥	1	1	国家一级	疣鼻天鹅	2	0	国家二级
大熊猫	1	1	国家一级	雕	1	1	国家二级
金雕	1	1	国家一级	苍鹰	3	2	国家二级
黑鹳	1	1	国家一级	斑头鸺	2	2	国家二级
普氏原羚	2	2	国家一级	凤头鹰	1	1	国家二级
红腹角雉	7	7	国家二级	小天鹅	2	2	国家二级
小熊猫	1	1	国家二级	毛冠鹿	1	1	国家二级
黑熊	1	1	国家二级	豹猫	3	3	国家二级
虎纹蛙	40	30	国家二级	猕猴	1	1	国家二级
果子狸	1	1	国家二级	藏酋猴	2	2	国家二级

表5-12　2017年样本保护区救护治愈放归国家一级、二级重点保护野生动物情况　只，头

名称	放归数量	保护等级	名称	放归数量	保护等级
中华秋沙鸭	1	国家一级	猫头鹰	7	国家二级
白鹤	2	国家一级	灰鹤	3	国家二级
东方白鹳	2	国家一级	秃鹫	2	国家二级
巨蜥	1	国家一级	苍鹰	4	国家二级
金雕	1	国家一级	松雀鹰	14	国家二级
小天鹅	2	国家二级	红角	18	国家二级
豹猫	3	国家二级	雀鹰	5	国家二级
藏酋猴	1	国家二级	雕	2	国家二级
红腹角雉	7	国家二级	斑头鸺	1	国家二级
果子狸	1	国家二级	凤头鹰	1	国家二级

4．极小种群野生植物保护稳步推进

2017年，样本保护区继续通过就地保护、近地保护和建设回归种群等方式开展极小种群野生植物保护工作。吉林长白山国家级自然保护区发现东北岩高兰等4种极小种群野生植物，湖南莽山国家级自然保护区发现皱果安息香等5种极小种群野生植物。截至2017年年底，样本保护区共计有97种极小种群野生植物。样本保护

区对区内41种极小种群野生植物实施拯救，其中，30种列入《国家重点保护野生植物名录》。

2017年，有9个样本保护区极小种群野生植物为实施拯救与恢复投入资金93.6万元，其中，中央投入73.6万元，占投入总额的78.63%。

从保护与恢复的成效看，2017年，14个样本保护区反映有极小种群野生植物得到了有效保护。其中，有3个样本保护区反映种群数量有所增加，分别是河南宝天曼国家级自然保护区大果青杆、秦岭冷杉、红豆杉，广东湛江红树林国家级自然保护区木榄、秋茄、红海榄，四川攀枝花苏铁国家级自然保护区云南梧桐；有2个样本保护区反映种群数量稳定，分别是湖南莽山国家级自然保护区南岭叠鞘兰、湖广杜鹃及云南南滚河国家级自然保护区翠柏、三棱栎；有2个样本保护区对区内极小种群野生植物进行了野外回归，分别是海南霸王岭国家级自然保护区葫芦苏铁、海南东寨港国家级自然保护区红榄李；河北小五台山国家级自然保护区通过建立近地保护样地、营造新的生境等保护了小五台柴胡的生境；有2个样本保护区通过繁育，极小种群野生植物逐步得到恢复，分别是浙江九龙山国家级自然保护区九龙山榧、伯乐树、长序榆、连香树和梵净山石斛，贵州梵净山国家级自然保护区山豆根；有2个样本保护区通过开展巡护监测、宣传、管理，生境得到有效保护，分别是安徽天马国家级自然保护区大别山五针松、宁夏白芨滩国家级自然保护区沙冬青。

5．野生动物栖息地受到威胁和干扰的情况有所减缓

2017年，有23个样本保护区反映区内野生动物受到人为活动、牲畜活动、道路、桥梁等建筑建设等方面的威胁和干扰。有22个样本保护区已采取措施对保护区内野生动物栖息地进行保护，其中，辽宁医巫闾山国家级自然保护区建立18个保护站、4个管理处、管理局24小时值班看守；四川攀枝花苏铁国家级自然保护区限期拆除进入保护区红线范围内的建筑设施，并进行生态修复。

从采取措施后的效果看，与2016年相比，在受到威胁和干扰的因素上，18个样本保护区反映有所减少，3个样本保护区保持不变，1个样本保护区受到威胁和干扰的因素消失；在受到威胁和干扰的程度上，4个样本保护区没有变化，15个样本保护区由中等强度变为弱等强度，3个样本保护区未受到威胁和干扰。

共有26个样本保护区对区内野生动物栖息地“碎片化”现象进行反馈，其中有11个样本保护区内仍存在“碎片化”现象，15个样本保护区已不存在“碎片化”现象。

6．林业有害生物防治力度仍需加大

2017年，19个样本保护区发现林业有害生物59种。在林业有害生物种类上，与2016年相比，2个样本保护区有害生物种类增加，6个样本保护区有所减少，其余样本保护区保持不变；在林业有害生物发生规模上，与2016年相比，2个样本保护区发生规模扩大，8个样本保护区规模减小，其余样本保护区保持不变。

因林业有害生物的发生，8个样本保护区反映共计造成死树约13375株，其中，国家二级重点保护野生植物200株。损失材积约137.4立方米，直接经济损失达271.8万元。

2017年，投入林业有害生物防治资金783.2万元，其中，中央投入328.94万元。主要用于购买防治设备、开展有害生物监测等。

2017年，样本保护区新建县级防治站（点）1个。国家级防治站共计投入建站资金70万元，为中央财政投入；县级防治站（点）共计投入建站资金278.5万元。其中，中央财政60万元，省级财政119万元，市级财政27.5万元，县级财政2万元，保护区自筹70万元。

7. 野生动物疫源疫病防控成效明显

2017年，9个保护区出现13起共计215只（头）野生动物死亡情况，其中，正常死亡2起，意外死亡11起。四川卧龙国家级自然保护区发生蛴虫病，死亡斑羚21头（表5-13）。

2017年，23个样本保护区野生动物疫源疫病防控资金投入150.75万元，其中，中央投入68万元，占投资总额的45.11%。资金主要用于维持监测站的日常工作和购置监测设备。

在重点区域监测防控方面，2017年，有33个样本保护区进行了反馈，其中11个保护区表示监测覆盖率达100%；8个保护区表示在90%～99%之间；4个保护区表示在80%～89%之间；3个保护区表示在70%～79%之间；7个保护区表示在69%以下。与2016年相比，覆盖率100%和80%～89%之间的保护区数量有所增加，分别增加2个和1个，覆盖率在70%～79%之间和69%以下的保护区数量减少，分别减少1个和2个，覆盖率在90%～99%的保护区数量不变。

表5-13　2017年样本保护区野生动物死亡情况

保护区名称	野生动物名称	数量（只）	死亡原因	是否检测出病毒
山东黄河三角洲国家级自然保护区	疣鼻天鹅	2	降落时撞击电线	否
	豆雁	5	疑似投毒	否
河南宝天曼国家级自然保护区	灰腹绿锦蛇	1	被车压死	否
江苏大丰麋鹿国家级自然保护区	麋鹿	150	正常死亡	否
安徽升金湖国家级自然保护区	豆雁	20	中毒	否
	小天鹅	2	中毒	否
广东湛江红树林国家级自然保护区	池鹭	2	正常死亡	否
	白鹭	2	暴风雨致幼鸟死亡	否
广西大瑶山国家级自然保护区	猕猴	1	外伤致死	否
贵州麻阳河国家级自然保护区	黑叶猴	1	疑似摔伤致死	否
	猪獾	1	疑似被其他动物咬伤致死	否

（续）

保护区名称	野生动物名称	数量（只）	死亡原因	是否检测出病毒
四川卧龙国家级自然保护区	斑羚	21	螨虫病	否
青海青海湖国家级自然保护区	棕头鸥亚成体	7	气候骤变	否

2017年，在主动预警方面共有17个样本保护区开展了主动预警工作。其中9个样本保护区建立了41个预警站。黑龙江南瓮河国家级自然保护区、安徽升金湖国家级自然保护区、海南东寨港国家级自然保护区、四川卧龙国家级自然保护区和青海青海湖国家级自然保护区等5个样本保护区主动采集20种易感物种，共计3634份样品进行检测。

8．森林质量提升，湿地恢复面积有所增加

2017年，样本保护区内共有林业用地240.68万公顷。有5个样本保护区林业用地面积因保护区面积调整或者重新测量发生变动，其中，面积增加的是河北小五台山国家级自然保护区、重庆大巴山国家级自然保护区、四川卧龙国家级自然保护区，分别增加了4867公顷、11.09公顷、17529.71公顷；面积减少的是宁夏六盘山国家级自然保护区、新疆托木尔峰国家级自然保护区，分别减少了33072.30公顷、113885.13公顷。样本保护区有林地面积109.66万立方米。其中，有6个样本保护区有林地地面积因保护区面积调整或者重新测量发生变动，其中，面积增加的是河北小五台山国家级自然保护区、重庆大巴山国家级自然保护区、四川卧龙国家级自然保护区，分别增加了4240.00公顷、51.60公顷和24735.39公顷；面积减少的是江苏大丰麋鹿国家级自然保护区、宁夏六盘山国家级自然保护区、新疆托木尔峰国家级自然保护区，分别减少了200.00公顷、27137.70公顷和4073.32公顷。样本保护区活立木蓄积量为14574.94万立方米，其中，森林蓄积量14243.18万立方米。

湿地保护方面，2017年，样本保护区内新增湿地恢复面积500公顷。工程实施以来样本保护区已累计恢复湿地25445公顷，比2016年增加2.00%。

2017年，37个样本保护区对森林覆盖率进行反馈，与2016相比，有6个保护区反映森林覆盖率有变化，其中，4个有所提高，分别提高16.33个、0.2个、0.3个、23.1个百分点，2个有所降低。森林覆盖率降低的样本保护区是重庆大巴山国家级自然保护区和四川卧龙国家级自然保护区。其中，重庆大巴山国家级自然保护区因保护区面积调整森林覆盖率由原来90%降低到83.4%，降低了6.6个百分点；四川卧龙国家级自然保护区因2017年完成区内林地变更调查重新测量由56.7调整为53.1，降低了3.6个百分点。

9．候鸟数量略有增加，极端天气仍有不同程度发生

2017年，样本保护区内候鸟数量达578.23万只，比2016年增长1.11%。从候鸟种类变化看，与2016年相比，有2个保护区反映种类增加，分别增加5种、1种，其他保护区候鸟种类没有变化。

2017年，样本保护区全年平均发生大风天气27天，与2016年持平。全年平均发生沙暴天气12天，与2016年持平。发生火灾3次，受害森林面积5.98公顷，与2016年相比，发生次数减少6次，受害面积减少了40.97%。

2017年，样本村灾害仍有不同程度发生，共遭受旱灾26次、洪涝灾害26次、病虫害20次以及其他灾害3次，受灾面积分别为24545.30公顷、1223.30公顷、1152.80公顷和38.60公顷。与2016年相比，洪涝灾害、其他灾害各减少1次，旱灾增加了3次。

（二）社会效益

1. 带动就业人员数量进一步增加

2017年，样本保护区带动社会就业人员59033人。其中，依托工程实施实现就业人员11924人，依托保护区创收项目就业人员18243人，依托保护区社会上开展经济活动就业人员28866人。与2016年相比，就业人数增长3.10%。其中，依托保护区社会上开展经济活动就业人数减少6.34%，依托工程实施和依托保护区创收项目就业人数增长，分别增长34.29%、3.91%（图5-2）。按就业领域分，2017年，依托保护区从事旅游服务人数30553人，经营服务9229人，种植4728人，养殖4319人，工业生产1796人，其他8408人（图5-3）。与2016年相比，从事旅游服务和经营服务、养殖、种植的人数有所增加，分别增长1.89%、8.47%、6.01%、18.20%，从事工业生产、其他行业就业人数分别减少0.44%和5.35%。

从样本村居民依托保护区就业的情况看，2017年，65个样本村共有4707人依托保护区实现就业。其中，区内村2173人，区外村2534人。与2016年相比，样本村依

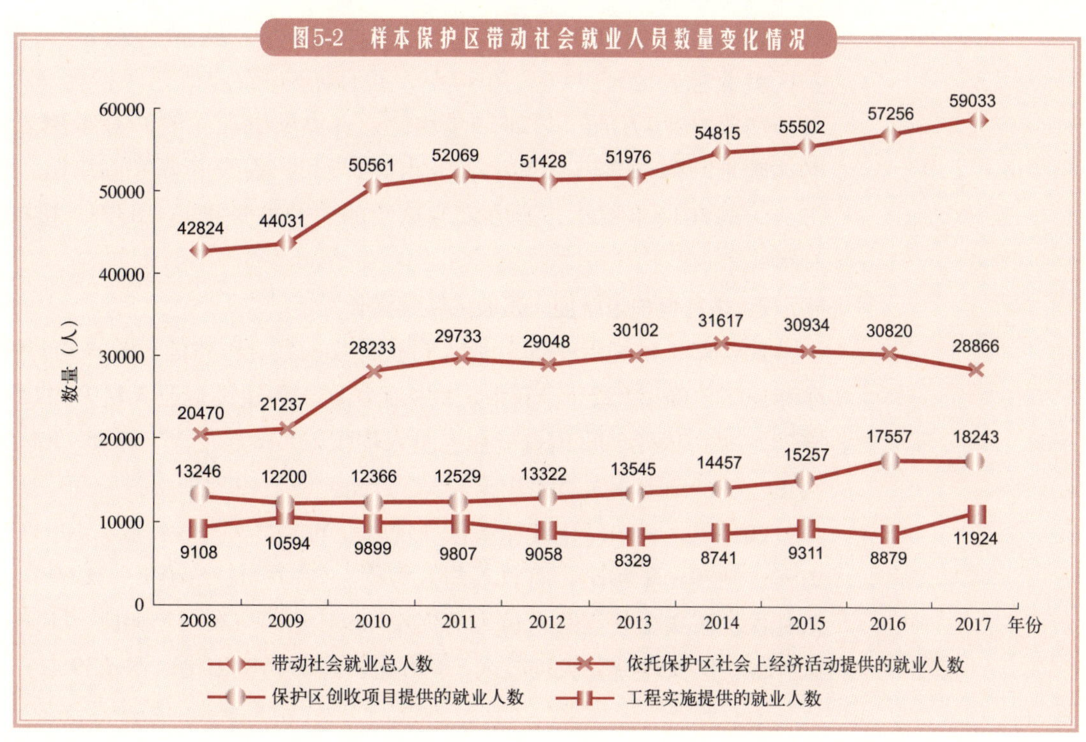

图5-2 样本保护区带动社会就业人员数量变化情况

图5-3 样本保护区带动社会就业人员从事领域结构

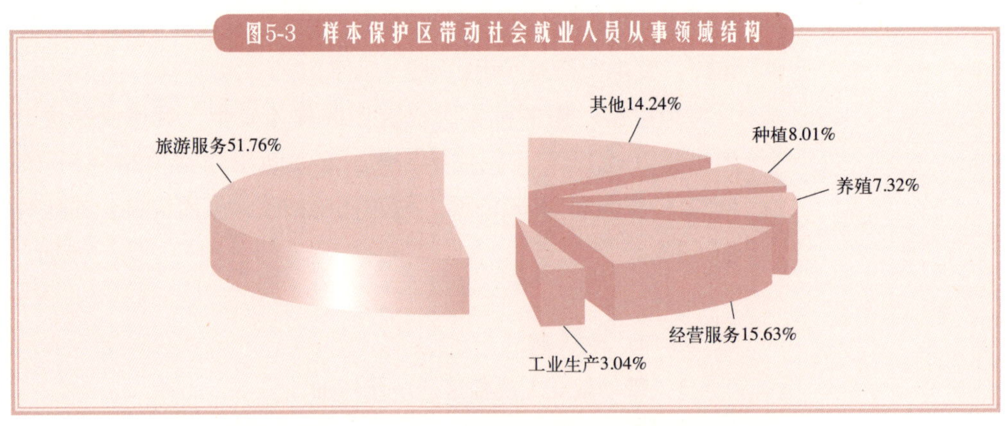

图5-4 样本村依托保护区就业人员从事领域结构

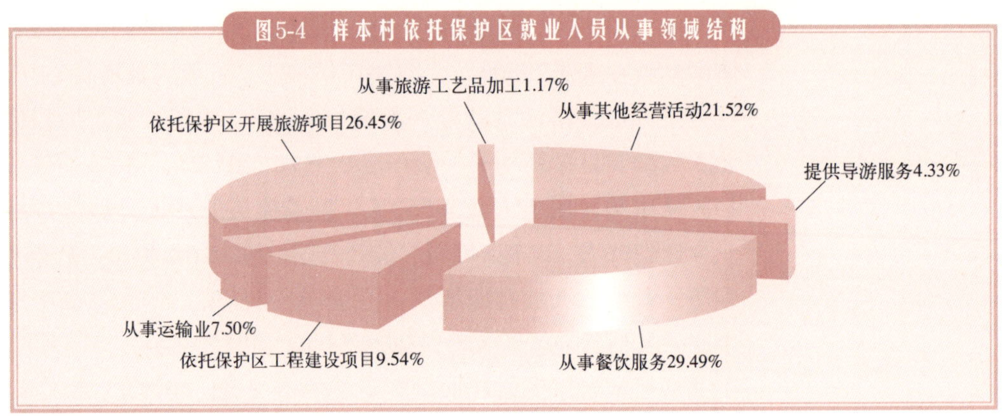

托保护区就业人员增长2.89%。其中，区内村和区外村分别增长4.57%和1.48%。就业领域结构见图5-4，其中，从事餐饮服务和开展旅游项目人员占样本村依托保护区就业总人数55.94%。2017年，共有608户农户依托保护区开办了家庭旅馆，接待游客26.70万人，与2016年相比，开办家庭旅馆农户数量增长10.55%，接待游客数量下降12.32%；其中，区内村有333户农户开办家庭旅馆，接待游客17.36万人，与2016年相比，开办家庭旅馆的农户数量增长1.83%，接待游客数量下降1.98%。

2．依托保护区就业人员收入继续增长

2017年，依托保护区就业人员获得收入共计9.38亿元，人均1.59万元，与2016年相比，下降了4.22%。其中，依托保护区工程建设就业人员人均收入0.80万元，下降28.57%；依托创收项目就业人员人均收入1.18万元，下降15.71%；依托保护区社会上经济活动就业人员人均收入2.17万元，增长10.71%（图5-5）。

2017年，样本村依托保护区实现就业的人员共计获得收入10843万元，人均2.30万元，与2016年相比，总收入与人均收入分别增长25.40%、21.69%。其中，区内村依托保护区实现就业的人员人均收入1.69万元，与2016年相比，下降1.74%；区外村依托保护区实现就业人均收入2.83万元，与2016年相比，增长39.41%（图5-6）。

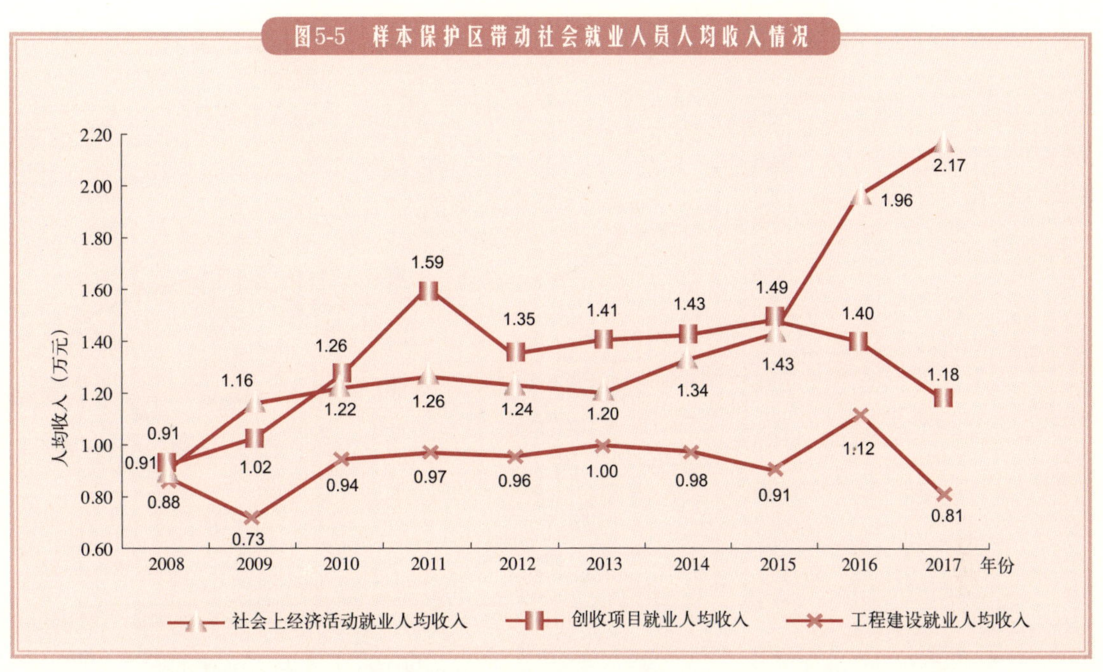

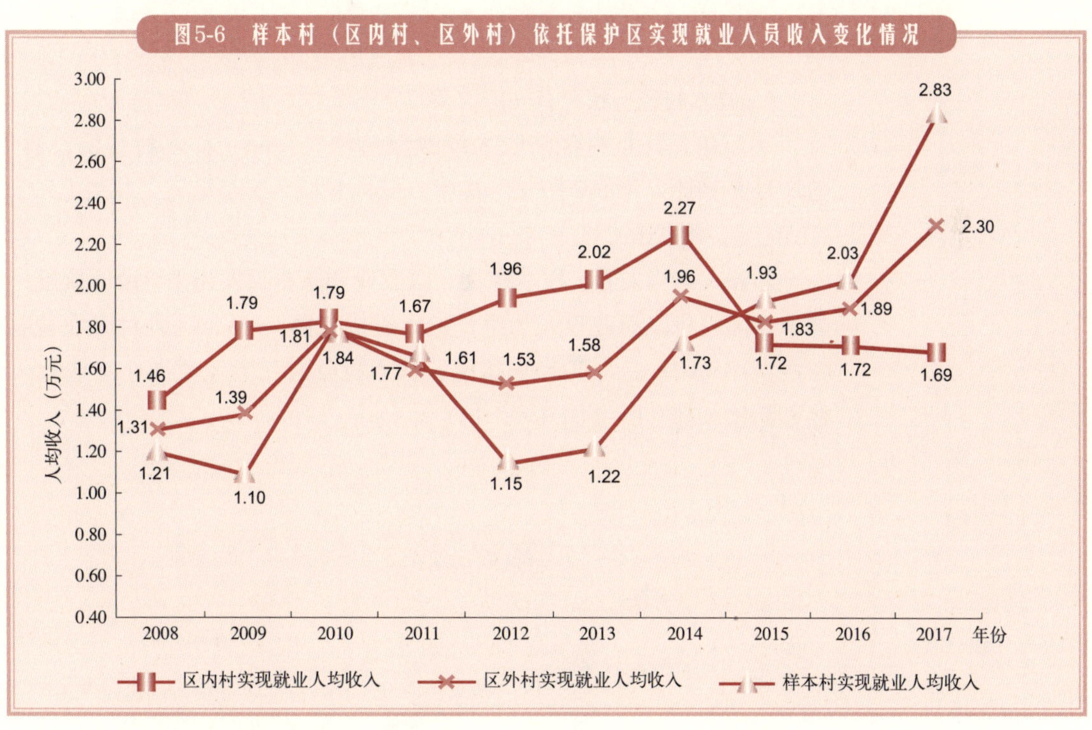

3．样本村贫困户继续减少

2017年，样本村贫困户2407户，占样本村总户数的10.64%，与2016年相比，贫困户减少525户，占总户数比例下降2.57%，样本村贫困户数呈减少趋势（图5-7）。其中，区内村贫困户1023户，占区内村农户总数的14.54%；区外村贫困户1384户，占区外村农户总数的8.88%。

图5-7 样本村贫困农户数量

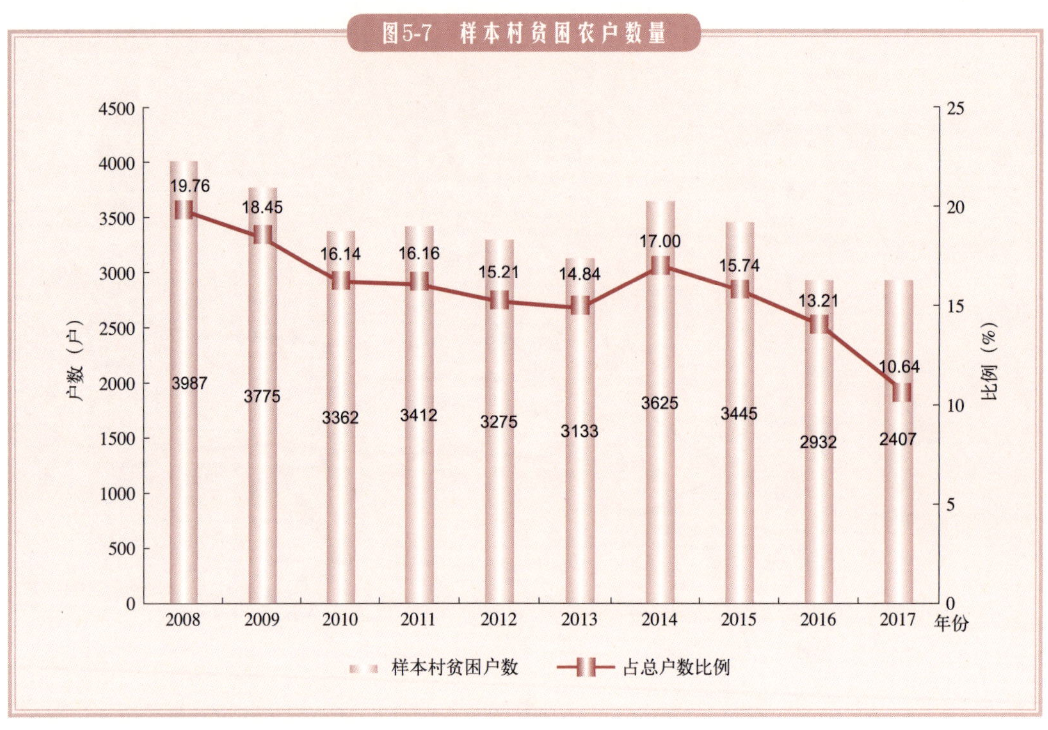

4. 样本村经济状况有一定改善

2017年，样本村经济收入继续保持增长。65个样本村经济总收入12.90亿元，与2016年相比，增长2.87%。其中，区内村收入5.75亿元，增长1.59%；区外村收入7.15亿元，增长3.92%。

从收入结构来看，样本村收入以农业和渔业收入为主，占比接近一半（图5-8）。其中，区内村以渔业收入为主，接近五成（图5-9），区外村以农业收入为主，超过四成（图5-10）。与2016年相比，样本村收入除农业收入、工业收入减少以外，其他方面收入都有所增加（表5-14）。

图5-8 样本村经济总收入结构

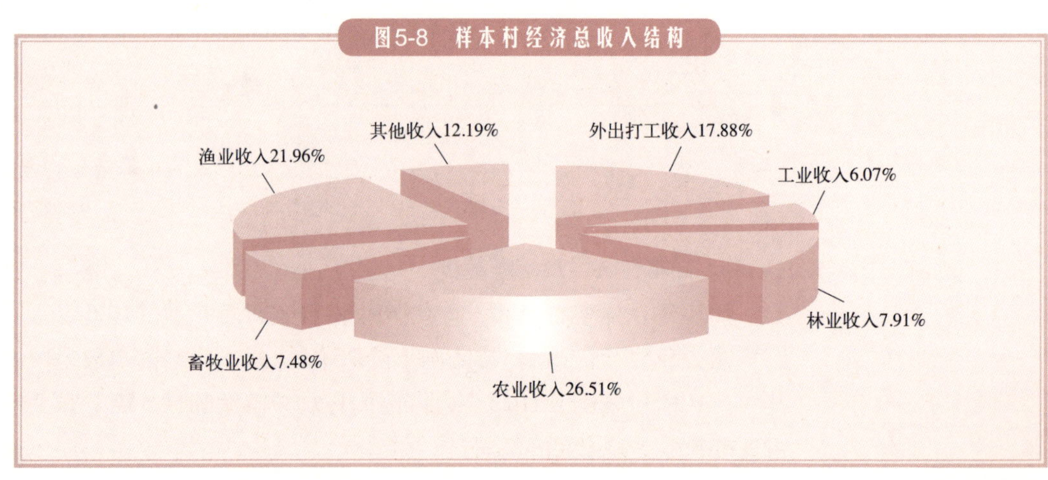

图5-9　区内村经济收入结构

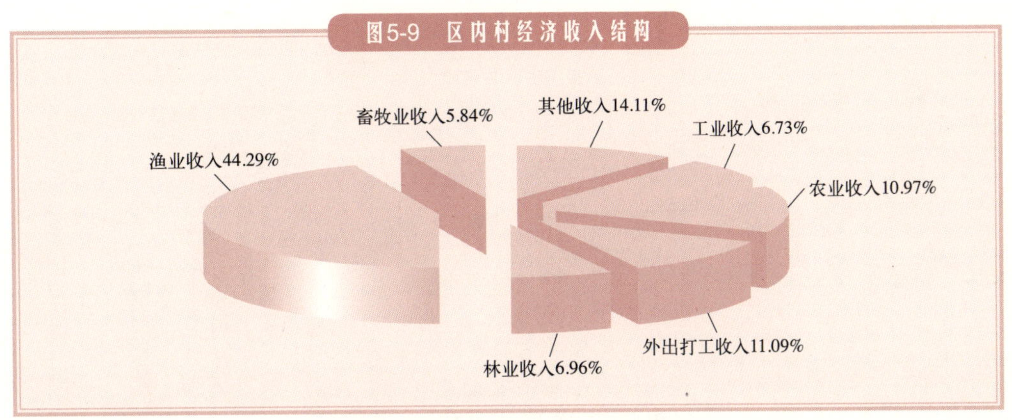

图5-10　区外村经济收入结构

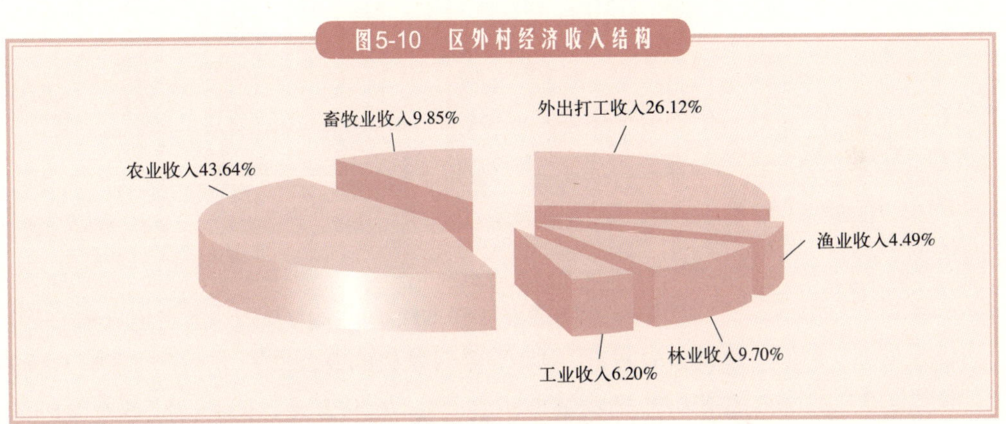

表5-14　2016—2017年样本村各领域收入情况　　亿元，%

年份	农业	林业	畜牧业	渔业	工业	外出打工	其他
2017年	3.42	1.02	0.97	2.83	0.78	2.31	1.57
2016年	3.91	0.79	0.93	2.79	1.00	1.85	1.26
增减百分比	−12.53	29.11	4.30	1.43	−22.00	24.86	24.60

2017年，65个样本村农民人均纯收入为9908.33元，与2016相比，增长2.95%是全国同期水平的73.77%。2008－2017年，样本村农民人均纯收入稳定增长，但仍未达到全国农民人均纯收入同期水平（图5-11）。其中，区内村农民人均纯收入为8840.68元，与2016年相比，增加461.50元，为全国同期水平的65.82%；区外村农民纯收入为10716.29元，与2016年相比，增加149.87元，为全国同期水平79.78%。从农户家庭收入看，2016年，样本农户家庭总收入有所增加，户均79436.62万元，与2016年相比，增长8.02%。

5．野生动物肇事补偿赔偿率有所提升

2017年，有16个样本保护区发生了野生动物肇事活动，但只有山东黄河三角洲国家级自然保护区等5个样本保护区开展了野生动物肇事补偿工作。

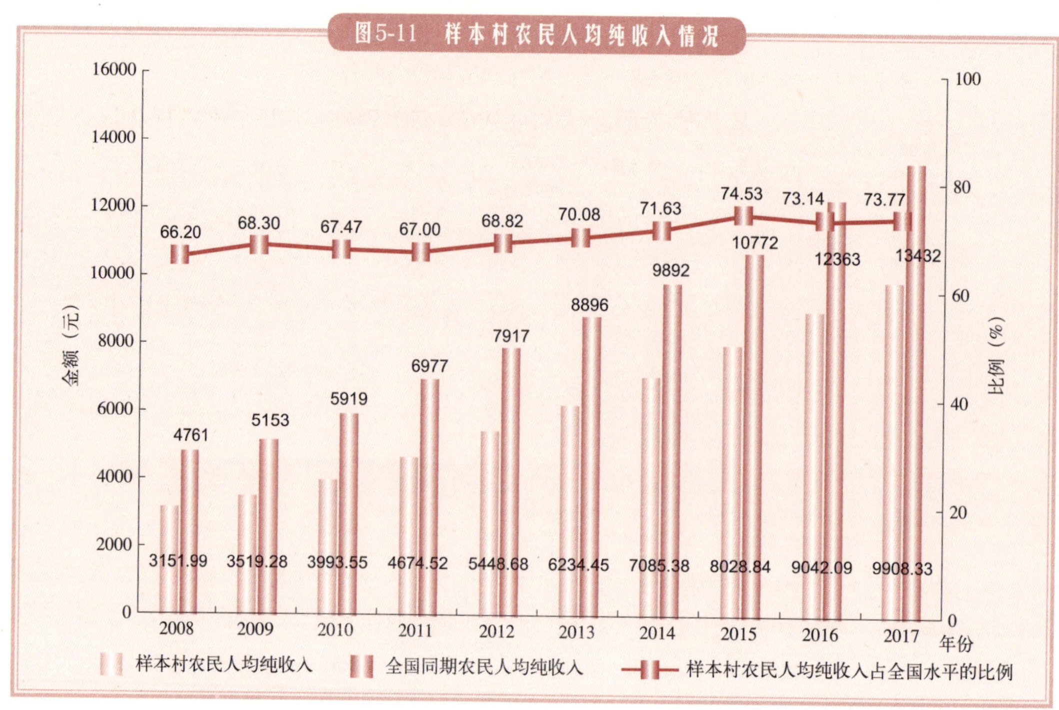

因野生动物肇事，样本保护区区内及周边共计有8692户居民受到影响，造成损失达892.62万元，其中，获得赔偿的有2832户，占受到影响户数的32.58%。社区居民共获得野生动物肇事补偿资金276.58万元，实际赔付率为30.98%（表5-15）。从损害类型看，野生动物肇事造成农作物损毁情况较多，其次是造成林木损毁和家畜禽死亡。

表5-15 样本保护区受野生动物肇事影响情况

损害类型	数量	损失金额（万元）	补偿金额（万元）	赔偿率（%）
造成居民身体伤害（人）	7	13.06	10.06	77.03
造成家畜家禽伤害（只/头）	23	5.42	0	0
造成家畜家禽死亡（只/头）	61	14.5	2.4	16.55
造成农作物损毁（亩）	17632.45	755.23	262.50	34.76
造成林木（竹）损毁（亩）	1055	46.85	0.36	0.77
造成居民房屋或生活设施损毁（户）	43	1.26	1.26	100
其他	563	56.3	0	0
总计		892.62	276.58	30.98

6．积极参与精准扶贫工作

2017年，有30个样本保护区参与了当地的精准扶贫工作，保护区的具体任务包括宣传扶贫政策、制定帮扶措施、帮助脱贫致富等，共帮扶贫困农户2224户，共计脱贫834户。39.72%的样本农户认为在保护区对社区贫困人口的扶贫下，与以前相比其家庭生活条件得到明显改善。

从具体工作做法和成效看，2017年，有25个样本保护区派驻人员驻村扶贫，已派驻村干部共计102人，结对帮扶1251对。其中，吉林长白山国家级自然保护区开展集体养鹿项目，使每个贫困农户有800～1000元不等的分红；河南宝天曼国家级自然保护区将建档立卡贫困户加入县聚爱养殖合作社，每户每年获得3200元分红；四川卧龙国家级自然保护区为贫困户提供巡山、环卫等工作，平均每户收入1.5万元。

（三）经济效益

1. 创收项目投资有所下降

2017年，样本保护区创收项目总投资144254万元，与2016年相比，下降7.84%（图5-12）。按资金来源来看，其中，财政拨款53121万元、自筹资金22894万元、借贷资金56063万元，其他12176万元（图5-13）。按用途划分，以旅游服务项目投入为主，共投入121609万元，占总投资总额的84.30%，与2016年相比，下降3.91%（图5-14）。按产业分，投入第三产业143436万元，占总投资的99.43%。

2. 以旅游服务为主第三产业产值继续增长

2017年，样本保护区创收项目总产值146497.43万元，比2016年增长1.83%。其中，第一产业创收产值为2004.89万元，下降5.02%，占总产值1.37%（图5-15）；第二产业产值为2886.76万元，下降27.28%，占总产值1.97%（图5-16）；第三产业创收项目产值141605.78万元，占创收项目总产值的96.66%，与2016年相比，增长

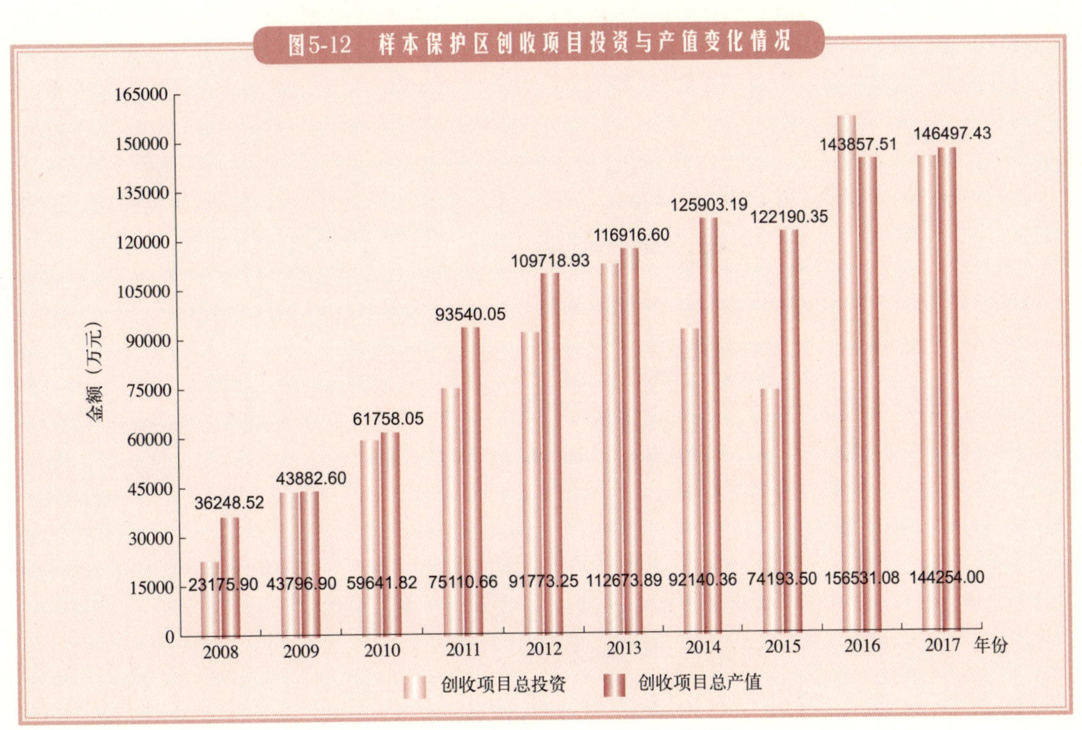

图5-12 样本保护区创收项目投资与产值变化情况

图5-13 样本保护区创收项目投资来源结构

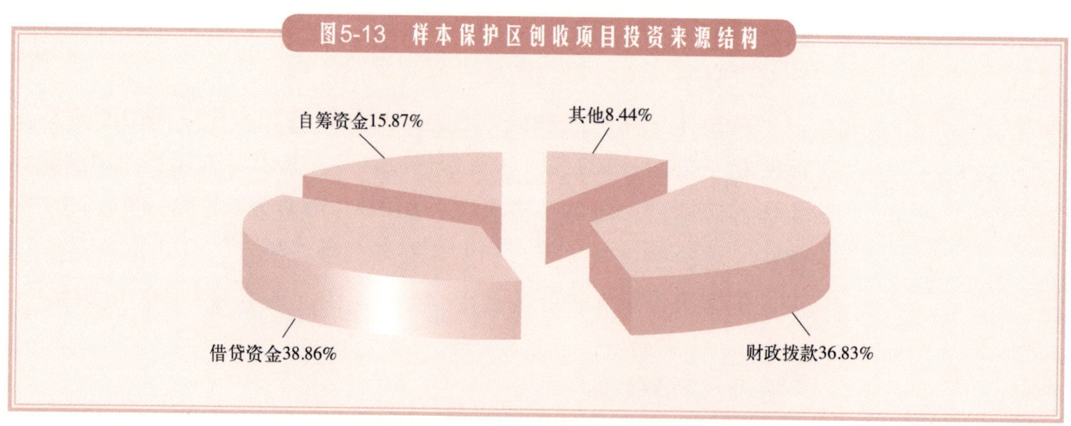

图5-14 样本保护区创收项目按用途划分

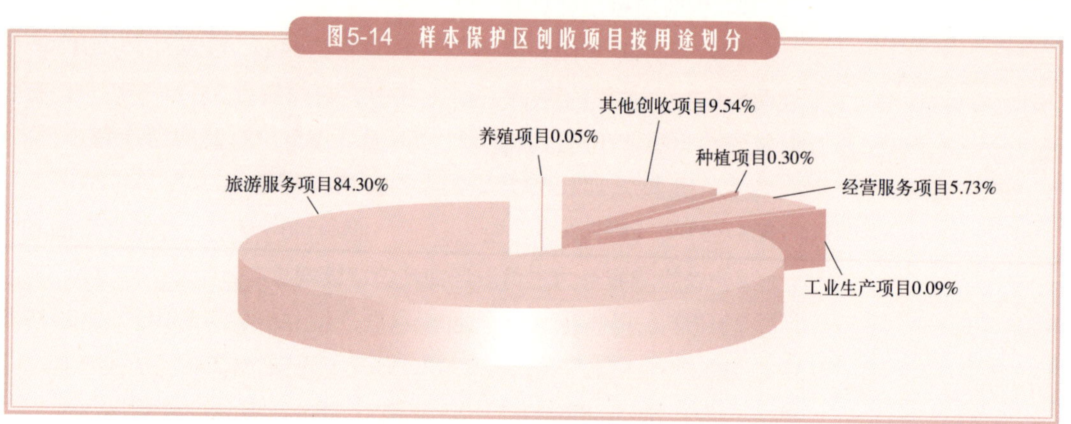

图5-15 第一产业产值构成

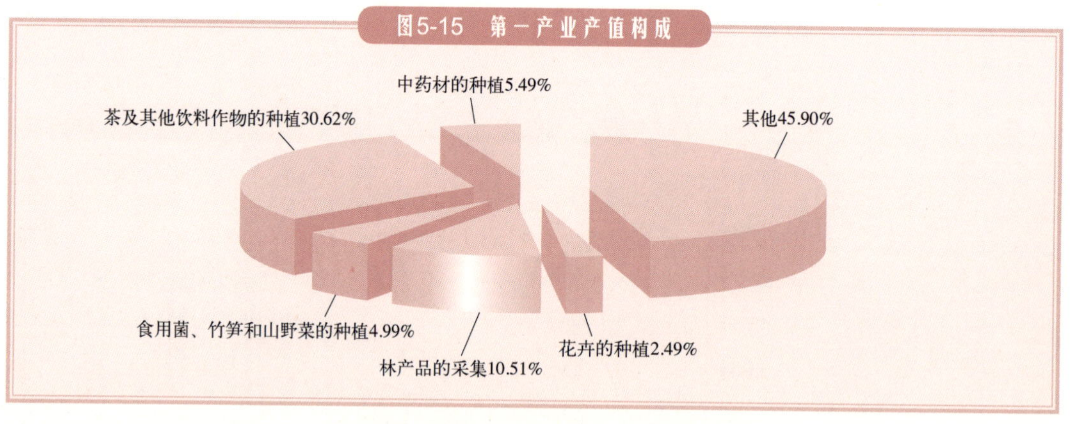

图5-16 第二产业产值构成

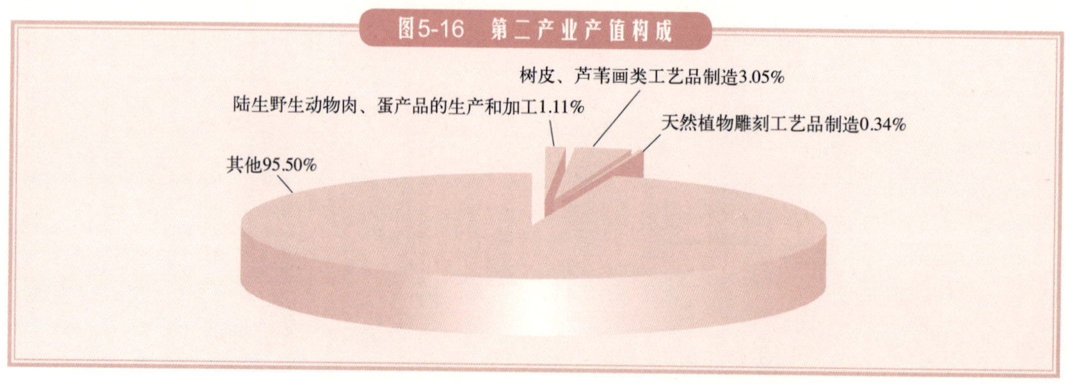

图5-17　样本保护区旅游服务情况

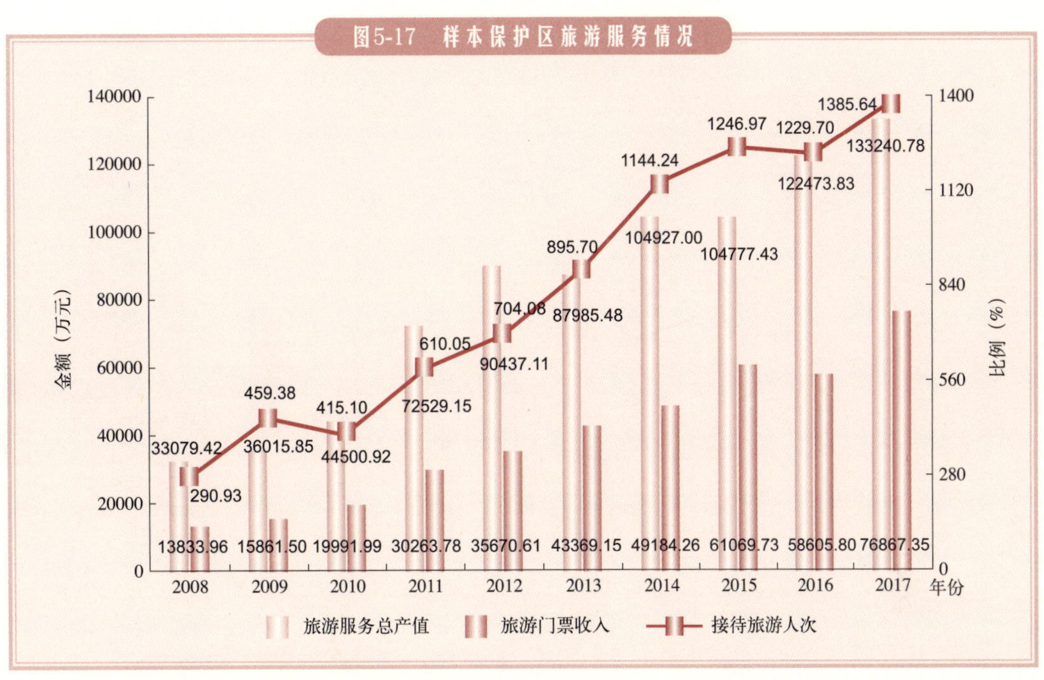

2.78%。在第三产业创收项目产值中，旅游服务占94.09%，实现产值133240.78万元，与2016年相比，增长8.79%。其中，旅游门票收入76867.35万元，与2016年相比，增长31.16%；接待旅游人数1385.64万人次，比2016年上涨12.68%（图5-17）。

四　保护区建设管理成效

（一）科研经费持续增加，科研人员及项目数量有所减少

2017年，样本保护区共获得科研经费4579.84万元，与2016年相比，增长1.38%；实际到位科研经费4303.84万元，与2016年相比，增长9.99%，资金到位率达93.97%。2008①－2017年，样本保护区科研经费资金到位率浮动较大，自2010年以后经费到位率均在80%以上（图5-18）。

2017年，样本保护区有科研人员688人；完成和在研的项目105项，比2016年减少18项；新取得的科研成果55项，比2016年减少14项（图5-19）。

（二）野外巡护队伍壮大，管护具有一定成效

2017年，样本保护区中共有巡护人员22075名，完成巡护工作815.28万千米，其中，日常巡护工作量681.00万千米，稽查巡护工作量134.28万千米。人均每年日常巡护工作量369.32千米。与2016年相比，巡护人员增加7921人。

① 2008年增设“实际到位资金”这一指标。

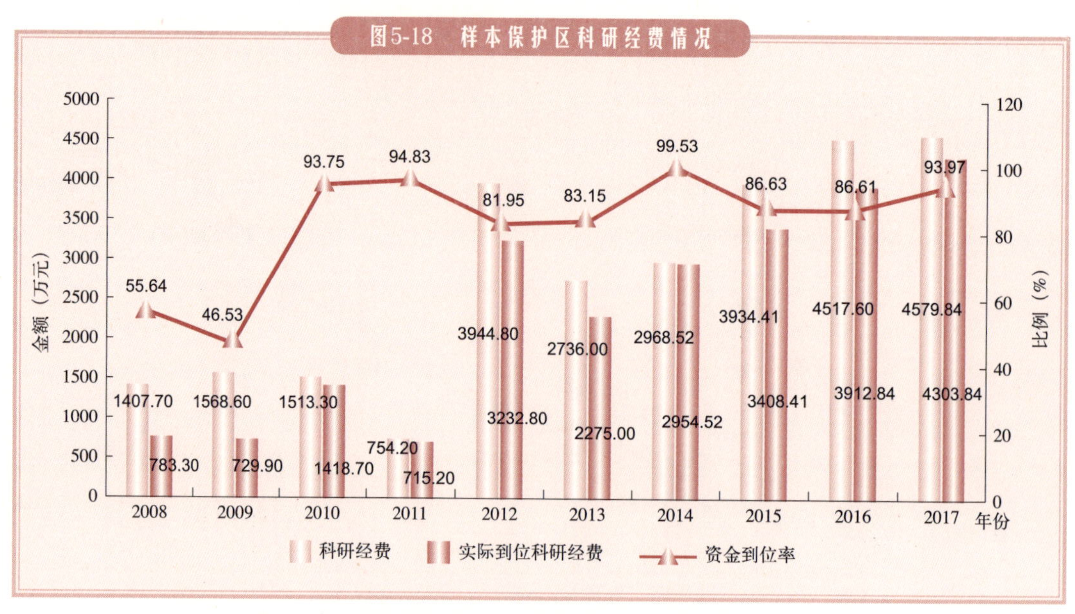

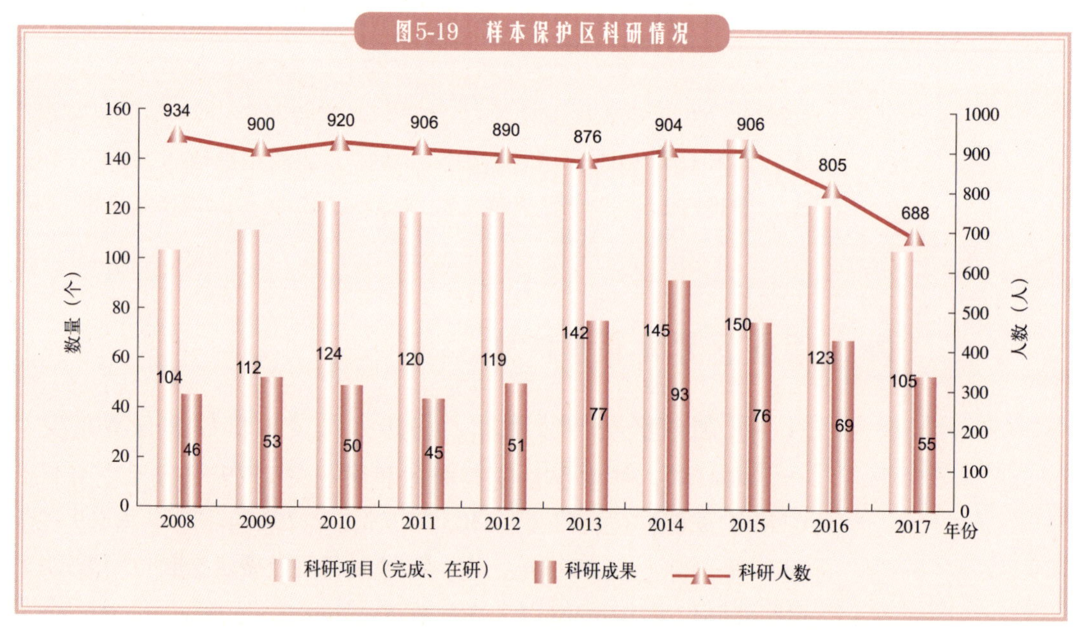

从管护成效上来看，2017年，样本保护区共制止非法进入保护区17686人次，清除非法进入保护区人员4886人次，清除火灾隐患次数670次，清除非法狩猎工具1225套（铗）。与2016年相比，样本保护区制止非法进入保护区人员和清除非法进入保护区人员人次、清除火灾隐患次数均有所下降，分别下降了67.06%、14.22%、42.69%；清除非法狩猎工具数量增长了5.42%。

2017年，样本保护区内发生盗砍滥伐林木等破坏自然资源案件共计516起，查处480起，案件查处率达到93.02%。与2016年相比，案件发生数量增加77起，增长17.54%；案件查处数量增加90起，增长23.08%；案件查处率提升4.18个百分点。

图5-20 样本保护区破坏自然资源案件处理情况

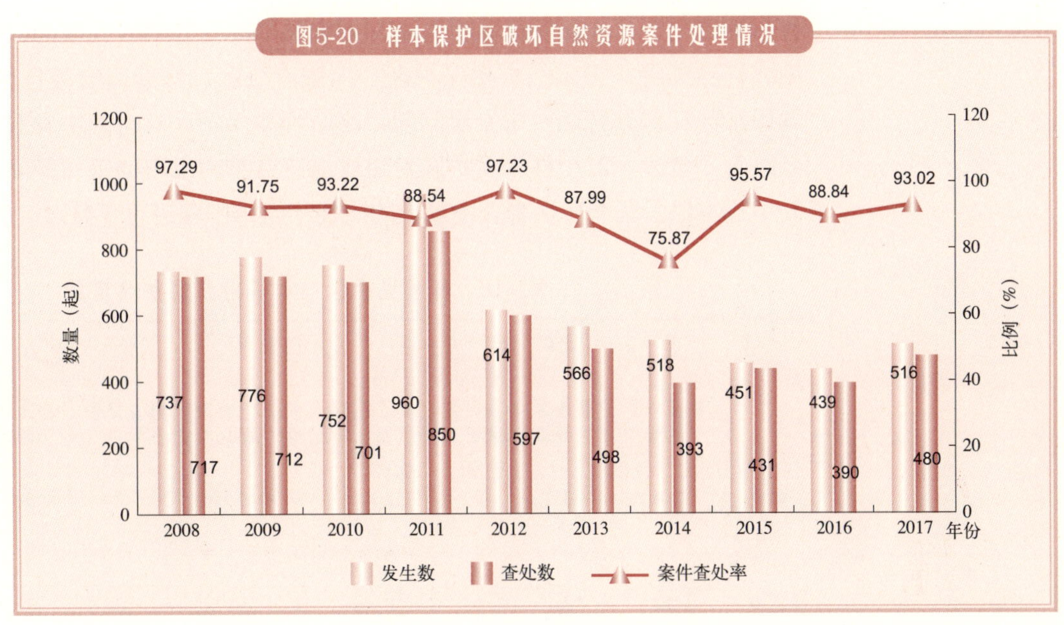

2008[①]－2017年，样本保护区区内发生盗砍滥伐林木、偷猎野生动物、盗挖野生植物、非法开荒放牧等破坏自然资源案件数量总体呈减少趋势，案件查处率保持在75%以上（图5-20）。2017年，共处罚各类违法人员261人次，收缴林木803.84立方米、野生动物及其产品467只头（张）、植物2781株，查处非法开荒面积90.38公顷，处理违规修筑设施面积108.20公顷。

（三）信息化水平有所提升，监控面积增大

2017年，已有26个样本保护区建立信息数据库，累计投入资金13643.16万元。其中，中央财政投入4513.16万元；地方财政投入1133万元；保护区自筹253万元；其他7744万元。在信息数据库分库建设方面，28个样本保护区建立基础数据库；14个样本保护区建立生态环境监测数据库。在信息系统软件应用方面，34个样本保护区已经应用地理信息系统GIS软件；32个样本保护区已经应用全球定位系统GPS。

截至2017年，样本保护区共计安装2240台红外相机，2017年，新安装512台红外相机。其中，仅有4个样本保护区反映现有红外相机布设数目能够满足日常监测需要。

截至2017年，样本保护区在区内建成视频监控点共计1561处，可视域面积为36.41万公顷。其中以物种监测为目的设立的监测点988处，占总数的63.30%，可视域面积达9.49万公顷，占总面积的26.06%。

（四）开展专项行动自查，对存在问题及时整改

2017年，国家林业局等6部委联合开展“绿盾2017”国家级自然保护区监督检

① 自2007年起，增设“违法案件发生数、查处数”等指标。

查专项行动，样本保护区认真自查并对相关部委监督检查发现的问题进行整改。其中，浙江九龙山国家级自然保护区、内蒙古西鄂尔多斯国家级自然保护区等5个样本保护区在督查行动中未发现问题；28个样本保护区对自查中发现的旅游开发等问题进行了整改；21个样本保护区对通过遥感监测中发现的采石等问题进行了整改；33个样本保护区对环保督查中发现的违规问题等问题进行了整改（表5-16）。

表5-16 样本保护区对存在问题的整改情况 个

指标	采砂、采石、采矿		工矿企业		旅游开发		水风电力开发		其他人类活动	
	涉及保护区数量	已整改保护区数量	涉及保护区数量	已整改保护区数量	涉及保护区数量	已整改保护区数量	涉及保护区数量	已整改保护区数量	涉及保护区数量	已整改保护区数量
自查	4	4	2	2	8	8	2	2	24	24
卫星遥感监测	6	6	4	4	5	5	3	3	15	15
督查	12	12	8	8	12	12	8	8	21	21

五 问题与建议

（一）主要问题

1．保护区常规性工作仍缺乏稳定、充足的资金投入

2017年，在野生动植物保护、野生动物疫源疫病防治、林业有害生物防治等常规性工作中，样本保护区反映仍有不同程度的资金投入不足的情况。具体体现在三个方面：①地方财政投入不够。2017年，地方财政投资野生动植物保护及自然保护区工程资金达13.05亿元，占投资完成额51.36%，超过中央财政9.57个百分点。而在样本保护区中，地方财政对工程建设的投资完成额占比仅为27.05%，且比中央财政投资完成额占比少45.89个百分点。②资金投入主体单一。样本保护区资金投入主要来源为中央财政与地方财政。社会性投资和其他渠道筹措资金占比微小。以样本保护区信息数据库建设为例，40个样本保护区中仅有四川卧龙国家级自然保护区获得过一定捐赠资金。③资金使用效率较低。2017年，样本保护区投资完成率不到61%，比2016年下降三成多。具体是因相当一部分资金在下半年才能到位，使得一些项目的并不能依照原定计划推进。

2．保护区周边社区仍有相当比例的贫困人口存在

2017 年，样本村贫困户的户数尽管呈下降趋势，但仍占到总户数的10.64%，并且区内村的贫困户户数1023户，占区内村总户数14.54%；区外村贫困户户数为1384户，占区外村总户数的8.88%。有30个样本保护区参与了当地的精准扶贫工作，保护区的具体任务包括宣传扶贫政策、制定帮扶措施、帮助脱贫致富等，共帮扶贫困农户2224户，但未脱贫的达到62.50%。可见，保护区周边社区贫困人口

仍有相当比例的存在。

3. 濒危野生动物保护亟待加强

2017年，26个样本保护区反映区内濒危野生动物保护存在困难，对此项工作存有困难的保护区较2014年增加9个。濒危野生动物保护乏力的问题并未得到有效改善。造成这一局面的原因：一是野生动植物保护日常运行经费普遍未纳入地方财政预算，资金投入力度不够。14个样本保护区反映资金投入不足是开展濒危野生动物保护工作的主要困难之一。2017年，濒危野生动物人工繁育、放归自然的资金为250.3万元，较2016年下降79.76%；二是基础设施建设较为滞后。2017年，样本保护区中新建野生动物拯救基地的仅2个，而珍稀濒危野生动物基因库的建设还未起步；三是濒危物种人工繁育、种群复壮、放归自然、栖息地保护恢复与优化等，没有专门的基础设施建设投资渠道等；专业人才难以引进，流失严重，严重缺乏。12个样本保护区反映因区内缺乏专业人才，较2014年监测统计时增加了6个样本保护区，使得保护工作未得到有效推行。

4. 野生动植物栖息地隔离、破碎化现象未能得到缓解

保护野生动植物，最重要的就是保护其栖息环境。2017年，有23个样本保护区反映区内野生动物受到人为活动、牲畜活动、道路、桥梁等建筑建设等方面的威胁和干扰。其中，区内出现野生动物栖息地“碎片化”的样本保护区较2016年增加4个，达11个，样本保护区野生动物栖息地碎片化现象未得到缓解，且有加重趋势。除自然灾害等因素外，基础设施建设等认为干扰是造成栖息地隔离、破碎化的主要成因。

（二）政策建议

1. 加大资金投入力度，保障保护区常规性工作顺利开展

为保障保护区常规性工作顺利、有效开展，需加大资金投入力度。具体可从以下几方面考虑：一是拓宽资金来源渠道，并提升相关渠道的实操性。在稳定中央、地方财政投入的同时，积极拓宽诸如接受捐赠等资金来源渠道。虽然《中华人民共和国自然保护区条例》的第六条“自然保护区管理机构或者其行政主管部门可以接受国内外组织和个人的捐赠，用于自然保护区的建设和管理”，但是实际获得捐赠的保护区数量不多，应研究出台相关渠道实施细则，增加实操性。二是提高资金使用效率，加大自然保护区的资金使用权、分配权。缩短资金拨付的时间，简化拨付资金的程序，使保护区能更为高效地使用资金。

2. 加大对社区贫困人口的扶贫力度

对于保护区周边社区有相当比例的贫困人口的存在情况，提出以下建议：保护区应结合自身优势助其周边社区居民脱贫，在产业发展上下文章，发展环境友好的产业。

3. 加大珍贵濒危野生动植物及其栖息地的保护力度

针对保护区濒危野生动植物保护工作开展乏力的问题，有效强化其栖息地保护力度，提出以下建议：①安排专项资金支持濒危野生动植物工作的开展。②强化濒危野生动植物保护的基础设施建设。③大力引进相关技术人才，确保每个保护区都有能够开展此项工作的人员。④组织培训，提升现有保护区工作人员的专业技术知识。⑤邀请相关技术专家深入各个保护区实地指导，帮助保护区开展好此项工作。⑥开展栖息地治理，建设生态廊道。⑦定期进行科学监测，建立栖息地数据库。对物种减少与物种过量给予同样关注，维护生物多样性。⑧完善相关法律法规，规范人类活动与行为。

（主要执笔人：唐肖彬　夏郁芳　曹露聪）

调查员报告

湖北省退耕还林还草工程调查报告

实施退耕还林工程是党中央、国务院为改善生态环境做出的重大决策，工程建设实践证明这一举措在保护和改善生态环境、优化农村经济结构、促进地方经济发展、增加农民收入等方面起到了重要作用。湖北省退耕还林工程自2000年开始试点，2002年全面启动实施，19年来，在党中央、国务院的决策部署下，湖北省各级党委、政府高度重视退耕还林工程建设工作，精心组织，措施得力，各有关部门密切配合，广大群众积极参与、认真实施，全省退耕还林工程建设进展顺利，在生态、经济和社会各方面取得了显著效益。

（一）湖北省退耕还林工程建设基本情况

湖北省自2000年开始试点、2002年工程全面启动实施以来，累计完成了坡耕地退耕还林497万亩、荒山荒地造林1086.33万亩，封山育林38.5万亩，总计退耕还林建设面积1621.83万亩，占国家下达任务的100%。

在已退耕的497万亩坡耕地中，按地域分，三峡库区、丹江口库区、清江流域、大别山区坡耕地造林327.4万亩，占全省计划的65.9%；大洪山脉、幕阜山脉和武汉市的周边地区退耕还林169.6万亩，占全省计划的34.1%；按坡度分，25度以上的为291.9万亩，占58.7%；15～25度有169万亩，占34.0%；15度以下只有36.1万亩(其中严重沙化耕地6.0万亩)，占7.3%。按林种分，生态林面积为274.3万亩，占55.2%，生态经济兼用林面积为174.2万亩，占35.1%，经济林面积为48.5万亩，占9.8%。

截至2018年年底，国家通过钱粮补助等方式累计直接投资达到了145.5亿元，惠及了全省95个县（市、区）1027个乡16762个村171万多农户657万多人，人均受益1153元。

自工程建设以来，全省严格执行退耕还林工程建设有关规定，严把造林、验收、政策兑现质量关，确保了工程建设连年都以95%以上的核实率、合格率及面积保存率通过国家级重点核查验收，在全国工程省（自治区）中名列前茅，实现了计划任务落实到位、政策兑现到位、工程质量保障到位。

（二）湖北省退耕还林工程建设的成效

从湖北省退耕还林工程实施的实践来看，工程有力推进了生态文明建设、有效改善了生态环境、稳步促进了农村经济发展、切实增加了农民收入，是一项国家得生态、地方得利益、群众得实惠、“功在当代、利在千秋”的惠民工程。

1．全社会生态保护和造林绿化意识明显提高

退耕还林工程的实施，使社会各界和广大群众看到了党中央、国务院加强以林为主的生态建设的决心，提高了投身造林绿化、改善生态环境的责任意识，进一步增强了保护生态环境、建设生态环境的自觉性。林业已成为湖北省生态建设的着力点、全社会关注的焦点、领导抓的重点、各地财政增收的新支撑点、社会投资的热点和农民增收的亮点。自工程实施近20年来，省人大多次将森林资源保护列入议案，人大、政协每年都要多次组织代表和委员视察林业建设。可以说，通过退耕还林工程建设，社会各界和广大人民群众对林业的关注提升到了前所未有的高度。

2．带动了生态建设蓬勃发展，生态环境得到有效改善

退耕还林实行钱粮直补到户、检查验收到户、林权落实到户等一系列惠民政策，极大地调动了广大农民造林护林的积极性。工程实施来，全省通过退耕还林工程的实施，平均每年新造林面积100万亩。全部成林后，将提高湖北省森林覆盖率5.4个百分点。按照全省森林亩平蓄积量测算，将增加森林蓄积量3000多万立方米。据国家局发布的《退耕还林工程生态效益监测国家报告》，湖北省退耕还林年度生态效益价值总量已经达到553亿元，全省人均每年享受生态红利900元。退耕后，每年通过森林涵养水源达到21亿立方米，相当于20个武汉东湖的蓄水量。同时，退耕还林地的生物物种数明显增多，一些濒临绝迹的动植物群落已逐渐恢复。

3．农民收入稳定增加，农村产业结构得到逐步调整

退耕还林补助到户，使全省17个市州95个县市区的171万多农户从中受益，国家累计投资150亿元，人均享受国家钱粮补助200多元，占纯收入的8%以上，成为退耕农民收入的重要组成部分。退耕还林后，退耕地经济林木开始发挥效益，来自退耕地的林产品产量逐年增加，工程区农民的收入也稳步增长。如秭归县茅坪镇中坝村退耕还林前的1999年人均纯收入1620元，退耕还林后农民人均纯收入开始大幅增长，2017年人均纯入达5932元，比1999年增加了4312元。

同时，通过有计划的退耕还林和荒山造林，不少地方初步或正在形成一批特色农林产品及产业带，如宜昌的柑橘，江汉平原的速生杨树，英山、五峰、竹溪的茶叶，咸安的绿化苗木，来凤的杨梅，罗田、麻城、大悟的板栗，恩施土家族苗族

自治州的木本药材等。据统计，全省退耕还林面积中有70%以上营造的是高效益树种，全部见收之后，将成为广大林农家庭增收的重要来源，成为农民致富的绿色聚宝盆和绿色银行。此外，退耕还林工程建设提供了大量的劳动用工，减少了依赖耕地生存的农民数量，实现了树上山、粮下川、羊进圈，改变了农民传统生产生活方式，使不少退耕农户从“面朝黄土背朝天”的农耕生产中解放出来，有了更多时间从事其他产业，从而有效促进农村劳动力的转移，促进农民脱贫致富，促进地方经济发展。例如，麻城市退耕户尹成新，过去生活贫困，自从将自己承包的18.5亩坡耕地全部停耕还板栗林后，年产板栗2400余斤以上。每年板栗林收入就有5000多元，再加上国家当年补助4000多元，当年退耕还林收入1万元以上。此外，由于退耕还林，农事减少，腾出劳动力。如尹××买上农用车跑运输，妻子在家喂猪养鸡，2005年全家年收入已有3.63万元。几年下来，盖起了建筑面积280平方米的楼房，家用电器样样齐全，全家过上了富裕的生活。

4．推进了林业生产机制创新，提高了全省造林生产管理水平

工程建设管理引入了工程质量监理、种苗阳光采购、检查验收招投标等一系列创新机制，有效地提高了退耕还林工程建设质量，有力地促进了造林生产和管理水平的提高。如竹溪县，在工程管理方面采取了严把作业设计关、工程施工关、种苗质量关和检查验收关“四关”，政策兑现中制定“三严”“三公开”“三直接”“八不兑”和“十不准”等制度规定，在湖北省率先实施了退耕还林政策兑现“一卡通”和网上公示制度，并推行检查验收“三卡统一”的管理模式，工程管理成效显著，农民领取政策兑现资金到位，切实提高了退耕还林工程质量。神农架林区在工程建设当中严把工程建设技术、质量、验收关，本着“宜林则林，宜草则草，林草间作，乔灌草相结合”等治理模式，强化“六公开”“七结合”“八抓八保”和“九到户”，确保工程建设质量，创新了独特的神农架退耕还林林药（草）间作模式。

（三）问题和困难

一是巩固退耕还林成果任务艰巨。自工程实施来，退耕还林工程区环境虽有改善，但依然十分脆弱，保持生态稳定性任务还很艰巨，退耕还林营造的林木目前大多是生态林，直接经济效益不显著，巩固退耕还林成果任重而道远。

二是解决退耕农户长远生计问题的任务还很艰巨。虽然国家在补助退耕农户及巩固成果上做了大量投入，但目前退耕农户大多属于被动接受补助，自主创收意识较差、科技应用能力低下、缺乏资金投入等多种原因，大多缺乏增收门路。

三是退耕还林后期管护跟不上，补植补造任务还很艰巨。由于管护资金不足，管护带来的直接经济收入非常有限，退耕农户管护积极性不高，管护方式和管护效果也不理想。荒山荒地造林质量相对较差，立地条件也不好，受各种灾害影响很大，管护更难。

四是维护退耕还林地区农村稳定的任务还很艰巨。湖北省退耕还林工程有些遗留问题尚未彻底解决，新一轮启动后又不符合纳入条件，退耕群众和没退耕群众都有部分心理不平衡；有些有条件、有能力的退耕农户认为种植经济作物的收益远高于退耕补助收入，有复耕的想法，甚至已擅自复耕。这些问题直接影响了退耕还林地区农村稳定。

（四）新一轮退耕还林的进展情况

1．规划

2014年，湖北省作为全国第一批10个省份之一率先启动了新一轮退耕还林。规划实施新一轮退耕还林240.08万亩，其中25度以上非基本农田坡耕地116.1万亩，丹江口、三峡库区及上游县市区15～25度非基本农田坡耕地42.44万亩，其他县市区重要水源地15～25度非基本农田坡耕地81.54万亩。目前国家启动了25度以上非基本农田坡耕地和丹江口、三峡库区及上游县市区15～25度非基本农田坡耕地158.54万亩，其他县市区重要水源地15～25度坡耕地尚未启动实施。

2．实施

2014－2018，国家累计安排湖北省新一轮退耕还林计划132.8万亩。其中，三峡库区37.65万亩。2014－2017年118万亩造林任务已全部完成。2018年14.8万亩计划任务已于2018年3月分解下达到各工程县市区，目前造林任务已全部完成。

3．扩规

2016年1月13日，财政部等八部委印发了《关于扩大新一轮退耕还林还草规模的通知》（财农〔2015〕258号），要求各省级政府向国务院上报省级耕地保有量和基本农田保护指标的调整方案。按照要求。2016年4月，湖北省政府向国务院报送请示，请求调减湖北省耕地保有量321.67万亩，其中调减基本农田保护指标192.03万亩，为新一轮退耕还林腾出空间。2017年11月，国家已批复湖北省核减基本农田和耕地保护指标192万亩。目前，正协调省直相关部门将指标分解到各工程县市区。

2017年3月，湖北省财政厅等八部门联合向财政部等八部委上报陡坡梯田、重要水源地15～25度坡耕地及严重污染耕地退耕还林需求量共计40.86万亩。其中，陡坡梯田20.79万亩，重要水源地15～25度坡耕地22.02万亩，严重污染耕地0.05万亩。扩规工作待国家批复后，组织实施。

4．举措

一是领导高度重视，部门全面动员部署。2014年工程启动实施以来，省委书记、省长、省纪委书记、常务省长和分管省长5位省领导先后9次就退耕还林工作作出批示。2017年11月1日和12月21日，刚到任不久的新任省委书记蒋超良同志先后两次就退耕还林相关工作作出专题批示，要求林业部门抓好退耕还林工作。省林业部门召开电视电话会、现场推进会，组织督办专班，扎实推进工程实施，明确工作重点、时间节点和方法要求。

二是建章立制，规范工程实施。为规范新一轮退耕还林行为，加强工程建设管理，2015年4月，省发改委、省林业厅等五部门制定并印发了《湖北省新一轮退耕还林还草工程管理办法》。根据各地反映新一轮退耕还林退耕地落实困难的实际情况，省林业厅又协调省国土资源厅印发了《关于开展新一轮退耕还林退耕地核实认定工作的通知》。对退耕地核实认定的责任、未纳入统计范围坡耕地的处理、基本农田与非基本农田的置换调整等作出了明确规定。2015年11月，省直五部门又联合印发《关于加快新一轮退耕还林还草实施进度的通知》，对基本农田与非基本农田的置换、“先造后调”等进一步作出规定，加快了退耕还林实施进度。同时，省级财政每亩共安排工作经费15元。每年3元，连续安排5年。

三是创新体制机制，激活市场主体。在实施新一轮退耕还林时，积极引进和培育龙头企业、专业合作社、造林大户等新型经营主体，参与实施新一轮退耕还林，让新型经营主体的资金、技术、市场优势与农民的劳动力、土地资源优势整合，实现优势互补、互利共赢，共享发展“红利”。通过推行“公司+基地+农户”“专业合作社+基地+农户”“公司+专业合作社+基地+农户”等模式，提高了施工的进度与质量，促进了退耕还林的集中连片推进。利川市引进湖北旭舟林农科技有限公司、湖北宏吉林业发展有限公司参与工程实施，有力地加快了退耕还林实施进度。

四是建立信息监管系统，加强工程监管。为解决退耕还林问题难以及时发现，省里创新监管手段，在全省范围内采集退耕还林基础数据，已初步建成了退耕还林信息化管理平台，对全省退耕还林工作情况实行信息化动态监管。同时，运用楚天云等技术，加强信息关联，实行立体比对核查，及时发现问题，精准解决问题，切实加强监管，确保国家惠民政策落实不走样。

5．问题及其根源

一是耕地地力保护补贴政策的调整对工程实施产生了不利影响。新实施的耕地地力保护补贴政策，补助标准高、范围广、周期长，补贴标准为160元/（亩·年），对新一轮的退耕还林实施产生了较大的影响。如房县军店镇退耕农户听说地力补助上调纷纷退出退耕还林，导致900亩已实施造林地块需重新调整计划。房县野人谷镇还因企业承租政策优惠而导致全镇1500亩退耕地全部退出退耕还林。

二是工程推进和实施主体积极性不高。一方面退耕户普遍反映标准低，第一轮退耕还生态林16年共补助2890元，经济林10年补助1825元，而新一轮退耕还林5年才补助1500元，相比较不划算。另一方面，退耕还林资金兑现要求到土地承包权人，大户在流转后造林的不能领取国家补助，同时由于限制采伐等因素，流转造林大户担忧后期收益得不到保障。

三是新一轮退耕还林政策瓶颈制约工程实施。第一，地块要求严，核实认定难度大。新一轮退耕还林实施主要集中在大山区，由于坡度限制，退耕地块分散，退耕地块的落地和认定工作量大，难度大。如郧西县组织县乡两级林业、国土部门共60余人，通过近4个月的外业工作，才完成了1.3万亩退耕地的核实认定工作。第二，集体坡耕地、坡改梯、休耕地等地类无法纳入实施范围，影响工程实施。如移民外迁后的耕地处于库周亟须退耕，但由于没有实施主体，又不能以村集体名义实施，导致这部分坡耕地该退而无法退。第三，新一轮退耕还林程序设计繁琐，实际工作量大。新一轮退耕还林涉及部门多，实际操作中程序复杂，除了退耕地造林、核实认定、检查验收、公示等外，还要收集涉及农户的土地承包证、一卡通等，林业部门普遍反映工作量非常大，工作推进慢。第四，已实施退耕还林地无法纳入补助范围。第一轮退耕还林实施中，各地有大量已实施地块未兑现。有的县市还责成乡镇政府和林业局给退耕农户出具了书面意见，承诺如果退耕还林重启，将首先兑现第一轮未兑现部分。2014年新一轮启动后，政策明确规定不能予以兑现，导致农户长期上访。十堰市有34.29万亩，襄阳市有3万多亩。第五，工作经费不充足，严重制约工程进展。据工程县市区林业局测算，新一轮退耕还林1亩地工作经费至少需要50元，而国家和省级工作经费加起来1亩地才18.6元，工程县市区都是财政比较困难的地方，难以拿出配套资金。中央补助的工作经费3.6元从2018年起取消。

（五）建议

① 按照党的十九大报告提出“完善天然林保护制度，扩大退耕还林还草”和实施农村振兴战略的要求。建议启动实施其他县市区重要水源地15～25度坡耕地实施退耕还林还草。

② 建议国家出台相应政策，允许市场主体和大户参与退耕还林，在与土地原承包人经营权人协商一致的情况下可以享受退耕还林政策补助。

③ 建议国家有关部委对村集体地、“无主地”和坡面上小于25度的“插花地”无法实施退耕还林等问题进行实地调研，并出台相应的政策，进一步巩固退耕还林成果，使退耕还林进一步规范化、规模化、产业化。

④ 建议提高退耕还林补助标准，延长补助时限，增加退耕还林工作经费。退耕还林每亩补助提高到4500元，工作经费按照每年每亩10元的标准，连续补助5年，用于规划设计、组织实施、检查验收等工作，保障新一轮退耕还林顺利实施。

⑤ 建议将已实施退耕还林地块纳入补助范围。第一轮退耕还林实施时，各地有大量已实施地块未兑现，容易引发上访事件。建议因地施策，将已退耕未兑现的地块，纳入补助范围。

（执笔人：湖北省林业局　李清伟）

湖南省桑植县
退耕还林还草工程调查报告

桑植县位于湖南省西北边陲，地处武陵山脉北麓，是贺龙元帅的故乡、红二方面军长征出发地、湖南四大水系之一澧水的发源地，拥有一个国家级自然保护区——八大公山自然保护区。全县总面积3474平方千米，辖23个乡镇299个村(居)委会28个民族47万人口，以土家族、白族为主的少数民族占总人口的92.6%，属国家扶贫攻坚工作重点县。

桑植县森林资源富集，全县林业用地面积404.69万亩，活立木蓄积量1073万立方米，森林覆盖率达72.06%。

（一）退耕还林实施情况

桑植县自2000年以全国退耕还林试点示范县开始实施退耕还林，到现在已完成前一轮退耕还林及延长期，目前止在实施新一轮退耕还林。19年来，全县累计实施退耕还林38.37万亩，其中退耕地造林16.74万亩，荒山造林18.43万亩，封山育林3.2万亩；及时兑现退耕还林补助资金4.38亿元，有5.4万个农户21.6万人圆了脱贫梦；经国家核查验收，桑植县历年退耕地面积保存率、管护率、成林率、林权发证率、建档率均达99%以上，并于2007年被评为全国退耕还林先进县。2014年，桑植县开始实施新一轮退耕还林工程，截至2016年底，共完成退耕还林任务0.59万亩。其中2014年完成0.2万亩，涉及洪家关、马合口等5个乡镇；2015年完成0.29万亩，涉及利福塔、竹叶坪等12个乡镇；2016年完成0.1万亩，涉及官地坪、澧源镇等6个乡镇。桑植县新一轮退耕还林项目，在充分尊重农户意愿的前提下，除少数实行“分户实施”外，大多数由业主或专业合作社等依法依规流转进行实施，通过5年的实践，效果良好。多年来，桑植县坚持不懈地开展退耕还林工作，取得了丰硕的成果，生态环境得到有效改善，人们生态意识明显加强，退耕农户收入不断提高，县域经济健康发展，确实称得上是一项“民心工程”“德政工程”。

（二）主要措施

19年来，桑植县在实施两轮退耕还林工程过程中主要采取了以下“八项措施”：

一是加强组织领导。县委、县政府高度重视退耕还林工作，坚持乡镇党政一把手负总责的管理办法，实行“一把手”工程。在县级层面成立了退耕还林工作领导小组，由县长任组长，分管副县长直接负责抓落实。

二是注重宣传培训。桑植县坚持宣传先导，通过电视媒体、宣传标语、微信平台等形式，广泛宣传退耕还林工程的重大意义、政策法规和管护措施，组织召开了新一轮退耕还林培训推进会议，坚持不懈地深入村组、田间地头开展宣传教育，使全县广大干部群众对新一轮退耕还林有了一个新的认识，增强了退耕还林、保护生态环境的责任感和紧迫感，为全县顺利实施好退耕还林工程营造了良好氛围。

三是严格落实责任。桑植县始终把退耕还林工程作为生态建设的一项主要举措，作为全县经济建设的一项重要工程来抓，在项目实施中，进一步明确了各部门的工作职责：发改部门负责统筹协调年度任务计划的编制；财政部门负责资金的下达和监督管理，落实相关检查验收、政策兑现等工作经费；林业部门负责项目建设管理、政策培训、技术指导和监督检查等工作；国土部门负责将退耕还林的土地按现状纳入年度土地变更调查，配合做好实施方案编制等工作；其他相关部门严格按照新一轮退耕还林工作协调机制，各司其职、密切配合、共同扎实推进各项工作。在县级财政十分困难的情况下，每年都安排了10万元退耕还林专项工作经费给予保障，确保工程得以顺利实施。

四是坚持连片治理，狠抓补植补造。将退耕还林建设与新农村建设、扶贫开发、林业重点区域绿化、农业综合开发相结合，因地制宜，突出珍稀林木建设特色，已建成洪家关乡、空壳树乡、八大公山镇等大叶榉、红豆杉基地。每年春秋两季全面开展补植补造工作，对损毁、牲畜践踏、苗木成活率较低的小班地块大力补植补造，进一步巩固了退耕还林成果。

五是认真落实补助政策，足额兑现到户，取信于民。坚持每年召开一次补助资金兑现专题会议，制定切实可行的县级检查验收办法，安排组织技术人员，深入实地对退耕还林工程进行自查验收。同时，实行“五不兑现”制度，即“补植不到位不兑现，管护抚育不到位不兑现，封山禁牧不彻底不兑现，未张榜公示的不兑现，有问题未解决的不兑现”。坚持退耕还林补助资金严格按照程序发放，采取“一卡通”直接发放到农户手中，2000－2018年，中央下达桑植县退耕还林项目补助资金计划4.38亿元，包括前一轮钱粮补助资金4.31亿元和新一轮补助资金697万元，各项资金都及时兑现到农户手中。

六是严肃查处信访案件。桑植县坚持把退耕还林信访查处作为工程管理的一项重要工作常抓不懈，坚持“有访必接、有案必查、早查早结”的原则，认真对待、处理每一起信访纠纷，努力化解各方矛盾，尽量将每起信访问题都处理在萌芽阶段，切实保证广大退耕农户的切身利益。近3年来，全县共受理各类信访案件9起，查结9起，做到了事事有着落，件件有回音。

七是切实加强档案管理。桑植县投资30余万元，专门设立了退耕还林档案室，制定了桑植县退耕还林档案管理制度并配备了专职档案管理员。按照工程建设要求，逐项对验收原始表格资料、验收图、验收卡、钱粮补助兑现花名册、信访文件及其他退耕还林文件等资料进行搜集、补充、更新、整理、归档，并对全县退耕还林工程建设资料进行了信息录入，建立了数据库，切实提高了档案资料的完整性、科学性和真实性，从而使退耕还林档案管理逐步规范化和正规化。

八是认真开展监测调查。2003年，国家林业和草原局将桑植县沙塔坪乡彭家湾村和长潭坪乡水流村定为“退耕还林社会经济效益监测点”。桑植县高度重视此项工作，每年明确专人、安排专项工作经费保障监测工作正常开展，做到工作有的放矢，并及时将监测调查数据上报至国家林业和草原局经济发展研究中心。

（三）成果巩固

桑植县通过实施退耕还林，在社会和经济效益上均取得了较大成果，但巩固成果则是展开后期工作的中心任务。桑植县坚持“五个结合”巩固退耕还林成果，通过十多年的精心管护，全县退耕地造林保存率达百分百，没有发生复耕现象，且都郁闭成林，林木长势喜人。

一是把退耕还林与农村能源建设相结合。新建沼气池1.3万口，从根本上改善农民的生产生活条件，保护林草植被。二是把退耕还林与农田基本建设相结合。大力进行土地整理，确保退耕农户粮食自给。三是把退耕还林与后续产业相结合。努力增加农民收入，新建了厚朴、板栗、桃、梨、油茶、中药材等经济林基地6.5万亩，进一步开辟了农民增收渠道，确保退耕还林“退得下、还得上、能致富、不反弹、有发展”。四是把退耕还林与森林管护相结合。将537名退耕还林建档立卡贫困人口聘请为生态护林员，对相对连片的地块，都安排了生态护林员进行管护；对面积零星分散的地块，都与农户签订了管护合同，由农户自行管护，有效地保护了治理成果。五是把退耕还林与劳务输出相结合。通过“政府引导、市场拉动”的办法，多渠道开辟农民增收，全县约有3.1万名农民外出务工，年均劳务总收入1.3亿元，成为增收新亮点。

（四）问题及政策需求

桑植县目前已完成的16.74万亩退耕地退耕还林中有退耕还生态林13.7万亩，这部分退耕还林生态效益好，经济效益低，影响林农收入。建议将这部分退耕还生态林面积纳入国家或省级公益林管理，长期享受生态公益林补偿政策。

（执笔人：湖南省桑植县林业局　谷臣兵）

广西壮族自治区平果县
退耕还林还草工程调查报告

平果县隶属广西壮族自治区百色市，全县总面积2485平方千米，其中县城区面积27.5平方千米，全县土地总面积2457平方千米，辖9镇3乡181个行政村（社区），总人口52万，世居着壮、汉、瑶3个民族。全县林地类面积为13.4万公顷（含国家特别规定灌木林地、有林地、农地经济林、农地竹林、四旁树面积），全县森林覆盖率为65.42%，活立木总蓄积量517.68万立方米。全县基本农田总面积3036.8公顷，非基本农田面积397.1公顷，25度以上非基本农田面积2797.9公顷。

（一）基本情况

1．全县前一轮退耕还林工程完成情况

自2002年开始实施退耕还林工程至2006年，全县共实施退耕还林工程34万亩，其中退耕地还林12.7万亩，配套荒山造林13.8万亩，封山育林7.5万亩。涉及12个乡（镇）183个村（分场），参与退耕农户1.7万户6.2万人口。共投入资金42044.5万元，其中：原政策补助资金22885万元，完善退耕还林补助资金12437.5万元，巩固退耕还林成果专项资金5607万元，荒山造林补助资金690万元，封山育林补助资金425万元。

2．全县新一轮退耕还林工程完成情况

2014年、2015年和2017年3年共完成退耕还林造林任务1.6万亩。全县新一轮退耕还林工程总投入资金2420万元。

（二）项目建设成效

根据2017年度退耕还林工程县级检查验收结果，全县退耕地还林总面积14.3万

亩，其中保存合格面积为14.3万亩，占退耕地还林总面积的100%；配套荒山荒地造林3年后保存合格面积为13.8万亩，合格率100%；封山育林合格面积7.5万亩，合格率100%。通过实施退耕还林工程，全县累计新增森林面积35.6万亩，全县森林面积从退耕还林前的64.36万亩增加到2017年的99.96万亩，增长55.31%；活立木总蓄积量从退耕还林前的169.98万立方米增加到2017年的471.5万立方米，增长177.4%；森林覆盖率从退耕还林前的32.1%增加到2017年的65.42%，增长103.8%；全县木材年产量从2002年的2.33万立方米增加到2017年的21.5万立方米，是2002年9.2倍，增长823%。特别是14.3万亩的坡耕地退耕还林后遏制了较为严重的水土流失，减少自然灾害的发生，有效改善了生态环境，野生动物逐年增多。退耕还林在一定程度上极大增强了平果县人民的生态环境意识，为平果县后期生态文明建设打下了坚实的基础。

（三）退耕还林工程对改善民生的作用

2002开始实施退耕还林工程以来，全县涉及农户1.9万户，其中参与退耕地还林的农户1.85万户，户均退耕还林造林面积7.7亩，每年每户可领取国家补助1771元[其中粮食补助210元/（亩·年），生活补助20元/（亩·年）]，按每户平均4人计，人均年增收442.75元。同时将从事开垦坡耕地的劳动力解放出来，从事其他产业或劳务输出，增加了项目区农村的增收渠道，为农村经济注入新的活力。

通过实施退耕还林，全县木材年产量从2002年的2.33万立方米增加到2017年的21.5万立方米，是2002年的9.2倍，增长823%。木材产量的成倍增长带动了木材加工企业的蓬勃发展，全县木材加工企业年木材加工量从2002年的715立方米提高到2017年的16.5万立方米，木材加工产值从2002年的105万元提高到2017年的17065万元。木材产量的增长及木材加工企业的发展，拉动了林业产业的大发展，全县林业相关产业总产值从2002年的3771万元提高到2017年的264524万元。

通过实施退耕还林工程，全县农民人均纯收入从2002年的1392元提高到2017年的11465元；尽管由于贫困线指标调整，全县贫困人口从2002年的4.81万人增加到2017年的12.78万人，但全县农民人均纯收入逐年增长，生活水平不断提高；由于耕地面积减少，全县粮食总产量从2002年的132087吨减少到2017年的112292吨，人均口粮从2002年的332千克减少到2017年的270千克，农民基本口粮仍能充分保障；此外，通过改燃节柴，大力发展农村沼气、燃气、太阳能等替代能源，全县薪柴消耗量逐年减少，有效地保护了森林资源。据统计，至2017年，全县累计建设农村沼气池75000座，以煤、电汽代柴用户达8.006万户，太阳能热水器拥有量8600平方米。

（四）主要经验与做法

1. 加强领导，健全机构，落实责任

平果县成立了以县委书记、县长任组长的退耕还林工作领导小组。领导小组下设办公室和9个工作组，全面负责全县的退耕还林工作。各乡（镇）也成立相应

的组织机构，形成上下对口，管理严密，责任落实的组织体系。县人民政府与乡（镇）人民政府签订了退耕还林工程建设目标责任状，县退耕办与乡（镇）退耕办签订了工程建设技术责任书，增强责任感和紧迫感。

2．认真做好工程实施准备工作

一是做好调查摸底，摸清全县陡坡耕地的分布情况，按先急后缓的原则落实造林任务。二是认真编制工程实施方案，明确指导思想和工作原则。三是按实施方案做好作业设计，建立退耕还林数据库和GIS图库，确保退耕还林实施质量。四是加强退耕还林技术培训，全县共举办培训班12次，参加培训人数达1271人次，为工程的实施提供科学技术依据。

3．建立退耕还林举报制度

向社会公布举报电话，县退耕办设立退耕还林举报箱，接受社会监督，对群众举报的问题及时调查处理，多年来共处理举报案件36起，有效地促进退耕还林工作的开展。

4．加强档案管理

配备专职档案管理员，对有关退耕还林的文书档案、技术档案及其他相关资料分门别类，做好收集、整理和归档。确保退耕还林工程档案管理制度化、规范化，促进退耕还林工程建设有序开展。

5．强化技术管理，提高造林质量

一是做好种苗规划和生产供应。根据各年度工程需要，及时做好用苗规划，坚持适地适树，生态效益为主、经济效益相结合的原则，确保各年度工程造林取得成效。二是强化技术指导、技术培训和质量监督。挖坑不合格不种树，苗木不合格不上山，不同的季节使用不同的造林方法，确保造林任务的完成和造林质量达标。

6．加强森林资源管理与保护，巩固退耕还林成果

一是严格执行采伐限额。二是积极发展沼气池建设，改燃节柴，减少森林资源消耗。三是集中公检法和林业行政执法队伍积极开展严厉打击毁林开垦和各种破坏森林资源的行为的专项斗争，严肃查处毁林开垦和滥伐、盗伐森林及森林火灾案件，切实有效地保护森林资源，巩固退耕还林成果。

7．规范资金管理使用

严格工程资金使用管理，明确要求专项管理、专款专用，坚持“先验收、再公示、后兑现”的兑付程序。针对政策兑现中存在的资金拨付、县级验收、政策公示、农户信息缺失、信用社打卡到户等问题，提出分类解决办法，加强工作指导和督查督办，针对群众反映的政策兑现问题，组织开展实地核查并督促整改到位，确保退耕农户利益不受损。

（五）问题与建议

平果县实施退耕还林工程以来，在上级部门的大力支持和县委、县人民政府的正确领导下，在全县干部、群众的共同努力下，工程建设取得了良好的效果。但也存在不少问题：①自从实施退耕还林工程以来，工作量大大增加，但技术力量没有跟随增加，很多业务技术人员在繁琐的设计验收工作上累趴在岗位上；②平果县石山地区退耕种植两万多亩任豆树，目前已达到采伐年龄，有些任豆树成过熟林后，容易发生病虫害以致枯死，而本县多年来没有审批砍伐任豆树，在一定程度上影响了林农造林积极性，也损害了林农的利益；③新一轮国土部门的2009年二类调查结果与当前的实际有较大的出入，有些地块图班上标注是耕地，但实地核实已经是有林地了。

针对以上问题，建议：①上级有关部门出台相关政策，适当增加林业技术干部，提高林业干部的待遇（因为林业干部大部分时间都是从事野外工作）；②对于退耕还林种植任豆树的农户，在享受国家补助期间或补助期满后可以申请采伐成熟或过熟的林木，但采伐后要及时更新；③按现有政策规定，重要水源地15～25度非基本农田坡耕地，生态移民和水库移民腾退出来需要退耕还林的耕地，25度以下严重石漠化耕地，均需国家同意后再实施退耕还林，因此，出现了有些农户想退耕退不了，有些农户地块符合却不愿意退，在此提出建议，为了国家生态建设发展的需要，除基本农田外，只要农户愿意退耕，均可纳入退耕还林范畴。

典型事例

事例1：任豆上坡让石山绿色葱郁

平果县坡造镇龙板村的石头山上，漫山遍野长着一种非常漂亮的树，这种树的树冠就像撑开的伞，一层一层的舒展开，遮天蔽日，阳光只能挤过叶缝，星星点点照到林下。如果不走入密林，绝对不相信这儿是石灰岩大山。这种树就是任豆树。它是一种高大的乔木，也是当地的乡土树，全身是宝，叶是牛羊饲料，枝是柴火，木材是高档家具用材，根可以固氮。当地人管其叫砍头树。在任豆树长到4～5米高时，砍掉树冠，断口处很快就会长出很多枝条，而且越砍就会越长得多，为村民提供了充足的柴火。任豆的根非常顽强，为了在石头缝里找到仅有的土，它们在石头上穿梭，许多裸露在石头上的根，如此粗壮，像蛟龙出水，令人震撼。同时，这也是一种自我保护、自我修复能力，也许正是由于任豆树的根能在石头缝里向着有湿度的土壤延伸，它不负众望，真的在石山上成活了，而且成活率超过了95%。

坡造镇龙板村龙何屯韦××，他就是最早加入退耕还林的村民，退耕前家里有5口人，其中有3个劳动力全部在家务农，从事种养业，其中种植玉米20亩，每亩产量1200斤，按市场价1元/斤算，玉米一年总收入24000元，养猪每年可出栏20头猪，年收入1万元左右，家庭总收入34000元，年人均收入6800元。目前家庭人口还是5人，4个劳动力，自从2002年实施退耕还林以后，他家退耕了20亩，每年享受国家补助4600元。减少20亩农地的耕作后，家里的劳动力大半可以从事其他事业，使家庭收入每年不断增收，今年年收入增加到112500元，其中有一个人长期外出打工，年收入有3万元，有3个人在家养猪、养蚕，每年出栏约50头肉猪，养猪年收入最高达4万元，种桑养蚕11亩左右，年收入4万元，领取国家退耕补助2500元，年人均收入达22500元。退耕后比退耕前家庭年总收入增加78500元，增长230%，家庭达到小康水平。

事例2：竹豆混交让村民长短效益兼收

任豆树材质虽然很好，但生长周期比较长，庆兰村民很好地利用了竹豆混交这一模式，让林子在短期内有直接经济收益。庆兰村民很聪明，他们在任豆林子中种上丛生竹。这一种，不仅让大公司到村里收购，50元一对。这满满一车竹筐也有好几千的收益。

竹子与任豆不同。竹子不愁长，一场大雨后，竹笋便呼呼地往外冒，竹笋可以卖钱，竹材可以编织，而且竹子越砍长得越多。村里青壮年外出打工，老人、妇女都能用竹材编制各种用具赚钱。

村民们说，他们的石山变绿了，山上的泉水也咕咕的往外冒，长年不断，给他们提供了清甜的水源。过去，他们用水很困难，只能靠老天下雨。村民们在村里修了个大池子，用来储藏降水，以备旱季用。现在，由于泉水一年到头不断流，他们不仅不用担心生活用水，还能在山下种桑养蚕，养牛养羊。在村里，任凭你走到哪家都能看到他们的门厅都成了小作坊，有养蚕的，有做竹编的，甚至有一家连着门厅的竟然全是羊舍。羊的主人叫周××，退耕前家里有7口人，其中有5个劳动力全部在家务农，从事种养业，其中种植玉米5.1亩，每亩产量1200斤，按市场价1元/斤算，玉米一年总收入6120元，养猪年收入2万元，家庭年总收入26120元，年人均收入3731元。目前家庭人口有8人，6个劳动力，自从2002年实施退耕还林以后，他家退耕了5.1亩，每年享受国家补助1173元。减少5.1亩农地的耕作后，家里的劳动力大半可以从事其他事业，使家庭收入每年不断增收，2017年年收入增加到120637.5元，其中有两个人长期外出打工，年收有7万元，有4人在家从事养殖事业，养羊70只，年均收入4万元，种桑养蚕3亩，年收入1万元，领取国家退耕补助637.5元，年人均收入达15080元。退耕后比退耕前家庭年总收入增加94517.5元，增长362%，家庭生活得到很大改善，达到了小康水平。

（执笔人：广西百色平果县林业局　黄惠　麻莉）

云南省彝良县
退耕还林还草工程调查报告

历年来，彝良县退耕还林工程建设在县委、县政府的正确领导和上级主管部门的大力支持下，县局坚持以生态文明统揽林业，以服务大局谋划林业，以深化改革激活林业，以重点工程带动林业的理念，认真落实党的十八大和十九大会议精神，紧紧围绕“建设生态文明、发展绿色产业，实现富民强县”的工作思路，结合全县扶贫攻坚工作，深入推进新农村建设，坚持绿色可持续发展，着力改善生态环境，全力实施新一轮退耕还林工程项目建设。通过多年不懈努力，全县林业用地不断增加，森林资源总量不断增长，生态环境明显改善，林农收入明显提高，林业生态、经济、社会效益得到较好较快发展。

（一）基本情况

彝良县国土面积2804平方千米，境内最高海拔2780米，最低海拔520米，分为河谷、二半山、高山区三个地貌类型。据2016年森林资源二类调查，林地面积为275万亩，占国土面积的65.39%，其中，有林地面积114.1万亩，占41.49%，灌木林地面积138.68万亩，占50.43%；活立木蓄积量为4684290立方米；森林覆盖率为30.04%，林木绿化率为60.41%。辖15个乡镇133个村4个居民委员会，总人口60.1万人，其中农业人口有52.76万人，占全县总人口的87.73%。辖区内有同属乌蒙山国家级自然保护区的朝天马、海子坪两个自然保护分区，总面积178平方千米，占乌蒙山国家级自然保护区总面积的68%。朝天马自然保护区是乌蒙高原生物群落保存较为完好的自然保护区、海子坪自然保护区是我国唯一天然分布毛竹林群落及野生毛竹遗传种质资源。林业产业在山区农民脱贫致富及农村经济发展中具有十分重要的地位和作用。

（二）退耕还林工程建设情况

1．第一轮退耕还林情况

1999年国家作出了实施退耕还林重大战略决策，2000年云南省把彝良县列为全省9个退耕还林试点县之一，率先启动实施国家退耕还林工程。截至目前，彝良县已累计投入国家退耕还林工程项目资金4.05亿元，完成国家退耕还林（草）面积25.76万亩，其中：退耕地还林8万亩，退耕地还草0.1万亩，荒山造林9.93万亩，封山育林5.84万亩，荒山种草1.89万亩。退耕还林（草）面积中，生态林面积7.06万亩，占87.2%；经济林面积0.94万亩，占11.6%；草0.1万亩，占1.2%；60%以上的农民受益。2008年到2015年累计完成国家巩固退耕还林成果项目造林25.93万亩，优化树种建设1.6万亩，发展薪炭林888亩，补植补造5887亩，农村户用沼气池2258口，太阳能8000户，节柴改灶904眼，技能培训5238人。退耕还林工程农户补助资金3.92257亿元已按政策全部逐年兑现到户。

2．退耕还林工程效益监测工作情况

彝良县退耕还林工程监测工作于2004年开始，监测点按要求选择在牛街镇上白水村，涉及东洋、白果、竹林、四方地、沙坡、麻木、吴家沱等7个村民小组10户监测户。监测点的退耕还林工程为2000年试点时实施，经济林补助于2009年到期后已停止补助，生态林补助于2015年到期。全村退耕还林17个小班2261亩，其中生态林1971亩，经济林290亩。自退耕还林工程监测工作开展以来，彝良县一直安排专人负责此项工作，定时到监测点和监测农户调查和收集了解监测情况，按时上报相关工作表册和数据。

3．退耕还林成果分析

全县退耕还林经过十多年的后续管理，其经济、社会和生态效益十分显著，有力带动了全县林产业的发展。

（1）经济效益

一是退耕还林政策性补助对农民纯收入贡献明显。2000－2003年，全县共退耕还林还草8.1万亩，户均退耕4.55亩，累计补助达2.2万元。二是核桃、竹子、花椒、板栗、水果等兼用林和经济林已达盛产期，经济效益显著，拥有以上兼用林和经济林的退耕户，退耕地年收入少则几千元，多则几万元，甚至十多万元。三是在退耕还林工程的启发和带动下，非退耕农户自发退耕发展竹子、花椒、核桃等产业，已郁闭投产面积达30万亩以上，促进了农村产业结构调整，带动了农村经济持续健康发展。无论是从监测点、监测户，还是从全县退耕还林实施区域调查了解的情况看，实施了退耕还林工程后，农村和农民的各项经济指标不但没有减少，相反比未退耕时的发展更迅猛快速。

（2）生态效益

第一轮退耕还林8万亩，荒山造林9.93万亩，带动非退耕农户自发退耕成林面积30余万亩，使全县林地面积增加50万亩以上，使彝良县森林覆盖率增加了12个百分点，加之25度以上陡坡耕地的减少，极大地减少了全县水土流失面积，自然灾害

发生机率明显减弱。20世纪90年代常出现的大面积泥石流和洪灾已得到有效控制，2012年连续遭受地震和暴雨双重灾害的情况下，也只是局部范围产生泥石流灾害。

（3）社会效益

一是退耕还林加速了农村劳动力转移，拓宽了农村经济来源，改善了农户的收入结构，增加了农民收入。二是实用技术的培训和推广，提高了林农的文化水平和经营管理水平。三是土地减少后，增加了农户学习农业科技的需求和自觉性，促进了农业科技的推广。四是为第二轮退耕还林积累了经验和奠定了坚实的基础。

4．新一轮退耕还林工作开展情况

彝良县在接到新一轮退耕还林任务后，及时准备和开展了各项工作。一是县政府成立了第二轮退耕还林还草工作领导小组，由分管副县长任组长，发改、财政、国土、林业、农业等相关部门领导为成员，领导小组下设办公室在县林业局，负责技术指导和日常管理工作；各乡镇也相应成立了退耕还林还草工作领导小组，负责退耕还林工程的组织实施。县与乡（镇）、乡（镇）与村层层落实目标和责任，做到目标、任务、资金、责任“四到位”。二是林业部门及时购置了大比例地形图、平板电脑、GPS定位仪等必备工具，对工程技术人员进行了技术培训，安排了12名技术人员负责外业调查工作，聘请了云南立伟林业技术咨询有限公司负责文本设计。退耕还林地块按新的政策和技术要求，汇同国土资源部门核实后确定在25度以上的非基本农田内。结合林产业发展实际和旅游开发前景，退耕树种设计为核桃、花椒、方竹、樱桃、板栗、野樱桃、樱花、梨、李等。三是落实工作经费。在第二轮退耕还林建设期内，县级财政将同级工作经费纳入每年地方财政预算。还落实了监管、追责以及其他各方面的配套措施。全县年度建设任务为：2014年3万亩，2015年7万亩，2016年13万亩，2017年7万亩，2018年7万亩。项目工程涉及全县15个乡镇；其中2014年的3万亩、2015年2.2万亩，是通过招标方式，由专业造林队实施造林，保证成活率，并连续管护3年后交给退耕农户。剩余的2015年4.8万亩 、2016年的13万亩、2017年7万亩、2018年7万亩由乡镇组织实施，护林员协同农户共同管理。2014－2018年度建设任务现已全面完成。

（三）主要经验和做法

回顾彝良县退耕还林工程建设历程，彝良县在实施国家退耕还林工程建设过程中，始终把彝良县建设成为一个集保持水土、恢复生态、开发产业、科技示范、体制创新为一体的功能齐全、特色突出、带动力强的退耕还林试验示范基县，初步实现富裕彝良、生态彝良、和谐彝良的发展目标。彝良县在实施退耕还林工程建设中，落实“三个到位”，做到“四个结合”，采取“六项措施”， 统一规划，整体推进。

“三个到位”：一是抓组织领导，确保责任落实到位。从2000年工程建设启动初期，彝良县就成立了以县委书记任组长的退耕还林建设领导组，乡、村两级也相应成立了领导机构，层层签订目标责任状，严格考核，兑现奖惩。二是抓制度建设，确保监督管理到位。彝良县退耕办结合地方实际，制定出台了工程项目实施、财务管理、技术标准、检查验收等系列管理办法，严格实施和验收。与此同时，每年还组织人大代表、政协委员开展视察督促。三是抓技术指导，确保技术标准落实到位。林业部门在整个工程建设中充分发挥部门职能作用，认真做好项目的规划设计、技术指导和检查验收等工作，确保了项目建设进度、质量和效益。

“四个结合”：一是生态与经济效益相结合。在设计上，坚持生态优先，生态林和经济林同步考虑的原则，以核桃、竹子、花椒、天麻菌材林为主，既达到生态建设标准，又兼顾了经济效益。二是个体造林与专业队造林相结合。退耕还林工程是一项生态文明建设工程，集扶贫、民生、德政等功能为一体、深受广大干部群众的拥护。在工程建设中，广大退耕农户自觉自愿投身到退耕还林主战场，不少林农全家总动员，老少参与，确保工程质量和效益，彝良县还组建了专业队常年施工，做到工程建设各个环节环环相扣，层层把关，从而保证了施工进度和质量。三是工程建设与工程管护相结合。每年工程建设任务结束后，各工程区就相应了落实管护人员，明确了管护措施，每天坚持巡山管护，保障整个工程管护工作实现人员、报酬、任务、责任、奖罚、制度六落实，确保了退耕还林工程项目建设一片、成功一片、成效一片。四是实施退耕还林与发展林产业相结合。为了确保退耕还林建设退得下、稳得住、有效益、能致富、不反弹。彝良县从开始启动退耕还林建设就及早谋划农民退耕后的生计问题，着力规划发展以核桃、竹子、花椒、天麻菌材林为主的林产业基地建设，实现了整个林业的结构转型和效益升级改造目标。

“六项措施”：一是广泛宣传发动，规范建设程序。从退耕还林工程启动开始，专门成立了退耕还林建设宣传工作组，利用会议、网络、广播、电视、专栏等多种形式向广大干部群众大张旗鼓地宣传国家退耕还林的相关政策、退耕还林的建设程序、退耕农户的权利义务等内容，使国家退耕还林政策家喻户晓，人人皆知。二是因地制宜，科学规划。根据政府与群众签订的退耕还林合同，林业部门组织专业技术人员在乡村干部和群众代表的配合下，逐地逐户开展实地规划，编制施工作业设计，严格按照设计组织施工，确保施工与设计相符合。三是严格工程建设管理，确保工程建设质量。在工程实施前，举办培训班，对施工技术指导人员和造林工程队进行集中培训，签订施工作业合同和技术人员岗位目标管理责任书，使技术指导人员和施工人员从思想上重视，操作中认真，确保工程建设进度、质量和效益。四是严把种苗质量关，确保工程建设用上良种壮苗。彝良县退耕还林建设用苗采取本地采种，就近育苗，就地移栽，坚持使用国标一级苗，经种苗站和森防站联合检疫检验合格后方可用于上山造林，对苗木的检疫检验实行质量终身负责制。五是落实政策，及时兑现。为了把国家退耕还林政策落到实处，真正使广大群众能够从中得到实惠，我们始终把群众的利益放在与工程建设同等重要的地位，坚持按政策办事；政策兑现中，首先进行张榜公布，公示举报电话，接受群众监督，公示期满，群众无异议后方可组织兑现。为确保国家补助安全兑现到退耕还林农户手中，全部采用“一卡通”，由财政部门直接上卡。六是严格控制征占用退耕还林地。凡因基本建设确需征占用退耕还林地的，严格依法履行审批手续，足额交纳补偿费用，并按照占一还一的原则实行异地造林置换，确保总量不减少。

近年来，彝良县在国家、省、市党委政府和各有关部门的关心和支持下，大力实施退耕还林、天保工程、陡坡生态治理等国家林业重点工程项目建设，林地面积得到了大幅增加，生态环境、农村基础设施和农民生活环境得到了根本改善，各项社会事业全面进步，群众生活质量得到了快速提升，农民收入实现了稳定增长。

（四）存在的问题

① 监测点选择代表性不强。由于监测点属第一年试点实施，无经验可借鉴，施工仓促，设计小班扣除面积大，地块看起来显得零散不连片；多数小班树种变更大，先后由梨和李更换为苦丁茶，再更换为板栗和核桃。

② 彝良县鼓励和引导社会资本推进新一轮退耕还林工程的体制机制尚未健全，社会资本融入建设新一轮退耕还林工程的积极性还需进一步提高。

③ 种苗补助标准低。新一轮退耕还林工程中，种苗补助费现在虽从原来300元/亩提高到了400元/亩。但在工程造林中，要充分考虑农民意愿，多数地块造林苗木均是经济效益好，见效快的嫁接苗，苗木价格高，加之近年来彝良县高温干旱等极端天气频发，造林成活率受到极大影响，补植补造量大，400元种苗费远远不够用。为确保退耕还林造林成效，建议将种苗费从每亩400元增加到600元。

④ 工作经费少。新一轮退耕还林点多、面广、任务重，上级下达的工作经费远远不够。

⑤ 农户补助低。新一轮每亩补助1200元，远远低于前一轮退耕还林补助（前一轮退耕还林生态林补助为3080元）。建议将新一轮退耕还林补助提高到4000元。

⑥ 林业科技含量不高。退耕还林是以改善生态环境为主，林木生长周期长，见效慢。工程建设后无后续项目作支撑，大多数退耕农户只顾眼前利益，不注重投入，经营管理粗放，经济效益不高。在退耕还林等林业生态项目建设中，建议加大林业科技扶持与投入，高度重视和加大林业科技成果推广运用，大力提升退耕还林等林业生态项目建设科技含量，切实促进林业生态建设项目的生态、经济和社会三大效益提高。

（五）建议

① 针对退耕农户制订贴息、项目扶持的优惠政策。

② 对立地条件差，生态位置极为重要，退耕还林无法产生经济效益的地块，纳入公益林管理长期给予补助。

③ 在巩固退耕还林成果项目中加大能源和技术技能培训投资，加大林业科技成果推广力度，大力提升退耕还林科技含量，提高生态、经济和社会三大效益。

④ 加大对乡镇林业站基础设施建设投入，改善一线工作条件。

⑤ 希望国家对西部地区尤其是贫困山区多解决一些退耕还林指标，以满足广大农户的需求。

（执笔人：云南省彝良县林业和草原局　李蓓）

甘肃省天祝藏族自治县
退耕还林还草工程调查报告

天祝藏族自治县（以下简称“天祝县”）是中华人民共和国后成立的第一个少数民族自治县，地处甘肃省中部、祁连山东段、黄河流域中上游和石羊河流域源头位置。全县总面积7149.8平方千米，耕地面积31.97万亩，天然草原面积621.19万亩，林地面积429.75万亩，活立木总蓄积量886.83万立方米，森林覆盖率34.26%。境内森林以祁连山水源涵养林为主，占整个祁连山水源涵养林总面积的40%，流域年径流量达10.24亿立方米。林区内野生动植物资源丰富、种类繁多，是一个森林资源丰富、地位比较特殊的林业生态大县。

（一）前一轮退耕还林工程建设情况

天祝县于1999年率先启动实施退耕还林草工程，2000年被确定为全国退耕还林工程试点县，同时确定为国家林业局长退耕还林科技试验联系点。截至2015年年底，全县共完成退耕还林还草89678.2亩，其中退耕地还林40810.2亩，退耕地还草9868亩，荒山造林20000亩，封山育林19000亩。工程涉及祁连、大红沟、哈溪、朵什、西大滩、东大滩、安远、打柴沟、石门、炭山岭、天堂、赛什斯、东坪等14个乡镇52个行政村6985户31824人。全县累计完成国家补助资金9129.08万元（第一轮补助期限8年，2004年前每亩补助粮食100千克，每亩补助管护费20元，2004年起粮改现金每亩补助生活费140元，每亩补助管护费20元，已累计兑现第一轮粮食补助14671.28吨、粮改现金和管护费补助等共计3959.16万元；第二轮补助期限也是8年，每亩补助生活费70元、每亩补助管护费20元，已累计兑现第二轮生活补助共计3115.94万元）。

（二）新一轮退耕还林还草工程开展情况

自新一轮退耕还林还草工程启动以来，2015年市发改委等部门下达给天祝县退耕还草建设任务5485亩。每亩补助资金1000元，其中种草费150元，农户补助850元，资金分三年兑现，第一年兑现600元，含种草费150元；第三年兑现400元。该工程由县草原站负责实施，现已完成建设。

（三）退耕还林工程效益监测样本村的情况

天祝县朵什乡2001－2003年共退耕还林草面积9478亩，退耕还林5932 亩，其中还草141亩；荒山造林3546亩。共涉及3个自然村639户农户。其中：2001年旱泉沟村退耕还林面积3060亩，还草141亩；2002年退耕还林面积411亩。天祝县朵什乡旱泉沟村作为监测调查点，在旱泉沟村中选取10户农户作为监测户。因为选取的农户中有2户现在一直在外打工，家中耕地交给亲戚帮忙耕种，因此又选取了3户农户进行了补充。至2018年底旱泉沟村监测的13户监测户及其他参与退耕还林的农户补助政策到期，补助停止。

（四）因害设防、成功总结生态治理模式

经过不断的试验、总结，再试验、再总结，逐步摸索出了一套适合天祝县以及类同地区退耕还林工程建设的生态环境治理模式。

① 林草生态型治理模式。该模式可有效缓解退耕还林与发展畜牧业之间的矛盾，同时为舍饲圈养在天祝县的全面推广奠定基础，逐步缓解祁连山区过度放牧、林草植被践踏严重、草场退化的不良现状。林草配置时按照“宽行距，窄株距，中间留出种草带”的原则，选择在较为干旱的阳坡、半阳坡的退耕地建植，树种选择为沙棘、柠条等耐旱灌木，草种选择为披碱草、无芒雀麦、紫花苜蓿等多年生优质牧草，采用林草行间混交方式，竹节式水平沟整地，栽植株距1米，行距4米，在行距中间播种2米宽的草带，草带两边各距苗木留足1米的保护带。该模式的设计既符合生态林建设的要求，又达到合理利用土地，恢复植被，减少水土流失，改善生态环境的目的，又解决了退耕农户饲养牲畜饲草难的问题，调动了广大农户参与退耕还林的积极性。

② 生态型经济林模式。该模式可改变生态林效益单一的现状，提高生态林的经济效益，调动群众的造林绿化积极性，该模式选在天祝县的大通河沿岸进行，该区光照充足、降水充沛，群众栽植花椒的积极性高，经验丰富，根据实际情况严格按照生态公益林的建设标准，设计了宽行密植的造林方式，树种选择以花椒为主，沙棘、枸杞为辅，既发挥了生态效益，又增加了农牧民的经济收入，加快了当地群众脱贫致富的步伐。

③ 乔灌混交型水源涵养林营建模式。该模式主要以涵养水源，改善水文状况、调节水的小循环，增加河水常年流量为目的，选择在天然林区周围，立地条

件优越的中山阴坡、中山阴坡灌丛营建，选用的树种以青海云杉、沙棘为主，其他树种为辅。

④ 灌木混交型水土保持林营建模式。该模式主要以减缓地表径流，减小冲刷，防止水土流失，保持和恢复原有土壤、植被为目的，选择在水土流失严重的浅山阳坡、中山阳坡以及在较为干旱、水土流失严重的浅山阴坡区域营建，选用的树种以沙棘、柠条为主，其他树种为辅。该模式适用于天祝县25度以上坡耕地及荒山造林，可有效拦截地表径流。

⑤ 乔木型护岸林营建模式。该模式主要以减少河流泥沙含量、降低流水对河床的冲刷为目的，同时可培育适宜的大径级、小径级民用材，选择在较为平缓、水源充足的区域营建，选用适宜天祝县自然条件的耐旱耐寒的青杨、沙棘为主。还可营造青杨纯林，密度控制在每亩75株左右，行距3米，株距3米，以达到用材与护岸的双重目的。该模式适用于天祝县海拔2900米以下、坡度15度以下的砂砾河滩、沟谷台地的荒滩造林，为保护下游地区绿水长流将起到十分重要的作用。

⑥ 林药间作等模式。该模式充分利用退耕区造林行间距，以促进退耕农户增收，培植稳定的后续产业，所采取的一种有效模式。选择在立地条件优越的中山阴坡、半阴坡等水分较为充足的区域实施，树种配置青海云杉、沙棘1：2的比例混交，行距2米，药材种植在行间距内，种植宽度1米，种植带两边各距苗木留足0.5米的缓冲带，药材种植、管理方法按相关技术要求进行。

（五）主要经验和做法

① 强化宣传教育，提高思想认识。把宣传动员作为退耕还林工程建设的第一道工序，在全县范围内，广泛应用各种新闻媒体，开展广泛、深入、持久的宣传教育，宣传天祝县生态环境建设面临的危机和存在的问题，宣传退耕还林工程建设在天祝县生态建设和社会经济发展中的重要作用，宣传国家对生态环境建设及退耕还林工程实施中的一系列优惠政策。增强了广大干部群众的责任感、使命感和紧迫感，使广大干部群众从改善生态环境的战略高度、从调整农村产业结构的政策高度、从促进农村经济发展的现实高度认识退耕还林工程，创造了良好的舆论氛围和社会环境。

② 加强组织领导，健全工作机制。一是按照《退耕还林条例》的要求，成立了由县长任组长，县委、县政府分管领导任副组长，林业、发改、畜牧、粮食、财政等部门和各工程乡镇为成员单位的退耕还林工程建设领导小组，统一组织、指导、协调、部署全县退耕还林工作，并下设科级建制的退耕还林办公室，固定专人负责办理日常业务。二是按照工程建设要求及县委、县政府的总体部署，积极推行县、乡、村、户四级目标管理责任制，与农户签订退耕还林合同，明确了各自职责，保证了工程建设的顺利实施。三是组建了以林业、畜牧工程技术人员和乡镇干部为主的技术服务指导小组，从整地、苗木调运、栽植、牧草种植、抗旱造林技术的应用等各方面进行全程服务。

③ 科学规划设计，提高工程质量。一是根据《退耕还林条例》和甘肃省实施方案的编制提纲，坚持统筹规划、分步实施、突出重点、注重实效、集中连片、规模治理的原则和遵循自然规律、因地制宜、乔灌草合理搭配、综合治理的原则，及时编制县级实施方案，经县政府审批，转发各乡镇、相关部门实施。二是各乡镇根据年初分配的计划任务，编制了切实可行的作业设计，划定本辖区的退耕范围，并实地丈量退耕面积，绘制地块分布示意草图，县林业部门根据各乡镇提供的资料，组织工程技术人员现地勘查核实面积，从实际出发，将科学规划、工程整地、良种壮苗、科技指导、规范栽植紧密结合，充分考虑农户退耕以后的生活出路问题，在阳坡、半阳坡地段设计了林草间作模式，在光热条件适宜的大通河沿岸设计了以花椒为主的生态经济林模式，从而增强了作业设计的规范性、合理性和可操作性。三是狠抓造林技术培训。林业部门抓住春秋两季造林的有利时机，及时编写印发了以造林整地、苗木假植、栽植、抗旱造林、优质牧草混播、花椒栽植、整形修剪、病虫鼠害防治技术为主要内容的《退耕还林技术要点》《退耕还林造林图示》《保水剂使用方法》等培训资料，采取举办培训班、政策引导、现场示范、问题解答等形式培训乡镇干部和农民技术骨干，从而形成了县、乡、村、组四级技术服务网络，保证了工程建设质量。四是根据天祝县气候干旱、降雨分布不均等特点，应用保水剂造林、抗旱整地造林、覆膜保墒、黏土衬护的渗池灌水等多种实用技术，大大提高了造林成活率。

④ 严把施工环节，严格检查验收。在造林期间，从整地、苗木质检、调运、栽植、抚育、管护等关键环节入手，层层把关，严格检查。一是严把苗木质量关。从起苗、分级、运输、假植、栽植等工序都有技术人员把关签字。由县林业部门将苗木调运至栽植点，乡镇领导和现场跟班人员清点数量、验收质量，对验收合格的苗木以签字为依据，对不符合国家标准的苗木不签字，拒绝上山。二是严把整地关。无论是水平沟整地，还是鱼鳞坑、穴状整地，都严格按作业设计的要求进行，对整地方式达到标准的，现场跟班人员出具整地验收单方可领取苗木，不合格的返工重新整地、直至合格为止。三是严把栽植关。按作业设计要求，所有苗木必须进行保水剂泥浆浸根后才能栽植，对沙棘等耐旱性较强的树种进行截干深栽，对干旱较为严重的地段采用了铺膜保墒的造林技术。四是严格检查验收。在施工过程中，县林业部门成立了由工程技术人员组成的督查组，深入退耕还林乡镇进行巡回督查，对发现的问题及时纠正、解决。施工结束后，由林业部门抽调工程技术人员，严格按照国家和省上的检查验收办法，对造林质量，成活率，面积核实率等进行全面、严格的检查验收，对达不到要求的地块，责令限期整改，直至合格为止。

⑤ 健全规章制度，强化各项措施。一是建立健全各项规章制度。退耕还林是一项系统工程，在各个环节都需要严格的规章制度来不断规范、指导工程建设。因此，县委、县政府以改善生态环境为目标，提高工程建设质量为着力点，创建精品示范工程为动力，建立健全了《退耕还林技术服务制度》《退耕还林工程档案管理

制度》等规章制度，每年下发各类文件，不断推进、规范工程建设的顺利实施。二是加强了对退耕还林地的管护工作。每年造林结束后，县上多方筹措资金，修筑钢丝网围栏，严格按照“谁退耕、谁造林、谁受益、谁管理”的原则实行个体承包管理，与退耕农户签订管护责任书。三是加强了抚育工作。造林结束后，林业部门及时提供鼠兔防治药物，组织人员对中华鼢鼠进行防治，有效遏制了鼠害的大面积发生。针对杂草旺盛、影响苗木正常生长的现状，由各乡镇根据各自的实际，周密安排部署，对苗木坑穴周围进行松土、除草，有条件的农户还进行了浇灌、施肥等抚育工作。

（六）存在的问题

① 政策到期停止补助对农户长远生计的影响。天祝县退耕地还生态林补助期满后，退耕农户不能从退耕地上获得直接的经济收入，影响了群众的退耕还林积极性。

② 工程建设管护抚育经费筹集困难。由于天祝县属半农半牧县，畜牧业比重大，为有效解决林牧矛盾，对全县退耕还林地进行了围栏管护，截至目前，全县累计自筹资金280多万元，修筑钢丝网围栏350多千米。开展工程作业设计、档案建立、作业施工、检查验收无专项管理经费，全部有县林业主管部门垫支，经济负担较重。

③ 防火形势严峻。由于长期的静态封护，全县退耕还林区杂草茂盛，防火难度大。林业部门、各乡镇利用多种宣传工具，加大退耕还林地防火宣传，在主要地段内张贴防火宣传标语，在人员活动频繁的地方架设宣传横幅、刷贴标语，出动人员、车辆巡回进行流动宣传，形成强大的社会舆论氛围，提高全民防火意识。同时对重点部位死看死守，有效遏制了私烧乱点现象的发生。

④ 鼠兔危害严重。随着林草植被的恢复，退耕地鼠兔活动猖獗，苗木受损严重，近年来，林业部门多方筹资购买防鼠药物，危害程度有所减轻，但由于受到资金的严重制约，加之退耕还林点多面广，仍未彻底解决鼠害情况，退耕地上的造林苗木还是受到了不同程度的危害，特别是多年成活的沙棘苗木被中华鼢鼠从根部咬断，使造林成活率和保存率受到了一定的影响。

（七）建议

① 退耕还林补助标准降低，补助年限缩短。建议新一轮的退耕还林还草提高补助标准和延长补助期限。

② 增列退耕还林后续管理专项资金。天祝县山大沟深，居住分散，退耕还林还草工程中幼林抚育、有害生物防治、森林防火以及落实地块、外业调查设计、技术指导等工作任务繁重，目前仅靠现有的工作经费难以开展正常工作，建议增列退耕还林项目后续管理专项资金。

③ 放宽退耕地地类坡度要求。由于天祝县25度以上坡耕地分布零散，地块碎

小，能集中连片实施的地块较少，大部分适宜退耕的地块集中分布在15～25度重要水源涵养区和25度以下移民迁出区。为使该类地块的生态环境得到明显改善，有效增加当地群众收入。建议放宽该类地块的坡度要求政策和耕地属性，充分发挥生态效益。同时天祝县部分生态移民区耕地撂荒，但耕地属性属基本农田，建议将该部分土地属性进行调整，作为生态用地进行退耕还林。

（执笔人：甘肃省天祝藏族自治县林业和草原局　李艳霞）

宁夏回族自治区
退耕还林还草工程调查报告

（一）前一轮退耕还林实施情况

1．基本情况

宁夏自2000年实施退耕还林工程，截至2013年年底，国家累计下达宁夏第一轮退耕还林任务1302.4万亩，其中退耕地还林467.9万亩，荒山造林和封山育林834.5万亩，涉及21个工程县区及农垦集团，工程参与人数32.3万户153万人。各工程县（区）按照国家下达计划任务，全面完成了各年度退耕地及配套荒山和封育造林项目。国家累计安排宁夏前一轮退耕还林补助资金126.33亿元，直接安排退耕农户补助资金90.29亿元，人均受益资金5901元。

2．主要经验和做法

一是加强组织领导，逐级落实责任。成立了以自治区政府主管副主席为组长，发改委、财政、粮食、林业等部门主要负责同志参加的退耕还林工作领导小组，并在自治区林业局设立了自治区退耕还林工程办公室。自治区各有关部门各司其职，分工协作。为了加强领导，自治区政府主管主席每年与各工程县的政府主要领导签订责任书，将“目标、任务、资金、粮食、责任”落实到县，确保了宁夏退耕还林工程建设的顺利实施。

二是理清工作思路，注重建设成效。按照“全面规划、分步实施、突出重点、先易后难、先行试点、稳步推进”的原则，宁夏实施退耕还林工程一是坚持在南部山区以扩大六盘山水源涵养林区为重点，在黄土丘陵区以治理水土流失为重点，在盐同海严重风沙区以沙漠化土地治理为重点，有主次、有计划地实施退耕还林工程；二是坚持退耕还林与调整农业结构相结合，宜林则林、宜草则草、林草结合、林果结合，林药结合，并积极推行封山禁牧、舍饲圈养，发展畜牧，为农民增产增收创造条件；三是坚持与特色林业产业带建设相结合，抓好特色化规划、标准化生产、规模化发展、区域化布局和产业化经营；四是坚持生态优先，实行乔灌草合理配置，大力培育后续产业基地，为后续产业发展奠定基础；五是坚持以小流域为单元，将农口资金捆绑使用，充分发挥项目的带动作用，实行山、水、田、林、路、草综合治理；六是坚持退耕还林与生态移民搬迁相结合，对集中连片的退耕区、六盘山水源涵养林区和自然保护区以及封山育林区插花分布的农户有计划地安排移民搬迁，实行集中连片，规模治理。

三是坚持科技带动，提高建设水平。实施退耕还林工程以来，宁夏坚持科技兴林的指导思想，依靠科技示范带动现代林业发展，在原州区建立了“西北地区森林病虫鼠害综合防治示范点”以及“国家林业局黄峁山退耕还林科技示范点”；在彭阳县退耕还林工程区内实施了“半干旱退化山区生态系统恢复工程项目”；在西吉县实施了“退耕还林工程半干旱黄土丘陵沟壑区配套造林技术试验示范科技支撑项目”。这些国家级、自治区级科技示范点和科技示范项目，提高了退耕还林的综合质量和效益，为其他工程县（市、区）起到了示范带动作用。针对宁夏干旱少雨和立地条件差等实际情况，各地按照《造林技术规程》及适合地方的整地造林技术标准，坚持提前高标准整地保墒，因地制宜配置林种、树种、草种，彭阳县、原州区、西吉县实行“山顶沙棘、柠条戴帽，山坡两杏缠腰、缓坡林草混交”等配置形式，盐池县、同心县、海原县中部干旱带采取灌草混交等配置形式，加大灌木的种植比例。同时积极推广生根剂、保水剂、地膜覆盖、截干造林等抗旱造林技术。由于提高了整地质量、树种选择对路，采取一系列的抗旱措施，使造林成活率和保存率普遍提高了10～15个百分点。

四是强化工程管理，完善政策制度。为了确保工程建设顺利实施，各工程县（市、区）严格按照国家颁发的《退耕还林还草工程县级作业设计技术规程》和《退耕还林还草工程建设检查验收办法》进行县级作业设计，依规依程序施工。在工程建设中推行项目法人责任制，按照《国家林业局关于造林质量事故行政责任追究制度的规定》实行责任追究制度，层层签订责任书，将责任落实到人。为了规范档案管理，制定下发了《宁夏退耕还林工程档案管理办法》和《宁夏退耕还林工程县级档案管理文本》，并大力推广应用退耕还林工程管理信息系统和地理信息系统。在关系退耕农户切身利益的政策兑现工作中，执行张榜公示制度，接受群众监督，采取一卡通的形式，补助款直接由农村信用社划拨到退耕农户账户，减少了中间环节，有效地防止了代扣、冒领、贪污等现象的发生。同时，根据工程管理需要，宁夏还制定了《宁夏回族自治区退耕还林还草工程暂行管理办法》《退耕还林资金管理办法》《宁夏回族自治区退耕还林粮食补助办法》《宁夏回族自治区巩固退耕还林成果专项资金使用和管理办法实施细则》和《宁夏回族自治区完善退耕还林政策补助资金管理办法实施细则》等一系列办法规定，对检查验收、林地管护、信访接待、粮款兑现等环节都提出了明确的要求，进一步加强了工程管理。

五是抓好补植补造，确保工程质量。由于宁夏干旱少雨，病虫鼠兔害危害严重，为了保证造林成活率和林木保存率，退耕还林补植补造工作必须常抓不懈。宁夏自2003年开始，年年坚持开展“回头看”工作，对历年保存率达不到自治区验收标准（≥85%）的退耕林地和荒山造林地安排补植补造。同时，落实退耕农户的补植补造和抚育管护责任，通过大张旗鼓的宣传，把补植补造重要性向老百姓讲清楚、说明白，做到家喻户晓，充分发挥退耕农户的自主性，调动他们补植补造的积极性。各工程县党委、政府把退耕还林补植补造列为重中之重工作或中心任务，对退耕还林工作予以高度重视，专门成立了由政府县长为组长的退耕还林补植补造工作领导小组，制定了补植补造整改方案，全面指导补植补造工作。

3．存在的主要问题

退耕还林成果巩固形势严峻。一方面由于宁夏自然条件恶劣，退耕重点区域常年干旱缺水，加之鼠兔危害严重，影响了林木保存率，一年造林需要多年、多次补植才能达到合格标准。同时，随着第一轮退耕还林政策补助逐年到期，停止政策补助兑现后，势必导致退耕农户对林地管护的积极性下降，甚至出现毁林复耕的现象，巩固退耕还林成果的压力大。另一方面由于受经济条件和立地条件的制约，宁夏退耕还林林下经济、后续产业起步晚、发展层次低，退耕林地上可获得的经济效益相当有限，能够支持和投入退耕还林后续产业发展的资金不足，一定程度影响了退耕农户的增收致富，进而影响成果巩固。

（二）新一轮退耕还林实施情况

2015年宁夏正式启动新一轮退耕还林工程建设，截至2018年年底，国家累计安排宁夏新一轮退耕还林任务39.9万亩，安排资金4.3亿元，其中安排种苗补助1.25亿元、兑现退耕农户政策补助资金3.05亿元。四年来，宁夏紧紧抓住国家重启新一轮退耕还林建设的有利时机，积极争取项目建设任务，统筹安排全区新一轮退耕还林工程建设，通过自治区各部门的通力协作、全区上下工程努力，全面完成了国家下达的建设任务。

1．新一轮退耕还林总体规划

2014年7月，自治区人民政府按照国家林业局相关要求，组织有关部门在充分调查摸底的基础上，编写《宁夏新一轮退耕还林还草实施方案》。经过自治区各部门反复调研、沟通协商，确定宁夏新一轮退耕还林还草面积163.06万亩（其中25度以上坡耕地6.98万亩、重要水源地25度以下坡耕地5.37万亩、严重沙化耕地150.71万亩），涉及原州区、彭阳县、西吉县、隆德县、泾源县、沙坡头区、中宁县、海原县、同心县、盐池县、红寺堡区、利通区共12个县（市、区）和自治区农垦集团公司。2015年9月30日，自治区人民政府以函件上报了《宁夏新一轮退耕还林还草实施方案》。

2．主要经验做法

一是强化组织领导，突出责任落实。自退耕还林试点开始，宁夏就成立了以自治区政府主管主席为组长，发改、财政、粮食、林业等部门主要负责同志参加的领导小组，长期负责全区退耕还林建设的宏观指导。新一轮退耕还林工程启动以来，自治区各部门密切配合，通力协作，妥善解决了影响新一轮退耕还林进度的突出问题，确保了各项工作顺利开展。自工程启动以来，我们始终坚持把各级人民政府负总责作为抓好工程建设的根本核心，建立健全工程建设责任制，层层签订责任状，将建设目标和任务纳入考核各级领导政绩的重要内容；对工作不重视、落实不力，未按工作进度完成任务的县（区）实行约谈制度。

二是高位推动，提高政策保障能力。自治区党委、政府主要领导高度关注退耕还林工作，政府主管领导多次召开专题会议，听取自治区相关部门对退耕还林工作的意见建议。2017年9月，自治区政府常务会议通过了增加退耕还林政策补助的意见，同意对已到期第一轮退耕还林生态林，自治区财政继续补助20/亩管护费，补助期限5年，同时提高新一轮退耕还林政策补助300元/亩，使广大退耕农户切实体会到退耕还林工程带来的实惠。自治区党委、政府的一系列举措，为全区顺利推进和巩固退耕还林成果奠定了坚实基础，也为国家出台退耕还林后续政策提供了样板。

三是立足区情，突出精准扶贫。国家《新一轮退耕还林总体方案》下发后，我们立足实际，因地制宜，在深入基层摸底调查的基础上，实事求是地编制上报了《宁夏新一轮退耕还林还草总体方案》，确定全区新一轮退耕还林还草面积。根据年度计划，在任务安排上优先安排生态区位重要、生态条件脆弱或特殊困难地区，尤其是结合全区精准扶贫，将年度建设任务重点向扶贫开发任务重、贫困人口较多的宁南山区和沙区倾斜，这些地区既是宁夏贫困人口聚居地，也是退耕还林还草的重点区域，《宁夏新一轮退耕还林还草总体方案》中规划的宁南山区和沙区退耕还林还草任务154万亩，占总规划面积的94%。

四是创新机制，突出进度质量。新一轮退耕还林工程启动以来，我们高度重视，多次组织召开自治区相关部门协调会、多次听取各县（区）进展情况汇报、多次安排部署加快推进工程进度的一系列工作，对工程进展缓慢的县（区）进行集中约谈，确保完成任务。为切实保证退耕还林进度和质量，专门成立了督察组，不间断地深入到县（区）进行督查指导，对达不到标准的要求拿出具体整改措施，对行动迟缓、工作不力的工程县（区）进行了诫勉谈话。

五是深化认识，突出宣传动员。充分利用广播、电视、报刊、互联网等媒体，以启动新一轮退耕还林为契机，先后推出了宁夏退耕还林系列报道，在宁夏电视台、宁夏广播电台等地方媒体上连续播报；完成了题为“退耕还林圆绿梦 项目重启谱新篇”的宣传专题片，印发了《新一轮退耕还林还草“新”在哪儿》《新一轮退耕还林还草政策公开信》等宣传材料，采取多种形式，全方位、多角度地宣传新一轮退耕还林还草政策，使新一轮退耕还林政策深入人心、家喻户晓，为新一轮退耕还林工程建设营造了良好的舆论氛围。

3. 存在的问题和困难

一是严格的耕地保护政策限制了退耕还林的空间。国家现行退耕还林条件不做调整的情况下，新一轮实施空间不大。根据宁夏国土资源厅、宁夏统计局联合发布的2016年度全区土地利用现状变更调查结果显示，截至2016年年底，全区主要地类面积数据中耕地面积为1938.13万亩，2018年宁夏保证耕地保有量和永久基本农田面积分别保持在1749万亩和1400万亩以上。因此，实际耕地活动空间仅为189万亩。目前宁夏耕地后备资源日趋匮乏，部分县区后备资源不足5000亩，补充耕地形势非常严峻。因此，严格的耕地保护红线为宁夏继续扩大新一轮退耕还林建设划定了“停止线”。二是新一轮国家补助标准较低，影响了退耕农户的积极性。相较于前一轮退耕还林政策补助标准，新一轮退耕还林给予农户补偿明显降低。前一轮退耕还林给农户补偿标准为2000元/亩，而新一轮退耕还林补助标准仅为1200元/亩，尽管自治区政府对新一轮退耕还林补助标准又提高了300元，但相较于前一轮退耕还林，经过近20年的工程建设，不升反降的补偿标准，在一定程度上削弱了退耕农户积极性。三是符合退耕要求的地块分布零散，影响了工程实施。从目前我们调查摸底情况看，符合下一步继续实施退耕还林工程的任务量不大，且地形破碎、分布零散，实施难度较大。一方面，零星分布的退耕地块，容易激化群众矛盾。现实中存在相邻地块之间有能退和不能退的情况，群众不能理解，意见大，不利于工作开展。另一方面，零星分布的造林地块，不仅增加了造林成本，也不利于工程作业。

4．新一轮退耕还林宁夏实施空间

按照《中共中央、国务院关于打赢脱贫攻坚战三年行动的指导意见》明确提出将“移民搬迁撂荒耕地纳入新一轮退耕还林还草工程范围”。近期出台的《全国绿化委员会 国家林业和草原局关于积极推进大规模国土绿化行动的意见》(全绿字〔2018〕5号)也明确提出“深入推进退耕还林还草工程。逐步将……易地扶贫搬迁腾退耕地等不宜耕种耕地，纳入工程范围”。因此，在国家顶层设计上是积极鼓励对移民迁出区腾退耕地实施退耕还林。宁夏是个移民区，“十二五”期间，生态移民迁出区共腾退土地1272.1万亩，其中耕地面积356.7万亩，部分县区还实施了县内劳务移民，腾退耕地面积达63.6万亩。为此，自治区厅将与自治区发改、国土等部门密切配合，加大与各工程县（区）的沟通联动，形成工作合力，全力摸清生态移民迁出区坡耕地退耕需求，同时我们将积极争取把固原市15～25度坡耕地非基本农田列入新一轮退耕还林建设范围，进一步扩大新一轮退耕还林工程建设规模。

（执笔人：宁夏回族自治区退耕还林与三北工作站　高红军）

山西省偏关县退耕还林还草工程调查报告

偏关县位于晋西北黄土丘陵沟壑区，北靠长城，西临黄河，地形东仰西伏，似人首之偏隆，故称偏头关，与宁武关、雁门关合称外三关，为“三晋之屏蕃”。属国定贫困县。境内沟壑纵横，地形破碎，风大沙多，十年九旱，水土流失严重。全县有80.6%的土地面积不同程度地受到风蚀、水蚀的危害，多年平均降水量在400毫米左右。

偏关县自2000年被列入退耕还林试点示范县以来，在上级林业主管部门的大力支持下，偏关县认真贯彻国家退耕还林政策，注重创新管理机制，科学规划，有序推进，取的阶段性成效。到2018年共完成国家退耕还林工程任务52.6万亩（第一轮49.3万亩，第二轮3.3万亩）。退耕还林工程的实施，既增加了林草植被，也使水土流失和风沙危害强度减轻，特别是补助政策深得人心，补助资金已成为退耕农户收入的重要组成部分，使退耕农户生产、生活条件得到改善，退耕还林工程成效逐步显现。

（一）前一轮退耕还林工程建设有关情况

1. 任务完成情况

偏关县从2000年列入国家退耕还林试点示范县以来，第一轮共完成国家退耕还林任务49.3万亩，其中退耕地还林13.3万亩，宜林荒山荒地造林34.5万亩，封山育林1.5万亩，覆盖全县10个乡（镇）212个村委，涉及退耕农户13492户47222人，占全县农业总人口的51.6%。实施林种全部为生态林，没有经济林。

2. 主要做法和措施

（1）加强领导，落实责任

为加强退耕还林工作的组织领导，县、乡两级政府都成立了由党政主要领导同志任组长，有关部门负责人组成退耕还林工作领导组，党政一把手亲自抓，分管领导具体抓，层层建立目标责任制和分工负责制，把建设任务同政府目标考核挂起钩来；领导组相关部门按照各自的职能分工，各司其职、各负其责、密切配合，充分发挥部门优势，共同做好工作，确保退耕还林顺利实施；

（2）因地制宜，科学规划

在工程规划布局上，立足于偏关的自然条件，坚持因地制宜，全面规划，分步实施，注重实效的原则，重点突出退耕还林工程的生态主体地位。一是把重点放在生态脆弱区。把全县退耕还林工程任务全部放在四个类区：即东部土石山工程区、县川河水土流失工程区、关河北岸干旱的陡坡工程区、北山风沙侵蚀区。二是把生态工程建设与农村产业结构调整、农民增收紧密地结合起来。结合吕梁山生态脆弱区项目的实施，对人口少、居住分散、土地宽广的村，在留足基本农田保吃饭的基础上，其余水土流失严重和粮食产量低而不稳的坡耕地、沙化地陆续退耕还林还草。三是以生物措施为主，宜乔则乔、宜灌则灌，乔灌草结合，多林种多树种结合，突出抓柠条灌木生态林。全县历年退耕还林工程全部为生态林，其中柠条灌木林占工程总任务的82%。并采取造林模式多样化，按照偏关的实际，编制了油松、落叶松造林模式，稀乔灌木造林模式，油松与柠条或沙棘混交造林模式，灌草结合生态林模式，土石山区油松造林模式等。特别是土石山区油松造林模式成为山西省退耕还林模式之一，列入中国林业出版社2011年出版的国家林业局退耕还林技术模式。

（3）创新机制，群专结合

退耕还林工程是一项政策性强、涉及面广、操作难度大的生态环境建设工程。我们总结近年来林业生态建设的经验，在突出个体承包为主体的同时，坚持群众造林与专业队造林相结合。在充分尊重农民意愿的基础上，根据各乡村的实际允许户退户还，户退队还，户退村还，此退彼还。对宜林荒山面积大，退耕任务重，农户无力完成还林任务的山村，可由农户申请，村委写出委托书，本着协商自愿的原则，县退耕办统一组织专业队造林，但农户需配合承担管护任务。专业队与县退耕办签订责任书，按照作业设计要求，组织施工，报酬与工程质量挂钩。实践证明，组织专业队施工专一，技术精湛，职责明确，可以提高工程质量，特别是遭干旱少雨的年份，便于组织补植补栽，同时可以解决农忙季节劳力紧，部分退耕地多的农户无能力还林的矛盾，还可以有效地利用有限的资金，完成全部任务。

（4）规范操作，政策兑现

退耕还林工程是一项全新的社会系统工程，它涉及千家万户群众的贴身利益，关系到农村的稳定与发展。只有严格把握退耕还林的各个环节，强化工程管理，使退耕还林工程在建设质量上、政策兑现上才能够达到国家的要求，并使群众满意。为此，偏关县通过两年试点工作的实践，为使偏关县退耕还林工程管理走向规范化、程序化，县退耕还林工作领导组制定了出台了符合偏关实际的《偏关县退耕还林工程管理流程》，此流程得到省退耕办的肯定，要求全省在退耕还林工作中参照、借鉴。

在补助资金的兑现上，实行工程质量与补助挂钩，我们分两步走：一是乡村自查。每年6～9月，由乡（镇）政府负责，组织所属村委，逐户逐块进行自查验收，并将验收结果以村进行张榜公布，确认准确无误后，上报所在乡镇政府审核，经乡（镇）审核后上报县退耕办。二是县级核查。县退耕办按照乡（镇）上报的自查验收结果，组织有关部门进行核查，根据验收结果出具验收合格证明。对符合国家质量标准，年终一次性将国家补助兑付到户，对经过验收不达要求的退耕地，将缓发或停发粮款补助。农户凭验收证明和粮款补助供应证到指定的基层信用社领取补助资金。

（5）依靠科技，确保质量

我们按照“严管林、慎用钱、质为先”要求，全面推行工程造林管理，在工程实施中严格把好“四关”。一是严把 “规划设计关”，凡是退耕还林工程，由林业局派出技术人员，深入实地，用小班卡逐项记载立地类型的各项因子，明确小班面积、作业面积、栽植树种、林种、整地方式方法等技术措施。各乡村农户、专业队凭设计书进行施工，按设计供种供苗及验收管理。二是严把 “种苗供应关”，工程所需种苗全部由县林业局质检人员进行检验，符合规定标准后，方可用苗。三是严把 “工程质量关”。实行技术人员包工程，责任到人，一包到底，做到谁规划设计谁负责。为加强退耕还林工程管理，县退耕还林工作领导组专门成立了工程质量监理组，对工程建设的数量和质量进行全程监理。另一方面加大科技支撑力度，推广先进适用技术，对柠条种子，全部用复合剂处理，提高发芽率。同时通过购买抗旱保水剂，打浆处理苗木根系，大大提高抗旱能力。推广应用APT生根粉，经调查，在持续干旱的情况下，当年成活率可提高14.2%～22%，可减少人工浇水两次。四是严把 “检查验收关”。检查验收是工程管理的重要环节，检查验收结果既是政策兑现的依据，又是工程指导、管理、科技支撑和计划调控的重要决策依据。我们严格按照国家林业局制定的《退耕还林工程检查验收办法》进行检查验收，每年在乡村自查验收的基础上，抽调纪检、监察、检察院、审计、财政等部门有关人员进行县级检查验收，对达到工程质量标准的及时兑现政策，对不达标准的下达整改通知，限期整改。

3．存在的问题

通过十几年来退耕还林工程的实施，工程建设取得了显著成效，但也存在一些不容忽视的问题。一是成林率较低。偏关县十年九旱的特殊地理环境，是影响造林保存的关键因素，在实施退耕还林后，仍需连续多次补植才能成功。造成部分退耕地苗木高度参差不齐，难成林。二是退耕地管护措施相对薄弱。偏关县虽因地大力推行“灌草造林模式，发展舍饲养殖”取得良好效果，但偏关县又是一个畜牧大县，林牧矛盾非常突出，再加上实施退耕还林工程的地方多数地处边远山地，由于主要劳动力要外出务工，家中只剩老弱病残留守在村，对退耕地缺少必要的管理。

放牧及鼠兔危害现象就时有发生，会造成苗木生长缓慢，甚至苗木损失。三是退耕农户很难从退耕地里得到经济效益。偏关县退耕还林工程主要是以建设生态林为主，以改善生态环境、减少水土流失、遏制土地沙化为目标，营造的林种都是生态林，而且大部分是柠条，成林后只能是达到植被覆盖的生态效益，很难获得经济效益，短期内很难解决农民的生计问题。四是国家对退耕农户停止补助后会造成生活困难。退耕农户最关心的就是退耕地的补助。近年来，随着国家惠农政策的不断增加，种粮的补助越来越高，粮价不断增长，退耕补助随着一轮补助到期二轮补助开始减少，退耕农户在补助期满后无法从退耕还林地获得比种粮更高的经济效益，退耕农户收入受到较大影响。为了弥补经济收入的不足，国家允许在不破坏现有林木的基础上通过发展林下经济来增加收入，但偏关县的退耕地全部是灌木林，而且都是陡坡耕地，只能种草发展畜牧业，其他产业项目很难实施，停补后会造成部分退耕户收入大大减少，为了生存复耕的可能性会出现。

（二）新一轮退耕还林工程建设有关情况

为全面贯彻落实好国家发展和改革委员会等五部门制定的《关于新一轮退耕还林还草总体方案》和山西省人民政府办公厅《关于做好全省新一轮退耕还林还草工作的通知》（晋政办发[2014]79号）文件精神，偏关县从2014年启动实施了新一轮退耕还林工程，省里下达计划任务0.5万亩，实施完成0.5万亩，2017年按照省政府办公厅《关于提前启动2017年度新一轮退耕还林还草实施方案的通知》要求，省里下达偏关县2017年新一轮退耕还林任务2.8万亩，当年全部完成工程建设任务，验收合格率均达95%以上。到目前全县共完成新一轮退耕还林任务3.3万亩。

在实施新一轮退耕还林工程中，按照省委、省政府提出的林业脱贫攻坚“五个一批”精神，偏关县在退耕还林规划布局上，立足于偏关的自然条件，坚持因地制宜，助力脱贫攻坚的原则，进行科学规划。把退耕还林工程与发展经济林增收脱贫相结合，大力推行适合当地生长的沙棘、杏树经济林。在工程组织实施上，县政府创新机制，全部推行“专业合作社+农户”的生产模式，即由扶贫攻坚造林专业合作社完成当年的造林和次年的补植补种任务，退耕农户负责完成工程后期的抚育管理管护工作。这样既可让入社的精准贫困户通过参与造林获得劳务收益，又可让退耕农户在享受国家退耕还林直补资金的同时，通过抚育管理来增加收入。从而实现改善生态与改善民生互利共赢。2017年2.8万亩退耕地全部由59个扶贫攻坚造林专业合作社实施完成。

为确保新一轮退耕还林的顺利开展，虽然我们做了大量调查摸底工作，圆满完成了上级下达的计划任务指标，但还存在着一些问题。一是退耕难。国土部门提供的土地资源调查数据库中的图斑属性与实际地类不相符，造成能退的地想退退不下来。实地属于25度以上的坡耕地，但未列入国土部门认定的25度以上范围。二是管理管护较难。按照国土部门提供的土地资源调查数据库可实施退耕还林的地块，大部分是零星小班，就拿偏关县2014年退耕来说，共实施5000亩，涉及全县9个乡镇63个村委260个小班，由于小班过于分散，造成管理管护较难。三是补助标准偏低。虽然补助资金跟前一轮基本一致，补助年限缩短了，但按照现在粮食生产产值比较，补助标准偏低。四是工作经费少。工作经费短缺是基层管理部门的一大难题，检查验收、政策兑现、护林防火等工作需要经费保障，由于偏关县是国家贫困县，是山西省10个深度贫困县之一，县政府财力有限，很难全部将所需工作经费进行配套，造成部分工作滞后。

（三）政策建议

为全力助推偏关县生态脱贫，我们提出如下建议：一是延长前一轮退耕还林补助资金。前一轮退耕补助到期后，国家停止补助资金后，相当部分农户的收入将大幅下降，在此情况下，建议国家延长前一轮退耕还林补助年限，解决退耕农户的生活问题，保证退耕农户生活水平不降低，对已退耕地不复耕。二是对整村移民搬迁村给予政策倾斜。偏关县有15个整村移民搬迁村，据统计现有耕地面积5900多亩，人搬走后无人耕种，涉及农户也就没有从耕地上取得收入，建议国家对整村移民搬迁村给予特殊政策倾斜，适当安排一部分退耕指标。 三是安排必要的工作经费。为了工程管理顺利进行，必须安排必要的工作经费，确保工作的顺利开展。

（执笔人：山西省偏关县林业局　刘俊平）

辽宁省康平县
退耕还林还草工程调查报告

康平县位于辽宁省北部，距沈阳市区120千米，东隔辽河与昌图相望，南接法库，西临彰武，北与内蒙古科左后旗毗邻。全县区域面积2175平方千米，城市建成区面积21.5平方千米，辖12个乡镇（5镇7乡）3个街道1个新城区1个开发区161个行政村，耕地面积153万亩。总人口37万人，其中农村人口27.5万人，城市人口9.5万人。康平是省15个扶贫开发重点县之一，是国家绿色食品基地建设县、全国公路建设示范县、三北防护林建设重点县、全国绿化模范县、国家平安建设先进县和国家生态文明建设示范区。

（一）退耕还林工程主要成果

由于康平县地理条件较为复杂，地处科尔沁沙地南部，风沙危害严重制约着全县的经济发展。全县沙化土地面积达87万亩，占全县总面积的26.7%，趋于沙化土地面积达97万亩，占全县总面积的29.8%，并且每年都以一定的速度扩展。因风沙危害，全县生态环境遭到严重破坏，农业生产条件低下，干旱等自然灾害连年发生，农民一直处于贫困状态。特殊的区位决定了康平林业在生态建设中的重要地位。2002年康平县被列为国家退耕还林工程县后，县委、县政府立足康平县情，紧紧抓住这一难得的发展机遇，提出“林农牧”三元经济结构的发展战略，大力开展植树造林、退耕还林，时至今日，康平县完成前一轮退耕还林面积50.28万亩，其中退耕地还林28.68万亩，配套荒山造林21.6万亩。完成新一轮退耕还林0.45万亩。康平林业实现了历史性突破。

通过实施退耕还林工程，康平的生态环境明显改善，农民收入显著增加。同时，康平县林业局在加快康平林业发展的大潮中也不断获得殊荣。2002年，康平县林业局被国家人事部、全国绿化委员会、国家林业局评为全国防沙治沙先进单位；2003年以来，康平县还先后通过了国家计委重大项目稽查组、国家林业局和省、市林业部门的检查验收，并得到上级检查部门的好评和嘉奖；2005年，康平县林业局被省林业厅评为辽宁省绿化先进集体，同时康平县还成功地跨进了国家级生态示范区的行列，林业为此做出了突出贡献。

（二）主要做法

1．加强组织领导，做到责任明确

县委、县政府对国家退耕还林工程高度重视，把实施退耕还林工程作为改善康平环境的生态工程、造福于民的德政工程和展示康平风貌的形象工程来抓。将其列为“一把手”工程，层层落实了退耕还林工作责任制，县里与乡（镇）一把手签订退耕还林目标责任状；乡镇也同村书记、主任订立了退耕还林责任制度。此外还建立了承包责任制，由县级领导包乡镇，乡镇领导包村组。在技术指导上，由林业局的干部分别包各乡镇，要求包乡干部吃住在乡镇，对政策、技术等问题向农民进行指导讲解，对每个退耕还林地块进行技术指导，发现问题，及时反馈给县里和乡里，及时解决。

2．加强退耕还林的管理，及时兑现政策

落实好国家退耕还林政策是一项庞大而复杂的系统工程，涉及千家万户，牵动国家、集体和个人的利益。为了保证退耕还林政策兑现公平、公正、及时，我们首先加强了档案管理。在档案管理方面：做到了九有。一有退耕还林审批表；二有退耕还林小班卡；三有退耕还林规划到户档案卡；四有乡镇与退耕还林农户签订的合同书；五有退耕地使用权属证明；六有退耕还林作业设计；七有乡镇退耕还林工程建设分布示意图；八有退耕还林政策兑现的存根、台账；九有退耕还林管理情况和各种汇报材料、总结及退耕还林实施的机关文件。其次，在财务管理方面：各乡镇都设立了专门账户，做到了专款专用、账目清楚、兑现及时，没有出现挤占、挪用、截留、退耕还林补助资金的现象。2013年政策兑现又实行了一卡通，减少了兑现环节，有效杜绝了徇私舞弊、虚领冒领的漏洞。第三，在检查验收方面，我们研究、制定了康平县退耕还林检查验收办法和方案。在2015年市财政局还通过招标第三方对退耕地还林进行了全面核查。2018年沈阳市林业局又对全市退耕地还林面积进行了全面核查，每次核查都要历时3到4个多月，逐小班检查验收，他们趟露水、顶烈日、耐蚊虫叮咬，将所有造林地块用GPS 测面积，核实成活率，做到了外业准确，内业清楚。验收结果由检查人员、乡镇主要领导和主管领导、林业站长及村组干部签字并公示。保证了兑现的公平公正，有效地鼓励了农民造林积极性，使康平县的退耕还林工程取得了显著成效。

3．科学规划布局，建设精品工程

为了使退耕还林工程在康平县发挥最大的生态效益、经济效益和社会效益，康平县始终坚持政策引导与农民自愿相结合的原则，不搞强迫命令，严格按照退耕还林管理条例去操作；同时，按照全面规划，分步实施，突出重点，先易后难的原则，紧紧围绕三个重点推进退耕还林工程。

一是围绕全县防沙治沙重点推进退耕还林工程。由于康平县地处科尔沁沙地南部，防沙治沙，加强生态建设意义重大。2002年，康平县抓住退耕还林工程的机遇，启动了辽蒙边界防风阻沙带“128”工程。当年完成造林面积3.8万亩，营造阻沙带25千米；到2005年底共完成阻沙带建设10.9万亩。

二是围绕全县农业生产条件的改善推进退耕还林工程。康平县土地沙漠化现象十分严重，由于干旱和大风天气影响，耕地日益沙化、退化，造成农业生产处于低而不稳的状态，每年造成粮食减产三成以上。2002年以来，全县共完成风口沙化耕地造林6万亩。

三是围绕风沙源的治理和农业产业结构调整推进退耕还林工程。康平是沈阳市的风沙源，风沙危害导致康平贫困，2002年起我们充分利用国家的退耕还林政策，把防风治沙和发展经济结合起来，实现生态效益、经济效益、社会效益同步发展，全县共完成沙化耕地造林9.9万亩。

4．严格技术规范，突出工程质量

为确保退耕还林工程顺利实施，我们一是加强了政策和技术培训。通过采取“走出去、请进来”的方式组织全县林业主要技术人员外出参加省市举办的各类培训班150人次，还聘请了30名专家到康平县进行集中授课。构筑了“县、乡、村”三级培训网络。二是重视科技投入，严把质量关。广泛应用大水泥浆法、埋根造林等技术，极大地提高了造林成活率。同时严把质量关，做到五不栽、五把关。五不栽即苗木质量不合格不栽，不适合当地的品种不栽，没经过试验的品种不栽，没经过规划的地块不栽，没落实到户的不栽。五把关即整地关，栽植关，浇水关，防虫关，管护关。三是抵御自然灾害，提高造林成活率。推进退耕还林工程，康平县面临着干旱、虫害、风剥沙压、冻害等自然灾害的严峻挑战。为了解决干旱问题，我们还打了2500眼的抗旱井、制作2000个水箱。面对严重的虫情，林业技术人员昼夜奋战，统一购药，统一配药，多次进行全面防虫，有效地遏制了虫灾。对风剥沙压的地块，组织人员多次进行清理，有的农户为了便于找苗根，在苗根处插了秸秆。对于冻害严重的苗木及时进行换苗。同时，我们还设立了专门的管护队伍，县局成立林业纠察大队，乡镇设有专职的护林员。形成县、乡、村统一的管护体系，对连片面积大，靠近村屯和道路的重点地块实行重点管护。正是由于全县上下团结一心、协同作战，才从根本上保证了康平县退耕还林任务高标准、高质量地完成。

5．加强信访工作，认真处理群众来信来访

我们在认真实施国家退耕还林的同时，还高度重视了退耕还林的群众来信、来访工作。林业局成立了退耕还林办公室，做到了凡是来局上访的群众都有主管领导和退耕办负责同志亲自接待。我们还要求各乡镇林业站和县退耕办的工作人员必须全面掌握退耕还林优惠政策和林业法律、法规，要人人关心信访工作，对有上访动向的群众要及时发现，及时报告，及时处理，把上访工作发现矛盾在基层，解决问题在基层。对上访户做到了接待热心，解释说服耐心，解决处理诚心。确保了退耕还林工程的健康发展。

（三）问题

1．成果巩固问题

能不能切实做好巩固成果，确保补助到期后不毁林是当年面临的一项十分重大、十分紧迫的任务。当年开始实施退耕还林时，农民种地要交税，粮食不值钱，还有义务工。现在农民种地不但不交钱，国家各种补贴每亩超过100元，即使是沙化耕地，种植花生、高产玉米等每亩每年也能收获七八百元左右，原有国家退耕还林补贴减少，林农的收益明显少于种大田的，当初说国家政策随着农民收益做相应调整，现在不增反降，农户心里对退耕还林有了抵触情绪，对现有退耕还林很无奈，想砍不敢砍，因此就顺其自认，任其自生自灭。在新一轮退耕还林地块落实时，在调查过程中多数人都觉得政策不实惠，不同意参与。

2．森林质量问题

由于立地条件差，树种选择不合理、大面积纯林，也导致病虫害严重，保存率低，以及工程建设内容主要是工程造林和森林资源保护，对于如何加强工程经营性建设考虑很少，缺乏工程造林成林前的管护，以及中幼龄林抚育的经费投入，重造林轻抚育现象非常普遍，延缓了成林年限，导致大量中幼龄林得不到及时的抚育管理，严重影响了森林质量。

（四）政策需求

① 林农的政策需求，是否出台延期的政策补助和相应的抚育、采伐等相关政策，增加林农的经济收入，提高农民造林护林的积极性，保护农户的合法权益。

② 管理部门的政策需求，建议增加退耕还林工程后期经费投入，由于县财政的实际情况，地方配套资金很难落实，县林业局也没有专项资金用于退耕还林工程的检查验收等日常开资，包括及时进行补植补造，提高工程建设质量；做好苗木和森林的病虫害防治提高工程林木质量。

（执笔人：辽宁省康平县自然资源局　肖杰）

青海省共和县退耕还林还草工程实施20年调查报告

青海省共和县地处青藏高原东北边缘，黄河上中游地区，土地总面积1.73万平方千米。由于历史、地理的原因，森林资源少，生态系统整体功能脆弱，水土流失严重，草原大面积土壤沙化，水土流失和沙化面积占全县总土地面积的10%以上，干旱、霜冻、风沙、冰雹等自然灾害频繁。保护和扩大林草植被，扼制日趋恶化的生态状况，成为共和县经济社会发展的必然。

自2000年实施退耕还林还草工程试点起，在国家林业局、各级党委、政府的重视支持下，经过全县各级干部和各族群众的艰苦奋斗，退耕还林还草工程的实施使共和县林业建设从低谷走上了振兴发展的阶段，取得了显著的成绩。初步形成了以生态林为主较为完整的林业体系，为今后共和县林业的发展奠定了坚实的基础。

（一）项目建设情况和背景

据有关资料表明退耕还林还草工程实施前，全县沙漠化面积达634.08万亩，占总面积的28.85%，沙丘面积159.19万亩，占总面积的7.24%，严重威胁着农牧业生产和人民的生存。而全县1957－1981年25间，全县人工造林只有2万多亩，保存率50%左右。1980年全县农业总产值为2023.87万元，林业产值只占0.74%。这对保护共和县农牧业生产和改善人民生活的需求显然是极不恰当的。为此，根据《共和县退耕还林工程总体规划》，共和县各族群众在党委、政府的带领下，开始了退耕还林还草，建设生态家园的步伐。自退耕还林还草工程实施以来累计完成退耕面积33589公顷，其中退耕地还林7847公顷，退耕地还草5986公顷，荒山荒地造林12023公顷，封山育林7733公顷，项目涉及全县11个乡镇99个行政村6245户4.76万人。

（二）项目建设取得的成效

通过退耕还林还草工程的实施，使广大人民群众对改善和优化生态环境，促进经济和社会的发展，加快了林业建设发展速度，在林业建设上，初步形成了以生态防护林为主的较为完整的生态林业体系，生态、社会、经济三大效益明显提高。

① 森林资源持续增长，质量效益明显提高，荒漠化程度明显减轻，生态状况初步改善。实现了“整体遏制，局部好转”的目标，呈现出“质量与效益同步，建设与管理并重”的新特点。促进了共和县生态条件的改善，局部地区明显减轻。退耕还林还草工程实施后共和县森林面积由工程建设前的不足万亩增加到目前的59万亩，净增59万亩，森林覆盖率由1.5%提高到2017年的7.31%，森林覆盖率净增5.81个百分点，生态环境得到明显改善，水土流失得到有效控制，人居生活环境得到极大改善，为共和县生态文明建设打下了扎实的基础。

② 退耕还林还草工程的实施，使广大农户从田间劳动中解放出来，增加了农村剩余劳动力的输出，外出务工人数明显增加，农户创收的手段不断增多。农户一方面可以领取退耕还林补助；另一方面，实施退耕还林还草工程后，从田间解放出来的农户从事其他行业的生产服务，极大地增加了农户的收入。通过实施退耕还林还草工程，加快了农业向工业和服务业转变的步伐。

③ 通过实施退耕还林还草工程，提高了全县人民的生态意识，林业发展得到更加广泛的关注，引起了各级政府的高度重视，促进了基层干部和广大群众思想意识的根本转变，干部群众更加认识到，生态恶劣是其贫困的主要根源，改善生态是改变自身生存和生活条件的根本出路，是发展和进步的前提。各级政府引导和鼓励退耕农户发展生态经济型后续产业以及进城务工，农民生产、生活条件得到明显改善，使其生存、生活和发展的观念发生了根本性的变化。

④ 生态扶贫稳步推进，环境质量得到有效改善。通过实施退耕还林还草工程，有效遏制了生态退化趋势，湿地生态系统状况和野生动物栖息地环境有了明显改善。据监测表明，当地普氏原羚种群及鸟类栖息数量明显增加，特别是监测到了多年来未发现的马鹿种群，增添了湿地的生物多样性色彩。将生态建设与精准扶贫工作相结合，聘用建档立卡户管护员184人，发放管护工资397.4万元，贫困户每人每年增收2.16万元。2018年，再次争取建档立卡生态性公益岗位200名，每人每年增收1万元，将为如期实现脱贫摘帽打下坚实的基础。

（三）取得的工程建设经验

1．落实责任、强化措施是前提

多年来，历届党委、政府都把工程建设列入重要议事日程，坚持“扭住造林不放松，一任接着一任干”的原则，形成了齐抓共管的工作局面。一是全面强化领导任期造林目标责任制。县上每年把植树造林的任务层层分解，落实到乡、村和有关部门，分别签订责任书，严格兑现奖励。二是坚持领导办点制度。县级四套班子主要领导和农口部门的领导都有自己的造林工作联系点，通过抓示范，指导全局工作。同时，我们充分发挥林业部门在全县治沙造林中的职能作用，推动了造林事业的发展。

2．加强林政资源管理、实行依法治林是保障

依法保护和发展森林资源必须常抓不懈，抓住了森林资源的保护和发展，就抓住了林业工作的关键。为此，我们根据国务院和省政府的有关文件精神，采取严厉措施，坚决制止毁林开垦、乱占林地的行为，切实加强林政资源保护工作。一是坚持领导干部保护和发展森林资源目标责任制，抓落实、抓检查、抓奖惩。二是加强林业执法工作，实行严格的森林资源保护制度，把林业建设事业纳入法制化轨道。三是稳定林业执法机构，加强林业行政管理体系建设，加大对执法人员的素质和依法办事能力的培训，建立有效的保护和合理利用森林资源的约束和监督机制。

（四）存在的问题

① 退耕还林还草工程管理措施相对薄弱。退耕地多数地处边远山地，自然条件和地理位置都不及原地好，管理不便。多数群众为了眼前利益，外出务工，投入管理不足，致使退耕还林地管理不精细，投入不充足，林牧矛盾突出，出现管护不到位等现象。

② 森林防火工作任务艰巨，难度大，资金不足。退耕还林还草工程多为一家一户管护和联户管护相结合，护林防火工作是集体管理和农户管护相结合，目前精壮的农村劳动力非常少，虽然村组统一配齐了护林防火管理人员，可一旦发生火灾，快速反应的专业人员和相应有效的护林专业组织不足，而且没有相应的经费投入支撑，给退耕还林还草工程护林防火工作造成了很大的难度和隐患。

③ 退耕还林政策补助兑现头绪多，任务重。目前涉及的退耕还林还草工程兑现年度多、农户多，一是各年度兑现前的工程核检验收任务大，涉及面广；二是兑现程序各类表、册的填报审核工作头绪多、数量大；三是配套资金不到位，工作经费不足。

④ 通过几年来的调查、监测与分析，虽然得到了社会、经济等方面的部分数据资料，但成效不太明显，部分监测指标显示不出退耕还林前后各方面的显著变化，主要存在的问题有：一是被调查农户自己反映自己的实际情况尺度不一样，市场价格波动比较大，致使调查数据不够准确。二是被调查农户大部分已享受完长期补助，收入减少，退耕地没有产出，致使退耕农户严重影响了农户对退耕地的有效管护和农户经济持续增收，打击退耕农户的积极性管护不力。

（五）建议

退耕还林效益监测工作，虽然有了一定的工作基础和经验，但为了巩固退耕还林成果，切实保证“退得下、稳得住、不反弹、能致富”保护生态环境的模式，我们有以下几点建议：

① 对监测人员进行技术培训、外出考察或在本省内各监测点进行考察交流。

② 调查农户大部分已享受完延长期补助，收入减少，退耕地没有产出，建议再延长补助期，巩固退耕还林成效。

③ 按退耕面积相应的配套一定工作经费。工作经费短缺是退耕管理部门的一大难题，核查验收、政策兑现、护林防火、病虫防治等工作地方无力进行资金配套，应按退耕面积的大小相应地配套一定工作经费，确保工作的顺利开展。

④ 工程建设以治理土地沙漠化为中心，实行统一规划、分工负责、因地制宜、综合治理、重点突破的原则，采取封育沙区植被、水、林、草综合治理措施，加强沙区治理和绿化，控制风沙及水土流失扩大趋势，推广应用林业新技术和节水灌溉技术，实施人工增雨措施，造林种草，建设人工生态林和草地，建立起人工生态防护体系。

⑤ 切实保护现有的林草植被，建立完善的法律保障体系。要认真贯彻中央和省上关于保护天然林、保护草场植被的一系列重大方针政策，进一步加大力度，抓好落实。同时要建立健全严格的天然林草植被保护管理的法规制度，把生态管理和保护纳入法制化管理的轨道，从根本上保证生态环境的违法行为，禁止在林地、宜林地和草原上进行樵采、开垦、采金、采砂、采矿等活动，凡是有令不行、有禁不止的，依法从严查处。对封山（沙）育林（草）区，要向县乡政府发布禁牧令，设定明显的封沙、禁牧标志，切实加以管理和保护。

⑥ 立足科学技术的应用，加快生态环境治理的步伐。在林业上，要以提高植树造林的成活率和保存率为中心，大力推广在实践中证明，形之有效的科技新成果，如汇集径流整地、封山育林、沙地深栽造林、容器育苗、柠条直播造林、杨树伐根嫁接毛白杨、人工增雨等，把科技成果尽快转化为生产力，促进生态环境建设向高起点、高成效和高水平方向发展。

（执笔人：青海省共和县林业综合服务中心　吴震）

贵州麻阳河国家级自然保护区建设工程调查报告

开展野生动植物保护及自然保护区建设工程（以下简称“保护区工程”）社会经济效益监测，目的是为客观记录和科学评估林业重点工程取得的经济效益提供数据基础。野生动植物保护和自然保护区建设工程在野生动植物保护、促进社区发展等方面发挥积极作用，特别是在濒危野生动植物及其栖息地保护中发挥重要作用。保护区工程社会经济效益监测开展至今已经是第12年，基础数据的记录和积累在林业重点工程经济效益评估方面的作用愈发凸显。贵州麻阳河国家级自然保护区是贵州地区两个样本保护区之一，随着保护区所在地脱贫攻坚工作的深入开展，以及保护区管理局保护管理工作的有效推进，保护区的物种保护、社区发展、生态修复等各方面都发生了很大变化。现就2018年贵州麻阳河国家级自然保护区的社会经济效益监测进行总结，以期在下一年能更顺利地开展监测工作。

（一）保护区概况

贵州麻阳河国家级自然保护区位于黔东北沿河土家族自治县及务川仡佬族苗族自治县境内，行政范围涉及隶属铜仁和遵义两个地（市）的沿河、务川两县。地理位置为北纬28°37′30″～28°54′20″，东经108°3′53″～108°19′45″。保护区始建于1987年，为县级自然保护区，1994年经贵州省人民政府批准晋升为省级自然保护区，2003年经国务院批准晋升为国家级自然保护区；2004年加入中国人与生物圈保护区网络。保护区总面积31113公顷，其中核心区面积10543公顷，缓冲区面积15022公顷，实验区面积5548公顷。

保护区以保护黑叶猴及其栖息地为主。黑叶猴是我国一级重点保护野生动物，并被国际自然与自然资源保护联盟（IUCN）列为濒危种，分布于越南北部和中国的广西、贵州、重庆等地的山地岩溶地区。由于生境特殊，受人为活动影响较大，该物种近20年来数量呈下降趋势。目前全球现存黑叶猴的数量约为1800只。根据调查统计资料，贵州全省有黑叶猴约1500只，麻阳河保护区有72群554只左右（2016年）。因此，保护区集中保护了全球1/4、贵州1/3左右的黑叶猴种群，是目前我国黑叶猴分布最密集、数量最多的地区，亦是全球最大的黑叶猴种群分布地，在黑叶猴物种保护与科学研究工作中具有极其重要的地位。

（二）2018年监测工作

2018年保护区工程社会经济效益监测要求与2017年基本相同，监测样本村、样本户与2017年相同。监测工作主要在2018年5月进行。重点走访杨楠村的杨再礼支书、大保村的肖治奇支书；由村委会干部组织和陪同走访两个村在家的样本户共16户，填写调查问卷。2018年5月26日填报数据并上报监测系统，并在接下来的审核过程中配合省级、测报办审核。

（三）主要监测调查结果及分析

1. 保护区调查

调查表监测内容与2017年基本一致；调查问卷与2017年基本一致，最后的两个问题由“保护区及所在地政府对社区居民贫困问题采取过哪些有效措施”、“保护区社区共建情况”变为“保护区参与精准扶贫情况”、“绿盾2017”保护区自查情况。保护区在脱贫攻坚工作以及“绿盾2017”自查工作中做了重要工作并取得了一定成效（表6-1和表6-2）。

表6-1　保护区在脱贫攻坚中的主要工作

具体做法	已取得成效
购买办公用品	改善长依村环境
龙山村发展黄花产业	黄花产业初步发展
长依村发展花椒产业	花椒产业初步发展
争取资金改善住房条件、选准脱贫项目、提供各类信息、技术指导和资金帮助等	9户贫困户脱贫出列
龙山村基层党建工作	基本完善

表6-2 保护区的“绿盾2017”自查工作情况

存在的主要问题	整改情况
（1）2016－2017年度环境保护督察问题清单	
①黎芝峡景区开发	保护区外，已对接当地政府移交相关部门
②乌云山矿址	已拆除所有设施，并恢复植被
（2）自查发现问题	
①村民养殖场所问题	已统计保护区大小养殖场所。现正收集养殖场所相关证件资料信息等，正在对接政府及相关部门，对违规场所及设施进行下一步整改
②村民建房问题	已统计保护区正在修建房屋情况。拟进一步收集相关资料，与政府相关部门联合开展工作对保护区部分区域修建房屋进行制止、引导
③勇敢村水池	已进行池边植被绿化
④其他人工设施	协助、联合当地政府及相关部门进一步加强整改

保护区调查中主要数据变化及说明：

① 保护区内人口有所减少，政府在脱贫攻坚工作中实施移民搬迁等政策，贫困户中有213户1207人搬迁出保护区。

② 为了增加保护区动植物保护、森林防火等方面的宣传，保护区的宣传碑牌增加27个。

③ 保护区加大执法力度，规范护林员规范化巡护巡查工作，滥伐盗伐林木案件有所减少，有力打击了违法犯罪行为。滥伐林木案件减少14起；新发现并处理偷猎野生动物案件2起；新发现并处理其他案件3起。

④ 在进行保护区有害生物调查中，新发现有害入侵植物豚草（保护区内约10公顷，保护区外约10公顷），轻度、中度、重度面积比约为5：2：3，发现后保护区立即投入3万余元进行人工清除，并制定了长期清除豚草的方案。

⑤ 保护区的护林员管理进一步规范化，但是巡护量未实现量化，目前保护区正在进行巡护系统测试，力求将巡护工作进行量化记录。

2．样本村调查

样本村调查内容与2017年基本一致。

（1）思渠镇大堡村

全村经济总收入增加约45万元，主要原因是脱贫攻坚发展扶贫产业。外出务工人数减少约26人，其中常年外出务工人数减少约20人，主要原因是扶贫产业项目带动部分就业岗位，部分务工人员可以选择就近就业。

（2）中寨镇杨楠村

全村经济总收入增加约80万元，主要原因是外出务工人员有所增加，使得外出务工收入增加。外出务工人数增加约100人，其中季节性务工增加约20人，主要原因是大多数村民放弃在家耕种土地，选择到就近的城市等务工就业。

3. 样本户调查

样本户与2017年一致，调查内容与2017年基本一致。样本户的人员变化上，杨楠村外出务工人数有所增加，而大堡村则有所减少。样本户经济收入与2017年基本持平。

（四）结论及建议

1. 黑叶猴的保护管理

一是黑叶猴的数量近年来稳定且有增加趋势。多数村民反映，看到黑叶猴的频率增加，而且黑叶猴造成农作物损害的情况逐年增加。大保村的香菇坝、雷家，移山村的五保等地村民反映黑叶猴以前各地原来只有一群，现在各地经常看到两群。保护区凉桥管理站驻地大河坝，常年生活的三群黑叶猴每群数量由原来在8～10只到现在稳定在10～14只，2017年到2018年共分出群雄群2群6只。此外，在野外以及社区工作中，特别是在杨家村牛皮塘、沙坪村、大坪村等地黑叶猴出没频繁；群众反映看到的黑叶猴以及黑叶猴破坏农作物也较为频繁。二是黑叶猴栖息地扩大，环境得到改善。随着脱贫攻坚工作中移民搬迁工作的深入，麻阳河沿岸居民逐步搬迁出保护区，特别是核心区和缓冲区的搬迁力度逐渐加大。耕地逐年撂荒，进一步实施退耕还林，沿麻阳河、洪渡河两岸栖息的黑叶猴活动范围得到一定程度的增加、栖息地环境也得到了较大的改善。三是群众保护意识的提高。麻阳河保护区一直不断加强黑叶猴保护宣传力度，2018年先后出版《绿野寻踪——黑叶猴的故事》《贵州麻阳河国家级自然保护区物种观察手册》2本科普读物，并利用科技下乡、生态体验等活动向群众、学生发放书籍并解读宣传。此外，麻阳河管理局正在计划开展针对黑叶猴数量及其栖息地的调查研究，以期对麻阳河保护区旗舰物种能够有更确切的了解并制定相应的保护措施。

2. 保护区的保护管理

保护区的保护管理效果有所提升，巡护、打击违法犯罪、能力建设投入等方面取得的效果比较明显；在科研投入、社区发展等方面有待提高。

3. 社区及脱贫攻坚

保护区外的思渠镇杨楠村因已从贫困村出列，部分村民在政府扶持有所减少的情况下，更宁愿选择外出务工而不是选择在家务农。有约1/3面积在保护区内的大堡村正在努力脱贫，积极发展扶贫产业，部分村民选择在家务工以及务农。样本户在收入等方面与往年基本持平，保护区内外多数村民希望保护区在允许的范围内开展生态旅游，有助于增加村民的经济收入。部分村民希望保护区能够加大区内的产业发展扶持，提高收入，改善生活水平。从调查中发现，由于保护区长期扶持以及近年来脱贫攻坚工作力度加大，少数村民怕劳动怕吃苦，等靠要的思想较严重。

4. 讨论及建议

一是保护区黑叶猴活动及其他野生动物对农户造成的财产损失常年不减少，部分地方愈加严重。建议上级部门完善野生动物肇事补助机制，明确资金来源及实施单位，有利于减轻愈发严重的人与野生动物冲突问题。二是保护区应加强科研工作的开展以及社区协调发展。在社区发展中，政府和保护区应更加注重思想教育上的“扶贫”。三是建议上级部门加大保护区的投入力度，建议扶贫工作着眼保护区的特殊地位，以生态移民搬迁为主，加强生态修复，进一步扩大野生动物特别是黑叶猴的活动范围和栖息地质量，逐步实现人与保护区和谐发展。

（执笔人：贵州麻阳河国家级自然保护区管理局　杨振雄）

附 录

附 表

附表7-1 天保工程二期样本企业基本情况

指标名称	单位	有效样本（个）	2011	2012	2013	2014	2015	2016	2017
施业区总面积	公顷	37	16287183	15466366	16134965	16285983	16066646	16160247	16252853
施业区总人口	人	37	2937709	3042958	3056292	2973457	2936741	2975275	–
林业用地面积（跨地域租用经营的林地不计入）	公顷	37	12282031	12258636	12089516	14484032	13223282	14802711	13099243
森林面积	公顷	37	9057375	9073788	9081545	9143358	9970373	9916314	10124973
其中：天然林面积	公顷	37	8154693	8170879	8187379	8238167	9064001	9025989	9103656
森林蓄积	立方米	37	1053860276	1068437051	1083469316	1101953361	1132233848	1149267292	1164847200
其中：天然林蓄积	立方米	37	995073416	1002027048	1015597628	1031085796	1059167544	1074409507	1084411000
在册职工人数	人	37	159767	164427	163428	156730	148324	142314	119111
在岗职工人数	人	37	115502	117384	113534	115071	106816	96906	91108
年末离退休职工人数	人	37	151594	142289	133393	151676	128683	154137	148220
在岗职工人均工资	元/（年·人）	37	24879	22037	24452	30825	33207	46030	54911

附表7-2 天保工程二期样本企业木材产量与公益林建设情况

指标名称	单位	有效样本（个）	2011	2012	2013	2014	2015	2016	2017
本年实际木材产量	立方米	37	1794478	1332651	1148832	970283	548811	52552	161028
责任落实的管护面积	公顷	37	12125619	12068433	12176177	12681111	13370355	13571864	13617810
落实管护人员数量	人	37	37424	32775	30165	30007	28495	31118	34622
当年实际人工造林面积	公顷	37	8397	7269	5019	5632	5751	7441	9622

附表7-3 天保工程二期样本企业富余职工分流安置与养老保险情况

指标名称	单位	有效样本（个）	2011	2012	2013	2014	2015	2016	2017
年末在岗人员参加基本养老保险统筹的人数	人	37	142498	111311	109017	108528	103837	93367	102688
年末下岗待安置人员参加养老保险人数	人	37	136823	14892	3861	3207	4796	5715	–
年末离开本单位仍保留劳动关系职工参加养老保险人数	人	37	8137	13862	16900	22777	20774	25470	–

附表7-4 天保工程二期样本企业后续产业发展情况

指标名称	单位	有效样本（个）	2011	2012	2013	2014	2015	2016	2017
企业总产值	万元	37	1590328	1850450	2047868	2037125	1993910	2004081	1964004
其中：第一产业	万元	37	713602	786259	890108	875356	779222	765195	718830
第二产业	万元	37	570577	679872	701409	542914	596591	583821	552123
第三产业	万元	37	306149	384320	456351	618854	618097	655065	693051
企业增加值	万元	37	728166	811857	824229	922053	837302	840394	–
企业负债	万元	37	626773	987779	890845	985467	1115547	1115991	747606
企业上缴利税	万元	37	30991	46203	42330	38945	27708	11642	–
锯材产量	立方米	37	276098	274320	251929	176886	47247	24748	25203
人造板产量	立方米	37	252852	192755	206448	207762	95138	63555	58460

附表7-5 天保工程二期样本企业资金管理情况

指标名称	单位	有效样本（个）	2011	2012	2013	2014	2015	2016	2017
当年实际到位资金	万元	37	432515	538328	403228	512989	575356	672862	750108
资金支出合计	万元	37	388294	552484	466532	535863	662208	701537	797027
其中：基本建设支出	万元	37	69140	202965	85803	92243	96414	110274	–
财政专项支出	万元	37	308623	348518	380134	431160	498141	563208	–
其他用途	万元	37	10530	1001	596	12461	67653	28055	–

附表7-6 天保工程二期样本县综合情况

指标名称	单位	2011	2012	2013	2014	2015	2016	2017
行政区土地面积	万公顷	1891.25	2150.06	2146.29	2143.04	2145.45	2144.47	2143.76
工程区土地面积	万公顷	1744.62	2003.41	2000.65	1997.67	1984.37	1987.85	1975.78
年末总人口	万人	1974.21	1988.80	1989.57	1999.92	2003.05	2011.41	1945.74
其中：工程区总人口	万人	1833.42	1908.38	1852.30	1897.06	1908.49	1943.50	1937.03
贫困人口数	万人	479.57	434.64	355.83	328.63	235.02	208.79	183.28
国内生产总值	万元	32626093.00	38890234.00	43870492.00	49597014.91	54120795.20	56023004.00	63580195.00
地方财政收入	万元	3642604.00	4891789.00	7694039.00	5690639.70	7347610.40	6575013.00	5215061.00
地方财政支出	万元	8637224.00	10519701.00	15925178.00	12707206.00	14003652.00	14937725.00	15884834.00
农林牧渔总产值	万元	9062596.35	10694699.60	11763757.82	14601589.31	15362574.42	14020590.00	15678907.10

注：50个样本中，有4个是跨行政区的国有林场和自然保护区，表中涉及“产值”“收支”的4个指标统计对象数量是46个。

附表7-7 天保工程二期样本县森林资源与生态状况

指标名称	单位	2011	2012	2013	2014	2015	2016	2017
林业用地面积	万公顷	1118.01	1284.54	1297.42	1317.54	1327.60	1331.13	1228.21
天保工程区有林地面积	万公顷	672.74	755.86	757.91	759.76	768.74	772.83	756.06
其中：天然林面积	万公顷	511.70	590.97	590.46	593.98	602.14	614.98	635.98
人工林面积	万公顷	161.04	164.89	167.45	165.78	166.60	157.85	242.23
天保工程区森林蓄积量	万立方米	55421.61	63946.69	65478.18	68808.53	67430.15	68595.27	62491.51
森林覆盖率	%	36.66	37.73	37.88	37.58	37.32	37.57	35.42
水土流失面积	万公顷	592.95	449.79	430.13	425.41	401.77	–	–

附表7-8 天保工程二期样本县工程进展情况

指标名称	单位	2011	2012	2013	2014	2015	2016	2017
规划管护面积	万公顷	735.35	879.72	887.35	896.91	888.87	887.12	–
实际管护面积	万公顷	870.00	900.24	904.61	911.43	955.92	970.62	773.88
实际人工造林面积	万公顷	1.78	1.95	2.42	0.82	1.79	0.99	8.51
实际飞播造林面积	万公顷	0.33	0.27	0.27	0.20	0.37	0.85	0.53
本年封山育林面积	万公顷	2.83	2.73	3.23	2.27	2.12	2.28	2.34
年初富余人员数	人	2375	1959	–	–	–	–	–
年末富余人员分流人数	人	2565	3583	–	–	–	–	–
年末参加社会保险统筹人数	人	14919	15169	15951	13937	12441	13016	–

附表7-9 天保工程二期样本县工程投资情况

指标名称	单位	2011	2012	2013	2014	2015	2016	2017
计划到位资金	万元	77798.84	80559.06	124957.67	128194.84	167245.35	180405.72	–
实际到位资金	万元	81270.51	85955.43	124407.37	128399.79	164043.91	189324.03	152991.79
实际完成投资	万元	59831.83	96335.05	136021.19	130138.92	167256.56	159124.61	144634.70
其中：封山育林	万元	2429.78	2489.57	3131.27	2628.20	1910.60	2551.74	1650.00
飞播造林	万元	681.13	180.00	259.00	225.00	495.00	479.17	345.00
人工造林	万元	5385.00	12719.50	11373.50	6022.97	4598.87	7759.40	3820.77
森林抚育	万元	3378.40	2685.17	9195.51	7536.83	11980.23	8231.30	5920.38
生态补偿	万元	–	–	54050.45	70731.03	81235.34	46807.10	65520.25
森林管护费	万元	37821.44	47049.28	47367.67	31918.15	36513.75	47698.06	43660.11
基本养老保险费补助	万元	4795.34	6535.02	5909.95	5625.62	6024.51	6613.41	7889.54
政社性支出补助	万元	1361.31	3182.17	1352.62	1484.44	1327.29	1435.05	1205.43
森林抚育人员补助	万元	2064.36	3562.76	7465.36	7702.56	6100.53	7638.15	4137.69
其他用途	万元	1787.07	15613.58	537.50	311.38	19693.00	34044.80	4130.05

附表7-10 天保工程二期样本县林业产业发展情况

指标名称	单位	2011	2012	2013	2014	2015	2016	2017
林业产业总产值	万元	2621912.00	3722279.80	4734033.90	6370892.17	7198362.53	8441678.64	7719065.54
其中：第一产业产值	万元	1767307.00	2383890.00	2873853.10	3909757.17	4159016.92	4830096.91	4236825.74
第二产业产值	万元	520322.00	688535.80	929215.10	1281097.00	1463421.20	1772241.77	1631172.36
第三产业产值	万元	334283.00	649854.00	930965.70	1180038.00	1575924.41	1839339.96	1851067.44
其中：森林旅游与服务业	万元	259118.00	432595.00	565804.80	745378.00	908841.00	1153191.76	1549465.44

附表7-11　退耕还林工程样本县社会经济情况

指标名称	单位	1998	2007	2008	2009	2010	2011	2012	2013	2014	2015	2016	2017
有效样本	个	100	100	100	100	100	100	100	100	100	100	103	105
行政区土地面积	平方千米	421725.85	420705.76	419880.00	419384.447	419292.26	418960.10	416801.74	416661.97	415925.08	415924.97	441818.51	447728.37
耕地总面积	万公顷	539.69	489.81	496.36	515.03	524.66	530.95	534.18	544.74	579.08	578.22	586.22	606.63
年底总人口	万人	4317.64	4490.33	4516.00	4521.08	4572.034	4611.48	4621.74	4641.48	4665.19	4650.64	4785.69	4834.42
其中：乡村总人口	万人	3707.98	3707.35	3390.00	3691.64	3703.197	3691.89	3738.51	3706.15	3746.95	3677.68	3701.82	3693.89
年末乡村从业人员	万人	1935.81	2038.92	2048.00	2007.26	2099.918	2136.44	2106.90	2142.62	2165.36	2113.13	2174.15	2195.04
外出务工农民数	万人	305.71	697.14	769.00	786.74	891.007	942.97	914.19	921.47	869.26	903.25	935.48	1003.80
国内生产总值	亿元	1334.42	4032.91	5027.01	5816.83	6881.37	8419.56	9652.96	9998.58	11859.12	12121.66	13301.79	1489.30
地方财政收入	亿元	63.20	243.37	311.86	364.28	483.48	607.81	744.24	864.19	984.09	1045.85	1176.61	1191.10
农林牧渔业总产值	亿元	721.33	1554.09	1797.82	1919.68	2150.81	2501.10	2842.05	2600.38	3380.70	3640.90	4051.87	4205.12
其中：农业总产值	亿元	433.84	750.28	891.81	960.76	1128.22	1297.71	1490.76	1603.49	1778.30	1904.09	2078.25	2187.10
林业总产值	亿元	38.10	97.97	98.79	126.87	121.62	152.82	189.98	243.47	231.56	296.76	342.20	385.33
畜牧业总产值	亿元	234.46	639.49	728.81	745.94	797.39	922.75	1031.03	1072.42	1174.19	1227.55	1338.99	1344.11
渔业总产值	亿元	14.92	36.65	42.11	46.2	50.71	56.22	65.27	77.02	85.93	108.12	177.24	118.01
农作物总播种面积	万公顷	647.28	700.92	1060.64	737.88	750.88	788.42	728.65	768.02	774.05	744.45	763.68	783.48
其中：粮食播种面积	万公顷	483.96	537.13	555.18	501.3	544.78	560.05	541.74	530.74	525.04	502.61	513.70	525.93
粮食总产量	万吨	1912.32	2061.73	2106.19	2132.27	2293.35	2270.79	1722.07	2370.25	2617.22	2490.08	2438.84	2507.17
农村居民人均纯收入	元/人.年	1540.96	3165.41	3670.00	4095.00	4774.00	5728.00	6194.00	7492.05	8111.66	8890.06	9919.38	10567.64

注：① 2017年退耕监测样本县增至105个，新增样本为湖北省英山县和利川县等2个县，数据较往年有明显变动。

② 2017年不再统计农村居民人均纯收入，调整为农村居民人均可支配收入。

附表7-12　退耕还林工程样本县生态治理与森林资源情况

指标名称	单位	1998	2007	2008	2009	2010	2011	2012	2013	2014	2015	2016	2017
有效样本	个	100	100	100	100	100	100	100	100	100	100	103	105
林业用地面积	万公顷	1506.04	1824.76	1781.09	1829.98	1800.97	1749.87	1330.69	1571.22	1784.41	1807.23	1885.50	1972.69
有林地面积	万公顷	860.86	1025.13	1054.40	1078.65	1064.96	1014.18	1029.30	1054.55	1150.57	1272.09	1308.72	1348.67
森林蓄积量	万立方米	47339.19	60994.80	60773.00	60773.00	64605.67	63449.96	63660.17	65123.44	72399.09	69855.95	72956.08	76993.13
森林覆盖率	%	20.41	24.37	25.11	25.72	25.40	24.21	24.70	25.31	27.66	30.58	29.62	30.12

附表7-13　京津工程样本县（旗）综合情况

指标名称	单位	有效样本（个）	2000	2008	2009	2010	2011	2012	2013	2014	2015	2016	2017
行政区土地面积	平方千米	21	122045.99	122045.99	121904.09	121151.09	121139.16	120550.89	121158.23	121158.23	132380.63	131952.58	116603.30
年末总人口	万人	21	585.99	603.76	603.92	606.01	609.26	609.99	613.29	613.27	734.842	736.83	614.14
其中：乡村总人口	万人	21	503.72	452.26	479.25	487.09	482.81	469.37	441.01	479.74	547.696	542.64	435.14
年末乡村从业人员数	万人	21	240.65	255.72	263.37	260.09	261.21	264.33	252.26	268.85	314.765	318.10	258.77
年末耕地总资源	公顷	21	1550878.00	1386801.20	1495613.00	1505176.39	1489704.44	1486617.02	1490795.28	1567567.04	1792791.05	1790695.74	1379152.50
牧草地面积	公顷	21	6038625.70	6260550.80	6117850.20	6179528.20	6170761.50	6170761.50	5923501.40	4554346.70	5198416.25	8403350.05	4748275.10
地区生产总值	万元	21	1865043.00	8757608.00	9824228.00	11501728.00	13575856.00	16030475.00	17010068.14	17880828.00	27301561	29904686.00	25372558.00
农林牧渔业总产值	万元	21	954015.40	2988595.70	3262546.10	3562866.90	4252113.31	4355396.00	5192688.97	7934186.09	6532823.55	6362078.96	5613809.70
农作物总播种面积	公顷	21	1411603.00	2491194.00	1292862.00	1316846.10	1341180.00	1366033.73	1337555.40	1354684.72	1578713.4	1379445.37	1197683.90
其中：粮食作物播种面积	公顷	21	1083444.00	1678523.00	1020222.70	1016136.10	1098913.70	1087366.73	1074386.38	1075252.70	1190138.6	1183252.80	847791.60
粮食总产量	吨	21	1393855.00	2888978.00	2298552.50	2884859.18	3009121.80	3647858.54	4778433.33	3904144.00	4183020.9	4167030.60	3201102.70
年末大小牲畜存栏头数	头	21	8912579	11805164	18031864	10806414	16550393	14900242	15017264	16789310	30614198	24312483	21625738
农村低收入人口数	人	21	1387411	705568	683053	782984	657375	745196	672378	646944	690354	519200	393206

注：2017年京津工程样本县的有效样本数是22个，下同。

附表7-14 京津工程样本县(旗)森林资源和生态治理情况

指标名称	单位	有效样本(个)	2000	2008	2009	2010	2011	2012	2013	2014.00	2015	2016	2017
林业用地	公顷	21	4064671.80	5240931.20	5542038.50	5522670.00	5511288.70	5588872.18	5364109.07	5587949.69	6336725.54	6146665.04	5310018.920
有林地	公顷	21	1616968.10	2074334.10	2124743.00	2360150.57	2371231.50	2374987.10	2398254.11	2381349.81	2376099.32	2438192.88	2054526.17
沙化土地治理	公顷	21	63356.10	134000.70	110253.70	94843.80	132473.30	118361.40	678604.10	25564.40	60216.80	31238.30	30195.60
水土流失治理	公顷	21	67310.00	69779.50	53813.00	30856.30	28720.00	24760.40	24106.86	15633.40	24422.80	18636.60	20018.30
小流域治理	公顷	21	38949.00	27700.30	27170.30	44139.70	27499.50	10433.00	6577.00	11950.00	20516.70	20873.00	25300.00
森林蓄积量	万立方米	21	5300.55	7628.27	7978.97	8316.18	8391.32	7917.44	7917.60	8375.90	8983.24	9101.44	6053.23
森林覆盖率	%	21	19.96	26.38	27.05	32.09	32.09	32.09	32.09	33.78	35.02	35.70	34.44

附表7-15 京津工程样本县(旗)工程进展情况

指标名称	单位	有效样本(个)	2000	2008	2009	2010	2011	2012	2013	2014	2015	2016	2017
退耕还林	公顷	21	24627.00	45330.60	3800.90	4666.70	1066.70	2600.30	1999.60	0.00	0.00	14639.70	10879.40
其中:退耕地造林	公顷	21	12667.00	13330.00	0.00	0.00	0.00	0.00	0.00	0.00	0.00	0.00	0.00
配套荒山荒地荒沙造林	公顷	21	11960.00	13665.30	3800.90	4666.70	1066.70	1266.30	1000.00	0.00	0.00	0.00	0.00
封山育林	公顷	21	0.00	18335.30	0.00	0.00	0.00	1333.70	999.60	0.00	25033.30	26174.50	24933.63
草地治理	公顷	21	99943.20	225839.70	70383.80	87208.70	27886.70	58678.00	629966.90	1000.00	286532.00	374739.87	109398.50
其中:人工种草	公顷	21	31220.30	22736.70	10026.30	14068.30	3320.00	22899.00	37666.60	0.00	11966.40	19599.90	9466.20
围栏封育	公顷	21	33667.00	59932.00	53134.90	65546.70	18466.40	22333.00	32799.30	1000.00	13409.30	51466.37	96332.30
禁牧	公顷	21	21522.00	134666.70	0.00	0.00	0.00	0.00	546733.00	0.00	254667.00	317668.00	0.00
飞播牧草	公顷	21	3667.00	4067.00	666.60	0.00	0.00	12333.00	6333.00	0.00	0.00	0.00	0.00
基本草场建设	公顷	21	9333.70	3427.70	6262.30	6700.40	5700.00	500.00	5400.00	0.00	5115.70	5934.00	3333.30
草种基地	公顷	21	533.20	579.60	293.70	893.30	400.30	613.00	1035.00	906.70	6173.60	1070.60	266.70
水源工程	处	21	1936.00	3589.00	2413.00	3282.00	1817.00	3154.00	2855.00	590.00	3121.00	1072.00	737.00
节水灌溉	处	21	179.00	3164.00	1989.00	6624.00	1467.00	2069.00	3100.00	367.00	521.00	451.00	712.00
小流域综合治理	公顷	21	17800.00	29722.00	31733.00	56489.70	27100.00	10433.00	8627.00	11950.00	21624.70	25000.00	23800.00
生态移民	人	21	0	2553	424	0	300	1252	0	805	2691	14968	8370

附表7-16 京津工程样本县(旗)工程投资情况

指标名称	单位	有效样本(个)	2000	2008	2009	2010	2011	2012	2013	2014.00	2015	2016	2017
计划投资	万元	21	20088.56	91126.67	60044.21	77311.60	76906.60	131441.62	73309.89	90757.26	70210.69	143832.38	67115.49
实际完成投资	万元	21	16116.92	87930.87	60258.01	77311.60	76890.43	134932.78	76904.59	88188.11	63186.69	140570.98	66824.87
群众投工投劳(折资)	万元	21	9897.82	11544.05	11836.08	12066.73	17750.37	10560.30	8741.30	6675.06	6228.90	9613.28	7006.08

附表7-17 保护区工程样本保护区投资情况

指标名称	单位	有效样本(个)	2001	2007	2008	2009	2010	2011	2012	2013	2014	2015	2016	2017
计划到位资金	万元	40	9873.48	13143.74	19531.67	28940.63	21892.10	13734.65	12925.06	11472.10	15370.74	25215.77	24199.18	38810.61
其中:中央投入	万元	40	7915.78	9175.00	15422.33	27352.05	17772.10	10404.15	11444.46	8754.75	12454.74	18809.00	17657.11	30605.30
地方配套	万元	40	1957.70	3968.74	4109.34	1588.58	4120.00	3330.50	1480.60	2717.35	2916.00	6405.90	6542.07	8205.31
其中:保护与恢复项目	万元	40	1441.80	2929.88	8414.16	22335.91	7796.20	6355.99	4838.30	3535.82	4391.35	10214.58	10237.84	19926.30
科研与宣教项目	万元	40	1500.58	2798.00	3346.44	2478.04	1681.90	1495.90	1583.20	905.80	3365.19	2051.34	2574.98	2669.60
基础设施建设项目	万元	40	5610.80	5242.96	4856.40	1955.43	11187.40	4135.66	3503.06	5835.26	6416.10	11141.77	4973.52	9899.42
其他	万元	40	1320.30	1045.90	2357.57	2171.25	1226.60	1747.10	3000.50	1195.22	1198.10	1808.08	5477.84	6315.29
实际到位资金	万元	40	6579.78	10513.10	14433.30	28038.00	20380.10	10482.95	13514.36	11484.38	13237.64	22863.06	22254.18	34730.61
其中:中央投入	万元	40	6349.78	8384.00	12706.83	27154.30	17833.10	8219.45	12244.46	8828.64	11096.74	16029.37	15722.11	26605.30
地方配套	万元	40	230.00	2129.10	1726.47	883.70	2547.00	2263.50	1269.90	2655.74	2140.90	6833.69	6532.07	8125.31
实际完成投资	万元	40	5608.83	8819.88	10540.47	24629.91	17213.93	8474.62	9546.70	10011.20	9313.35	17302.28	20669.20	21112.78
其中:中央投入	万元	40	5368.83	6549.98	9208.40	23348.71	14425.23	6211.12	8393.52	7467.65	7508.12	10857.50	14585.04	15400.31
地方配套	万元	40	240.00	2269.90	1332.07	1281.20	2788.70	2263.50	1153.18	2543.55	1805.23	6444.78	6084.16	5712.47
其中:保护与恢复项目	万元	40	255.57	2479.84	4955.14	19081.66	5112.22	4132.45	3646.80	3566.28	3013.15	6618.36	8836.30	10209.36
科研与宣教项目	万元	40	767.10	842.20	704.90	1851.72	1467.79	843.30	1101.57	723.80	2329.21	2479.13	2236.87	1303.17
基础设施建设项目	万元	40	3979.16	4492.26	3323.87	1776.31	9996.35	2180.87	2234.69	3960.84	3123.49	6977.41	4485.88	3333.33
其他	万元	40	607.00	1005.58	1556.57	1920.22	637.57	1318.00	2563.64	1760.28	847.50	1227.38	5110.15	6266.92

注①2006年、2007年、2008年、2016年计划到位资金中分别有1154万元、1127万元、685万元、935万元在项目批复文件未具体分类。

②2008年计划到位资金中有127.9万元是保护区自筹资金。

附表7-18　保护区工程样本保护区功能区划及土地权属情况

指标名称	单位	有效样本（个）	2001	2007	2008	2009	2010	2011	2012	2013	2014	2015	2016	2017
保护区总面积	万公顷	40	443.00	439.37	439.45	439.45	435.47	435.47	435.47	435.07	435.07	449.36	449.55	443.91
核心区面积	万公顷	40	148.08	149.03	149.03	151.02	150.31	150.31	150.07	150.07	150.07	162.45	162.45	161.77
其中:国有	万公顷	40	133.71	131.31	131.31	133.30	132.59	132.59	132.35	132.35	132.35	144.73	144.73	143.74
集体	万公顷	40	14.37	17.72	17.72	17.72	17.72	17.72	17.72	17.72	17.72	17.72	17.72	18.03
缓冲区面积	万公顷	40	71.31	81.44	81.44	83.17	83.18	83.18	83.28	83.28	83.28	85.28	85.28	83.91
其中:国有	万公顷	40	59.18	67.04	67.04	68.63	68.23	68.23	68.33	68.33	68.33	70.33	70.33	70.13
集体	万公顷	40	12.13	14.39	14.39	14.54	14.95	14.95	14.95	14.95	14.95	14.95	14.95	13.78
实验区面积	万公顷	40	222.89	203.82	203.90	205.26	201.98	201.98	202.12	201.72	201.72	201.63	201.82	198.23
其中:国有	万公顷	40	149.61	146.56	146.64	147.19	147.19	147.19	147.34	146.95	146.95	146.86	147.05	145.19
集体	万公顷	40	73.29	57.26	57.26	58.07	54.79	54.79	54.78	54.77	54.77	54.77	54.77	53.04
保护区管理机构获得土地使用权面积	万公顷	40	243.08	245.48	245.51	245.51	244.39	244.39	244.39	244.00	244.00	244.00	244.19	199.33

注：2001–2002年有7082.5公顷的土地，2003–2008年有50887公顷的土地尚未功能区划；2009年有50887公顷的土地进行了功能区划。

附表7-19　保护区工程样本保护区带动就业情况

指标名称	单位	有效样本（个）	2001	2007	2008	2009	2010	2011	2012	2013	2014	2015	2016	2017
带动社会就业情况	人	40	14307	47388	42824	44031	50561	52069	51428	51976	54815	55502	57256	59033
其中:保护区工程实施提供的就业	人	40	1794	9181	9108	10594	9899	9807	9058	8329	8741	9311	8879	11924
保护区创收项目提供的就业	人	40	3355	17041	13246	12200	12366	12529	13322	13545	14457	15257	17557	18243
依托保护区社会上经济活动提供的就业	人	40	9158	21166	20470	21237	28296	29733	29048	30102	31617	30934	30820	28866

附表7-20　保护区工程样本保护区带动社会就业人员收入情况

指标名称	单位	有效样本（个）	2001	2007	2008	2009	2010	2011	2012	2013	2014	2015	2016	2017
带动的社会就业人员收入	万元	40	8043.53	41840.40	38600.67	44800.27	59393.47	66909.20	62647.97	63491.10	71584.72	75545.02	94914.42	93822.98
其中：依托工程建设获得的收入	万元	40	1088.57	8564.78	8000.05	7690.85	9300.05	9466.00	8702.35	8354.90	8609.69	8491.59	9930.72	9600.58
依托创收项目获得的收入	万元	40	1704.56	15221.70	12006.80	12474.10	15611.00	19872.40	18007.80	19040.95	20699.00	22740.21	24633.00	21469.00
依托保护区社会上经济活动获得的收入	万元	40	5250.40	18053.92	18593.82	24635.32	34482.42	37570.80	35937.82	36095.25	42276.03	44313.22	60350.70	62753.40

后 记

此项工作得到了国家发展和改革委员会、财政部、农业农村部、水利部、国务院西部开发办公室、国家统计局等单位的鼎力支持；得到了国务院发展研究中心、中国科学院农业政策研究中心、中国社会科学院农村发展研究所、农业农村部农村经济研究中心、国家统计局农村社会经济调查司、中国人民大学、北京林业大学、国家林业和草原局各工程办和各有关业务司局等单位的通力协助。28个省（自治区、直辖市）以及内蒙古、吉林、龙江和大兴安岭森工（林业）集团的省级监测联系人及监测县（森工局、保护区）统计调查人员付出了辛勤的劳动。在此一并表示感谢！

国家林业重点工程社会经济效益监测是一项开拓性的事业，许多工作尚待完善。我们将继续努力，不断开拓创新。敬请广大读者提供宝贵意见。

地　址：北京市东城区和平里东街18号，100714

国家林业和草原局经济发展研究中心

国家林业和草原局规划财务司

电　话：010-84239024，84239187

E-mail：gjlyjcbb@forestry.gov.cn

编著者

2019年9月